HANS MOLINSKI

Die unbewußte Angst vor dem Kind

Meinem Bruder Waldemar
zu Weihnachten 1972
Hans

HANS MOLINSKI

Die unbewußte Angst vor dem Kind

als Ursache von Schwangerschaftsbeschwerden
und Depressionen nach der Geburt
mit zwölf anschließenden Falldarstellungen

Vorwort von

Eric Wittkower, M. D.
Emeritierter Professor für Psychiatrie an der McGill University,
Montreal, und

Professor Dr. med. Lutwin Beck
Ordinarius für Geburtshilfe und Gynäkologie an der
Universität Düsseldorf

verlegt bei Kindler

Copyright 1972 by Kindler Verlag GmbH, München. Alle Rechte vorbehalten, auch die des teilweisen Abdrucks, des öffentlichen Vortrags und der Übertragung in Rundfunk und Fernsehen. Redaktion: Dr. G. Bulla, Korrekturen: M. Flach, Umschlaggestaltung: H. Numberger, Gesamtherstellung: Graph. Betriebe R. Oldenbourg, München.

Printed in Germany
ISBN 3 463 00530 1

Inhaltsübersicht

Vorwort von Eric Wittkower 9
Vorwort von Lutwin Beck 14
Einleitung des Verfassers 16
Verlauf der Untersuchung und Vorschau auf die Befunde . . . 19
Orales Erleben und orale Hemmungserscheinungen 21
Orales Erleben in der Schwangerschaft 22
Aggressives Erleben in der Schwangerschaft 27
Das neurotische Symptom 30
Schwangerschaftserbrechen 31
Persönlichkeitsstruktur bei Schwangerschaftserbrechen 36
   Gehemmtheiten im oralen und aggressiven Erlebensbereich . . . 37
   Die Übertragung 41
   Sehnsucht nach der Mutter 43
   Selbstwertgefühl und Geltung 45
   Sexuelles Erleben 47
Konflikt bei Schwangerschaftserbrechen 48
   Eigene Wünsche im Konflikt mit den Ansprüchen des Kindes . . 48
   Die der Oralität innewohnende Konflikthaftigkeit und Abfuhr
   oraler Impulse im Symptom 49
   Konflikthafte Sehnsucht nach der Mutter 50
   Konflikthaftigkeit des Kinderwunsches 51
   Konflikt im Bereich der Geltung 53
   Das Ich-Bewußtsein im Konflikt mit der Regression 55
   Ärger und Protest als Antwort auf das Gefühl, leer auszugehen 56
   Die dem aggressiven Erleben innewohnende Konflikthaftigkeit 56
   Sekundäre Auseinandersetzungen in der Realität 57
   Schwangerschaftserbrechen als auslösende Ursache 59

Symptomatik bei Schwangerschaftserbrechen 60
   Zustand erhöhter innerer Spannung 61
   Erhöhter Speichelfluß 61
   Erbrechen von Mageninhalt 62
   Körperliche Folgeerscheinungen des Erbrechens 68
   Schwindelgefühl und Übelkeit 69

Schwangerschaftsgelüste, Heißhunger, Freß- und Fettsucht, Speichelfluß sowie Stehlen in der Schwangerschaft 72

Schwangerschaftsgelüste 73

Heißhunger, Freß- und Fettsucht in der Schwangerschaft . . . 74

Übermäßiger Speichelfluß 77

Stehlen in der Schwangerschaft 77

Appetitmangel und Aversion gegen bestimmte Speisen 83

Ekelgefühle 87

Eine Untergruppe psychotischer Depressionen im Wochenbett . . 90

Ärger während der Geburt und Rigidität des Muttermundes . . . 97

Persönlichkeitsstruktur 99

Gebären und Arbeitsdrang 101

Psychische Quellen des Ärgers 103
   Aggressive Gestautheit 103
   Hilflosigkeit, Mutterimago und reduzierte Bewußtseinslage . . 103
   Auseinandersetzung mit dem Bild der eigenen Weiblichkeit . . 105
   Ärger der Nur-Tochter auf das Bild der bösen Mutter 105
   Ärger auf das Schicksal bei männlich determiniertem Bild der eigenen Weiblichkeit 110
   Reaktiver Ärger 113

Statistischer Beleg für die Verwandtschaft von Schwangerschaftserbrechen und Rigidität des Muttermundes 113

Entwicklungsstufen des Bildes der Weiblichkeit 116
   Erste Phase: Symbiose mit der Mutter 118

Zweite Phase: Die nach außen verlegte Mütterlichkeit der Nur-Tochter 122
Dritte Phase: Identifizierung mit dem mütterlichen Aspekt der Mutter. 128
Vierte Phase: Identifizierung mit dem heterosexuellen Aspekt der Mutter. 130
Fünfte Phase: Entwertung der Weiblichkeit und Latenz der Mütterlichkeit. 134
Sechste Phase: Weiterentwicklung des heterosexuellen Aspektes der Weiblichkeit in der Partnersuche bei weiterer Latenz der Mütterlichkeit 135
Siebente Phase:
a) Die den Partner mit einbeziehende Mütterlichkeit 135
b) Reife Partnerschaft mit dem Mann aus dem Eros-Aspekt heraus 137
Achte Phase: Spätere Fortentwicklung der Mütterlichkeit . . . 138

Die Beziehung zwischen archaischer Mütterlichkeit und Störungen während Schwangerschaft und Geburt 141
Archaische Mütterlichkeit als Erklärung für das Zustandekommen der durch orale und aggressive Hemmungen gekennzeichneten Persönlichkeitsstruktur 141
Archaische Mütterlichkeit als Erklärung für das Auftreten oraler und aggressiver Impulse während Schwangerschaft und Geburt 147
Bild der eigenen Weiblichkeit als Erklärung für die Zusammengehörigkeit der Symptomatik 149

Ein Vergleich der Erkrankungen untereinander 150

Triebkonstellation und Bild der eigenen Weiblichkeit als sich ergänzende Erklärungsprinzipien 151

Multikausalität 154

Therapie 158

Falldarstellungen 163
  Fall 1: Die blaue Blume 163
  Fall 2: Die Couragierte. 170
  Fall 3: Die Frau mit dem Gängelband 175
  Fall 4: Der Mustang 176

Fall 5: Mann oder Kinderwagen? 176
Fall 6: Der Verwaltungsbeamte 178
Fall 7: Die Freundin des Zeus 178
Fall 8: Eine schwächliche Café-Besucherin 179
Fall 9: Die Frau, die selbst im Traum leer ausgeht 184
Fall 10: Der Teddybär 187
Fall 11: Die Hausmutter 192
Fall 12: Die Speerwerferin 198

Literaturverzeichnis 204

Register 206

Vorwort

von Eric Wittkower

Was verstehen wir unter einer psychosomatischen Krankheit? Strenggenommen gibt es nicht eine isolierte Gruppe psychosomatischer Erkrankungen, die sich völlig von den übrigen Krankheiten absetzen würde. Schon allein das Wort Krankheit im Sinne von krank sein, sich krank fühlen, beinhaltet, daß die gestörte Körperfunktion nur zur Krankheit wird, wenn Psychisches mit eingeschlossen ist. Dennoch ist es üblich geworden, zwei Gruppen von psychosomatischen Krankheiten im engeren Sinne des Wortes zu unterscheiden: solche, in deren Verursachung emotionale Faktoren eine direkte, und solche, in deren Verursachung emotionale Faktoren eine indirekte Rolle spielen. Eine direkte Rolle, wenn auch nur in Kombination mit anderen Faktoren, spielen emotionale Faktoren zum Beispiel in der Verursachung von funktionellen Magen-Darm-Störungen, Magengeschwüren, einer bestimmten Form von erhöhtem Blutdruck und einer bestimmten Gruppe von Bronchialasthma. Eine indirekte Rolle spielen emotionale Faktoren etwa in der Verursachung von Fettsucht, Unfallhäufung oder Geschlechtskrankheiten. Man kann nicht fett werden, ohne sich zu überessen, was aber psychologisch determiniert ist; und zu Geschlechtskrankheiten kommt es am ehesten bei einer unausgeglichenen Beziehung zum anderen Geschlecht. Wir können bei psychosomatischen Erkrankungen nicht mehr uneingeschränkt von einer psychischen Verursachung schlechthin sprechen. Denn in beiden Gruppen spielen neben psychischen auch andersartige Faktoren eine wichtige ursächliche Rolle. Auch ist der Begriff psychosomatische Erkrankung heute nicht mehr auf die sogenannten Organneurosen, das heißt auf Störungen an einzelnen Organen, die unter der Kontrolle des autonomen Nervensystems stehen, begrenzt.

Was bedeutet der Begriff psychosomatische Medizin? Von den verschiedenen Definitionen, die eine Rolle gespielt haben, sei diejenige hervorgehoben, mit der die Zeitschrift *Psychosomatic Medicine* im Januar 1939 ihr Erscheinen einleitete. Es handle sich um die Bemühung, die wechselseitigen Interaktionen der psychologischen und physiologischen Aspekte aller normalen und anormalen Körperfunktionen zu studieren und so zu einer Integration von körperlichen Heilmethoden und Psychotherapie zu kommen. Nach dieser Definition ist psychosomatische Medizin nicht ein

Spezialfach, sondern eine Weise des ärztlichen Handelns und Denkens, die in allen Spezialfächern der Medizin zur Anwendung kommen kann. In der wissenschaftlichen Forschung braucht die psychosomatische Medizin Beiträge aus den verschiedensten Disziplinen: von Genetik und Epidemiologie, Neuroanatomie und Neurophysiologie, von der allgemeinen Physiologie und Biochemie, Psychiatrie und Psychoanalyse, Experimentalpsychologie, von den Sozialwissenschaften und vor allem natürlich Beiträge von den Vertretern der einzelnen medizinischen Spezialfächer.

Die schrittweise Entwicklung einer psychosomatischen Medizin fing ausgerechnet auf dem Höhepunkt der Erfolge an, die die naturwissenschaftlich orientierte Medizin mit sich gebracht hatte. Unter dem Einfluß der großen Entdeckungen von Bakteriologie, Zellularpathologie, Immunbiologie und Biochemie fühlte manch ein Arzt sich mehr in den Labors der Klinik als am Krankenbett zu Hause. Bei seinen Patienten aber sprach er vielleicht von »dem Blinddarm« oder »dem Hirntumor«; er sprach von »einem Fall von Tuberkulose« oder »einem Fall von Schizophrenie«. Da war es ein entscheidender Schritt vorwärts, als einige große Internisten wie etwa G. von Bergmann, Frh. v. Weizsäcker, F. Kraus, L. v. Krehl und V. v. Gebsattel zwischen den beiden Weltkriegen anfingen, wieder zu entdecken, daß emotionale Faktoren zu funktionellen Störungen des Körpers und zu körperlicher Erkrankung führen können. Die Diskussion wurde von S. Freuds Schülern wie Felix Deutsch, Franz Alexander, Eduard Weiss, Otto Fenichel, S. Ferenczi und anderen aufgenommen. Es soll nicht verschwiegen werden, daß manche Symptome, die wir heute als ein Affektkorrelat auffassen würden, damals voreilig als hysterisch aufgefaßt und symbolisch gedeutet wurden. Dadurch hat die psychosomatische Medizin berechtigte Kritik auf sich gezogen. Neben der Rolle emotionaler Faktoren in der Verursachung von Erkrankungen wurden auch damals schon die emotionalen Folgen körperlicher Funktionsstörungen und Erkrankungen studiert. Die Zeitschrift *Der Nervenarzt* war damals voll von derartigen Beiträgen. Ferner wurden die körperlichen Manifestationen von Emotionen untersucht, die experimentell, zum Beispiel unter Hypnose, gesetzt worden waren. Es sei unter anderem an das Pionierwerk von G. R. Heyer in den zwanziger Jahren erinnert.

Die junge Wissenschaft der Psychosomatik rief damals Begeisterung hervor, und man sprach geradezu von einer psychosomatischen Bewegung. Man glaubte an die Erfüllung dreier Hoffnungen: erstens, daß die Verursachung einiger Erkrankungen gefunden worden sei, die bislang als unbekannter Herkunft gegolten hatten; zweitens, daß diese Krankheiten fortan durch Psychotherapie geheilt werden könnten; und drittens hoffte man, daß die Psychiatrie nunmehr aus ihrer Isolation ausgebrochen sei und den Kontakt mit den anderen Disziplinen der Medizin hergestellt habe. Das »Maschinenalter der Medizin«, wie E. Weiss und O. Spurgeon English es so treffend ausdrückten, schien dem Ende entgegenzugehen und ein neues Zeitalter der Medizin schien zu beginnen.

So haben gerade deutsche Forscher bei der ursprünglichen Entwicklung der psychosomatischen Medizin eine führende Rolle gespielt, bis eine Zeit des Rückschlags kam. Die angefangene Arbeit wurde in verschiedenen Teilen der Welt fortgesetzt. In Abweichung von der ursprünglich multidisziplinären Ausrichtung der psychosomatischen Medizin überwog dabei in der Forschung sehr bald die Arbeit von Psychiatern und insbesondere von Psychoanalytikern. Die klinische Beobachtung stand im Vordergrund. Auch von psychologischer Seite wurde ein gewisses Interesse aufrechterhalten. Die einzelnen medizinischen Disziplinen aber trugen nur noch wenig bei. Im letzten Jahrzehnt hat sich der Akzent in der psychosomatischen Forschung verschoben. Klinische Beobachtung und der Beitrag von seiten der Psychoanalyse traten zurück. Grundlagenforschung, Tierexperiment und die Auseinandersetzung mit der auf Pawlow aufbauenden östlichen cortico-visceralen Medizin traten in den Vordergrund. Die Anstrengungen aller Forschungsrichtungen, die gegenwärtig zum Fortschritt der psychosomatischen Medizin beitragen, haben in der Entwicklung des International College of Psychosomatic Medicine ihren Niederschlag gefunden. Dieses strebt einen Austausch von Beobachtungen auf internationaler Ebene an.

Wenn man die Lehrbücher der psychosomatischen Medizin überblickt, fällt auf, daß kaum auf einem anderen Spezialgebiet der Medizin die Kenntnisse so spärlich geblieben sind, wie es für die Gynäkologie oder gar die Geburtshilfe zutrifft. Dabei besteht eine merkwürdige Diskrepanz. Denn Ärzte und Laien neigen gleichermaßen zu der Überzeugung, daß gerade in der Funktion oder der Funktionsstörung des weiblichen Organismus, in körperlichem Wohlbefinden oder in der Krankheit der Frau die Wirksamkeit emotionaler Faktoren besonders deutlich in Erscheinung treten würde.

Eine ähnliche Vernachlässigung der weiblichen Psychologie trifft für die psychoanalytische Theorie zu. In den Schriften des großen S. Freud sind manche Beiträge zur Psychologie der Frau angefochten worden. Erst die Beiträge einiger Frauen unter seinen Schülern haben da andere Akzente gesetzt. Es sei an die Arbeiten von Helene Deutsch, Melanie Klein und Karin Horney erinnert, die allerdings noch einer Fortführung bedürfen.

Wie aber ist die erwähnte Diskrepanz zu erklären, daß ausgerechnet in dem Fach, in dem psychosomatische Zusammenhänge so auffällig sind, die Kenntnisse so besonders begrenzt geblieben sind? Das hängt damit zusammen, daß der Gynäkologe sich mit dem weiblichen Genitale befaßt. Denn das macht eine besondere Selbstverteidigung und Abwehr notwendig. Es gehört zu den ethischen Grundlagen des ärztlichen Berufes, dem nackten Körper gegenüber inneren Gleichmut zu bewahren. Diese Forderung gilt für das Fach der Gynäkologie in erhöhtem Ausmaß, denn sonst wäre die Grundlage für die Berufsausübung nicht mehr gegeben. Dieses Problem findet einen symbolischen Ausdruck darin, daß der Gynäkologe seine Patientin – lediglich scheinbar aus ganz anderen Gründen – mit Tüchern abdeckt: »Blende die Frau aus und befasse dich nur mit ihrem Genitale!« Nur allzuoft mag es dem Gynäkologen voll bewußt sein, daß seine Patientin persönliche und sexuelle Probleme hat. Aber mit Recht schützt er sich in vielen Fällen davor, darauf einzugehen, weil die Grundlage seiner Berufsausübung gefährdet werden könnte. Andererseits aber ist die Zeit lange vorbei, in der die verschiedenen Spezialärzte sich ausschließlich mit dem Organ befassen konnten, das durch den Namen ihres Fachgebietes angezeigt ist. Darauf sollte ja der historische Überblick hinweisen. Wir haben alle gelernt, daß es notwendig und wesentlich ist, Menschen, die an einer bestimmten Krankheit leiden, als Individuen zu behandeln und nicht lediglich die Störungen ihrer Körperfunktionen.

Aus allen diesen Gründen ist es begrüßenswert und es sollte für andere Kliniken beispielgebend wirken, daß die Frauenklinik der Universität Düsseldorf seit nunmehr acht Jahren einem hervorragenden Psychiater wie Hans Molinski die Gelegenheit gibt, sich von seinem Fachgebiet her auf die psychosomatischen Zusammenhänge in Geburtshilfe und Gynäkologie zu spezialisieren. Dazu ist ja nicht nur ein Aufwand von Zeit, sondern auch der Zugang zu den Patienten und zu den Gegebenheiten des gastgebenden Faches notwendig.

Dabei erwies sich gerade die Kombination der Gesichtspunkte beider Fächer für die Erarbeitung neuer Einsichten als besonders nützlich. In einer Reihe von Untersuchungen beschäftigte sich H. Molinski mit psychischen Reaktionen auf die neuen oralen Kontrazeptiva und mit psychischen Problemen der Kontrazeption überhaupt. Von diesen Arbeiten her ergab sich eine Verbindung zum Problem der Gleichberechtigung oder, wie Molinski es ausdrückt, zum Problem der Selbstverwirklichung der Frau. Andere Arbeiten, die zu der hier vorgelegten Abhandlung führten, beschäftigen sich mit psychischen Problemen während Schwangerschaft und Geburt. Diese Arbeiten zeigen, daß auch heute noch klinische Beobachtung zu einer Weiterentwicklung unserer Kenntnisse beitragen kann. Darüber hinaus zeigt das vorgelegte Buch, wie das genaue Studium einer bestimmten Gruppe von Störungen von Schwangerschaft und Geburt mitten hineinführt in die Probleme des weiblichen Daseins und der weiblichen Befindlichkeit. Mit der Erörterung typischer weiblicher Konflikthaftigkeit und mit der Beschreibung der stufenweisen Entwicklung des Bildes, das das heranwachsende Mädchen von seiner eigenen Weiblichkeit hat, trägt dieses Buch zu dem so vernachlässigten Gebiet der weiblichen Psychologie bei. Ich habe viele Jahre lang Gelegenheit gehabt, die Entstehung dieser Beiträge zur weiblichen Psychologie mitzuerleben, und ich wünsche dem vorliegenden Buch die weite Verbreitung, die es verdient.

Eric D. Wittkower, M. D.
Emeritierter Professor der Psychiatrie
McGill University, Montreal, Canada
Präsident des International College
of Psychosomatic Medicine

Vorwort

von Lutwin Beck

Die Gynäkologie ist durch ihren Bezug auf die weiblichen Reproduktionsorgane definiert. Die psychologischen Besonderheiten, die sich aus der weiblichen Genitalfunktion, wie zum Beispiel Schwangerschaft und Geburt, ergeben, gehören zu einer Gynäkologie im weiteren Sinne; eine Psychosomatik in der Gynäkologie ist nur im Zusammenhang mit den biologischen, organbezogenen Veränderungen zu verstehen.

Die Erforschung psychosomatischer Zusammenhänge in der Gynäkologie ist nur möglich, wenn Psychiater und Gynäkologe zu einer engen persönlichen Zusammenarbeit zusammenfinden. Es ist das Verdienst meines Amtsvorgängers, des verstorbenen Prof. Dr. R. Elert, dies erkannt und den psychoanalytisch orientierten Psychiater, Dr. med. H. Molinski, an die Universitätsfrauenklinik verpflichtet zu haben. Die weitgehend unerforschten psychosomatischen Zusammenhänge, vor allem in der Geburtshilfe, waren sein erstes Arbeitsziel.

Mit der vorliegenden Buch-Arbeit hat Privatdozent Dr. H. Molinski sich an der Medizinischen Fakultät der Universität Düsseldorf für das Fach »Psychosomatische Medizin« habilitiert.

In der vorliegenden Monographie wurden sowohl die normalen psychischen Veränderungen der Frau während der Schwangerschaft, Geburt und des Wochenbetts wie auch die weitverbreitete Konflikthaftigkeit im Gefolge einer Schwangerschaft behandelt. Es werden keine im engeren Sinne krankhaften Fälle geschildert; bei den untersuchten Schwangeren handelt es sich vielmehr um Frauen, die sich außerhalb von Schwangerschaft und Geburt nicht wesentlich von anderen Frauen unterscheiden. Das Buch gibt jeder Schwangeren eingehende Informationen und interessante Auskunft über spezifische, weitverbreitete psychologische Probleme, die in Zusammenhang mit Gravidität und Geburt auftreten können. Es hilft aber auch der psychisch behinderten Frau, mit ihren Konflikten sachgerecht umzugehen. Das Buch hat somit auch eine Bedeutung im Sinne der Prophylaxe und Psychohygiene im Hinblick auf die Geburtshilfe.

Dem Gynäkologen bringt die Darstellung psychogener Störungen im Zusammenhang mit Schwangerschaft und Geburt eine wertvolle Bereicherung seines Faches. Das Buch ist darüber hinaus auch für Hebammen,

Krankenschwestern, Read-Gymnastinnen, Mitarbeiter an Mütterschulen sowie Ehe- und Erziehungs-Beratungsstellen von großem Interesse.

Prof. Dr. Lutwin Beck
Ordinarius für Geburtshilfe
und Gynäkologie an der
Universität Düsseldorf

Einleitung

von Hans Molinski

Was ist, psychologisch gesehen, Weiblichkeit? Diese Frage ist wissenschaftlich ungeklärt. Die einen meinen, biologische Faktoren spielen die entscheidende Rolle. Andere meinen, kulturelle Faktoren seien mindestens ebenso wichtig. Nicht einmal in deskriptiver Hinsicht kann befriedigend angegeben werden, was als weiblich zu bezeichnen ist.

Wenn in der vorliegenden Abhandlung von Bildern der Weiblichkeit gesprochen wird, werden derartige Fragen außer acht gelassen. Vielmehr wird rein empirisch festgestellt, welche subjektive Vorstellung oder welches Bild der Weiblichkeit bei der betreffenden Frau wirksam ist. Dabei liegt auf dem Wort »wirksam« eine besondere Betonung. Denn das Bild der eigenen Weiblichkeit gehört zu dem Gefüge psychodynamischer Faktoren, die Verhalten, Erleben und damit auch Gesundheit und Krankheit beeinflussen.

Es wird aufgezeigt, daß unterschiedliche Bilder der eigenen Weiblichkeit in einer ursächlichen Beziehung zu bestimmten Störungen von Schwangerschaft und Geburt stehen. Insofern bringt die vorliegende Studie lediglich Beobachtungen und Gesichtspunkte zu einer Spezialfrage auf dem Gebiet zwischen Frauenheilkunde und Psychiatrie. Die dargestellten Entwicklungsstufen des Bildes der eigenen Weiblichkeit dürften sich aber darüber hinaus als ein allgemeineres Erklärungsprinzip herausstellen, das auch für weitere Fragestellungen nützlich ist.

Zur Erklärung der erwähnten Störungen von Schwangerschaft und Geburt wird nicht nur vom Bild der eigenen Weiblichkeit gesprochen, sondern es wird auch von bestimmten Persönlichkeitsstrukturen die Rede sein. Das sollte nicht als ein Versuch mißverstanden werden, psychosomatische Symptome mit »Persönlichkeitsprofilen« im Sinne des manifesten Erscheinungsbildes zu korrelieren. Ganz im Gegenteil wird insbesondere bei der Darstellung der Fälle betont werden, daß das manifeste Erscheinungsbild unterschiedlich aussehen kann. Der Begriff Persönlichkeitsstruktur bezieht sich hier vielmehr auf die habituelle Art des Umganges mit den Impulsen, also auf die Impulsverarbeitung. Im Fall einer pathologischen Persönlichkeitsstruktur bezieht der Begriff sich also auf pathologische Verformung der Impulsverarbeitung, das heißt auf die für das betreffende Individuum kennzeichnenden Hemmungen und deren Verarbeitung. Um ein Beispiel zu geben: Wenn orale Gehemmtheit der wesentliche Zug einer Persönlichkeitsstruktur ist, kann das im manifesten Erscheinungsbild zu Inappetenz, Wunschlosigkeit, unrealistischer Bescheidenheit oder gerade umgekehrt zu Gier, Hast und Vielfraß führen. Da manche den Begriff der Persönlichkeitsstruktur nicht mögen, sei betont, daß damit nicht etwa die ganze Reichhaltigkeit und die Fülle menschlichen und geistigen Erlebens eingefangen werden soll. Davon wird insbesondere in dem Kapitel »Therapie« die Rede sein.

Indem die erwähnten Symptome mit einer bestimmten Persönlichkeitsstruktur und mit einem bestimmten Bild der Weiblichkeit in Zusammenhang gebracht werden, stellt diese Studie einen praktischen Beitrag zu der so viel umstrittenen Frage der Spezifität psychosomatischer Symptome dar. Die allgemeinere Erörterung dieser Frage würde den Rahmen dieser Studie sprengen, denn sie zielt ja lediglich auf die Erforschung ganz bestimmter Symptome während Schwangerschaft und Geburt ab. Es sei aber daran erinnert, daß psychoneurotische und viele – nicht alle – psychosomatischen Symptome direkter Ausdruck von Impulsen sind, die in bestimmter Weise abgewehrt und verformt werden. Wenn aber bestimmte Symptome Ausdruck ganz bestimmter verformter Impulse sind, dann stellt das eine gewisse Spezifität dar. Zu beachten ist, daß dabei von der Spezifität von Symptomen die Rede ist. Symptome sind aber nicht einfach gleichzusetzen mit der komplexen Gesamtheit einer Erkrankung. Wie überdeterminiert eine Krankheit sein kann, wird an verschiedenen Stellen des Textes und in den Falldarstellungen zum Ausdruck gebracht.

Die Befunde beruhen nicht nur auf der eigenen klinischen Beobachtung, sondern auch auf dem Gedankenaustausch mit anderen. Der Verfasser übersieht nicht, daß er mit seinem begrifflichen und methodischen Rüstzeug in dem wurzelt, was ihm von seinen Lehrern und der Tradition des Faches übermittelt worden ist. Da es kaum möglich ist, diesen »Mitarbeitern« an dieser Stelle gerecht zu werden, seien nur diejenigen erwähnt, die die schrittweise Entfaltung der vorliegenden Befunde in vielen Diskussionen auf eine direktere Weise begleitet haben. Von den Geburtshelfern der Düsseldorfer Frauenklinik sei Priv.-Doz. Dr. Johannes Bokelmann hervorgehoben. In langen Gesprächen haben die Fachkollegen Frau Margarete Seiff aus Bonn und Dr. Gerhard Zacharias aus Köln Anregung und Erfahrung beigesteuert. Besondere Unterstützung bei der Durchführung dieser Arbeit hat der Verfasser von dem verstorbenen Prof. Dr. Reinhold Elert erhalten. Allen sei herzlich gedankt.

Es ist eine alte geburtshilfliche Erfahrung, daß Frauen, die sich in ihrer psychischen Entwicklung nicht recht entfalten konnten, zu Störungen neigen, wenn sie selbst Mutter werden. Bei den hier mitzuteilenden Beobachtungen zu diesem Thema kann einschlägige Literatur kaum zu Rate gezogen werden. Denn der Geburtshelfer kann sein reiches Beobachtungsgut nicht durch Übersetzung in das psychiatrische Begriffssystem zu reflektierter Erkenntnis verarbeiten, und dem Psychiater fehlt das Anschauungsmaterial.

Verlauf der Untersuchung und Vorschau auf die Befunde

Die vorliegenden Befunde waren nur deshalb zu erhalten, weil die wohl seltene Vorbedingung erfüllt war, daß einem psychoanalytisch orientierten Psychiater die Gelegenheit eingeräumt ist, seit nunmehr acht Jahren ganztägig an einer geburtshilflich-gynäkologischen Klinik psychotherapeutisch tätig zu sein. Während der ersten Jahre dieser Tätigkeit lag ein Schwerpunkt der wissenschaftlichen Beobachtung bei der Hyperemesis gravidarum, dem übermäßig starken Schwangerschaftserbrechen, bei dem sich eine stationäre Behandlung oft als unumgänglich erweist. Nachdem diese Untersuchungen zu einer befriedigenden Erklärung der Zusammenhänge geführt hatten, wurde eine neue Untersuchungsreihe begonnen: Es wurden jene Fälle schwerer Entbindungen untersucht, bei denen die Gebärstörung nicht auf eine organische Erkrankung zurückgeführt werden konnte. Diese Frauen wurden zunächst lediglich nachträglich über ihr Erleben während der Geburt befragt. Es erschien aber bald ratsam, nicht nur Schlüsse aus diesen nachträglichen Schilderungen der Patientinnen zu ziehen, sondern das Wechselspiel von körperlichem Geburtsverlauf einschließlich aller möglichen Abweichungen der Organfunktionen und dem gleichzeitigen Erleben der Frauen während der Geburt direkt zu beobachten. Die Beobachtungsmöglichkeit wurde daher durch eigene praktische geburtshilfliche Tätigkeit im Kreißsaal, auf der Wöchnerinnenstation und in der Schwangerenberatung erweitert. Es war zunächst nicht abzusehen, daß sich nachträglich von den Befunden her eine Beziehung zwischen diesen beiden Untersuchungsreihen ergab. So beruhen die Befunde auf ausführlichen tiefenpsychologischen Anamnesen, psychoanalytisch-orientierten Kurztherapien, langen psychoanalytischen Behandlungsverläufen und nicht zuletzt auf klinischer Erfahrung aus zweijähriger praktischer Arbeit im Kreißsaal und auf der Wöchnerinnenstation, die sich auf circa 800 bis 900 Entbindungen bezieht. So wurde mehrere Jahre lang täglich alles, was über das Erleben von Schwangerschaft und Geburt beobachtet werden konnte, aufgeschrieben und dann gesammelt, sortiert und laufend mit Geburtshelfern, Hebammen und Fachkollegen diskutiert.

Diese Befunde sollen vorweg in der Reihenfolge zusammengefaßt werden, in der sie gemacht wurden. Zunächst wurde erkannt, daß bei übermäßigem Schwangerschaftserbrechen eine ganz bestimmte Persönlichkeitsstruktur[1]) vorliegt, die durch Hemmungen im Bereich des oralen und aggressiven Erlebens gekennzeichnet ist. Es zeigte sich, daß diese Hemmungen einen ganz spezifischen Konflikt in der Schwangerschaft bedingen und daß die Symptomatik der Hyperemesis gravidarum als ein Korrelat zu den durch diesen Konflikt mobilisierten oralen und aggressiven Impulsen aufzufassen ist. Später wurde bei einer Gruppe schwerer vitaler Depressionen im Wochenbett und bei einer Untergruppe der funktionellen Gebärstörungen – nämlich bei der funktionellen Rigidität des Muttermundes – überraschenderweise festgestellt, daß weitgehend dieselbe Persönlichkeitsstruktur und Konflikthaftigkeit vorliegen und daß lediglich spezifische Akzentverschiebungen der sonst gleichartigen Triebkonstellation erklären, warum es zu einer scheinbar ganz anderen Symptomatik kommt. Auch andere Symptome, bei denen die Oralität eine zentrale Rolle spielt, wie Sodbrennen, Freß- und Fettsucht in der Schwangerschaft, Schwangerschaftsgelüste und Schwangerschaftsüberempfindlichkeiten sowie Stehlen in der Schwangerschaft zeigten eine ganz ähnliche Persönlichkeitsstruktur mit jeweils spezifischen Akzentverschiebungen, wodurch die unterschiedliche Symptomatik bei gleichartiger Konflikthaftigkeit erklärlich wird.

Noch später wurde bei der Arbeit im Kreißsaal beobachtet, daß die Frauen mit unterschiedlichen funktionellen Gebärstörungen auch ein unterschiedliches Bild von ihrer eigenen Weiblichkeit haben. Ferner stellte sich heraus, daß diese unterschiedlichen Bilder der eigenen Weiblichkeit verschiedenen Entwicklungsstufen der Weiblichkeit entsprechen. Die Einsicht in verschiedene Entwicklungsstufen des Bildes der Weiblichkeit war die Voraussetzung für die Erkenntnis, daß alle Frauen mit den hier diskutierten Symptomen und Erkrankungen die Gemeinsamkeit aufweisen, daß sie in ihrer Entwicklung auf einer bestimmten archaischen Stufe der Mütterlichkeit stehengeblieben sind. Die Fixierung auf das Bild archa-

---

[1]) Die hier zugrundegelegte Definition des so umstrittenen Begriffs einer Persönlichkeitsstruktur bezieht sich lediglich auf die für das Individuum charakteristische Impulsverarbeitung, wie auf S. 16 näher ausgeführt wird.

ischer Mütterlichkeit erklärt überhaupt erst die spezifische Triebkonstellation, die zunächst lediglich empirisch festgestellt worden war.

Orales Erleben und orale Hemmungserscheinungen

Die genannte Symptomatik wurde soeben als ein Korrelat zu oralen und aggressiven Impulsen gekennzeichnet, und es stellt sich die Frage, was mit »oralem Erleben« gemeint ist.

Die psychoanalytische Wissenschaft unterscheidet in der Entwicklung des Kindes verschiedene Phasen, in denen jeweils ein bestimmter Trieb so im Vordergrund steht, daß er das Bild beherrscht: Vor allem sind die orale, die anale und die phallische Phase zu nennen. In der oralen Phase steckt der Säugling triebhaft alles in den Mund, er erlebt die Welt weitgehend mit dem Mund, und sein Objekt ist die nährende Mutterbrust. Bedeutsam für diese Phase ist nach Freud, daß die Berührung der Lippen und Mundpartien, die sogenannte orale erogene Zone, zu lustvoller Befriedigung führt (17). In weiteren Abhandlungen beschreibt er die für die orale Phase typischen Objektbeziehungen. H. Schultz-Hencke betont die kategoriale Erweiterung zu einem oral-kaptativen Antriebserleben, das sich nicht mehr ausschließlich auf die Nahrungsaufnahme bezieht, sondern auf alles, was der Mensch aufnehmen kann (43). Es geht um Appetenz, Habenwollen, um die Umgangsweise mit Besitz, Zugreifen, Sättigung und Genuß in bezug auf Nahrung, Geld, Güter und anderes mehr. Selbst geistige Dinge können unter oralem Aspekt erlebt werden, wie die Sprache durch Ausdrücke wie »Wissensdurst« oder »Übersättigung« zum Ausdruck bringt.

Dieser Begriff der kategorialen Erweiterung des ursprünglich auf die Nahrungsaufnahme beschränkten oralen Erlebens wird der Erfahrung gerecht, daß frühkindliche Erfahrungen, die zu Beeinträchtigungen, Angst und Hemmungen bei der Nahrungsaufnahme geführt haben, sich später auf den gesamten Bereich des Besitzes erstrecken können. Wenn ein Kind zum Beispiel wegen bestimmter Verhaltensweisen der Mutter bei der Nahrungsaufnahme die Furcht entwickelt, zu kurz zu kommen, und darum ganz schnell und hastig trinken muß, findet sich häufig im Erwachsenenalter eine hastige Gier Geld und Besitz gegenüber beziehungsweise eine Unfähigkeit, Geld und Besitz in gelassener Weise zu genießen. Oder wenn die Appetenz im Bereich des Essens dadurch, daß Schuldgefühle erzeugt worden sind, unterdrückt worden ist, mag der Mensch später ganz allgemein wunschlos geworden sein. Mit anderen Worten: frühkindlich erworbene orale Hemmungen und Verformungen werden sich später in Lebensbereichen manifestieren, die weit über die Nahrungsaufnahme hinausgehen.

Die durch orale Hemmungen gekennzeichnete Person ist wunschlos, kann nicht genießen, kann nicht zugreifen. Eine unangepaßte Form der Bescheidenheit ist eine häufige Folge, oder besser gesagt eine Weiterverarbeitung der Hemmung oraler Impulse. Oft kommt hinzu, daß der oral Gehemmte gar nicht anders kann, als sich in einer unfreiwilligen Weise ständig für andere aufzuopfern, zum Beispiel durch übermäßiges Arbeiten, wobei der Profit nur dem anderen zugeht. Der oral gehemmte Mensch ist bei all diesen Behinderungserscheinungen immer oral fixiert. Fixierung ist ein Ausdruck für das Stehenbleiben auf einer früheren Entwicklungsstufe, die eigentlich inzwischen überwunden sein sollte. Der Ausdruck »oral-fixiert« will also besagen, daß die gehemmten oralen Impulse in einer untergründigen Weise ständig wirksam bleiben und daß die für die orale Phase typischen Verhaltensweisen auch weiterhin im Vordergrund stehen, ohne daß es zu der normalen Weiterentwicklung der Trieborganisation über diese Stufe hinaus kommt. Im manifesten Verhalten oder im bewußtseinsfernen Verhalten und Erleben können also neben den Hemmungserscheinungen Dennoch-Wirksamkeiten der oralen Impulse eine Rolle spielen. In Gier und Hast machen sich gehemmte orale Impulse durchbruchsartig bemerkbar. Bei der passiven Erwartungshaltung, Anspruchshaltung und der daraus resultierenden Vorwurfshaltung sind die »Dennoch-Wirksamkeiten« im Unterschied zu den Durchbrüchen beständiger am Werk, aber dafür leiser und unauffälliger. Das orale Erleben zentriert anfangs um die Mutterbrust, und bei dem oral fixierten Individuum behält die Mutterimago – und damit oft auch die reale Mutter – einen ungebührlich starken Einfluß. Da diese Menschen sich nicht in Freiheit über die ursprüngliche Mutterbindung hinaus entwickeln konnten, liegen oft Abhängigkeitstendenzen vor. Die Persönlichkeitsstruktur der Frauen mit den hier diskutierten Symptomen sind weitgehend durch diese oralen Hemmungserscheinungen und ihre Weiterverarbeitungen sowie durch die Dennoch-Wirksamkeiten oraler Impulse gekennzeichnet.

Orales Erleben in der Schwangerschaft

Es gibt eine Reihe normaler psychischer Veränderungen während Schwangerschaft und Geburt. Die Wissenschaft weiß zwar einiges über die krankhaften Veränderungen des Erlebens und Verhaltens während

Schwangerschaft und Geburt auszusagen, aber nur wenig ist über die normalen psychischen Veränderungen bekannt. Physiologen und Ärzte haben ja oft weitreichende Kenntnisse über die pathologischen Veränderungen einer Funktion, lange bevor sie den normalen Ablauf der in Frage stehenden Funktion fassen können. Zu den normalen psychischen Veränderungen in der Schwangerschaft gehört nun unter anderem eine Belebung des oralen Erlebens. Das zeigt die direkte Beobachtung gesunder Schwangerer, und diese Aussage wird unterstützt durch die Häufigkeit und Mannigfaltigkeit derjenigen Symptome in der Schwangerschaft, die auf der Grundlage oraler Impulse entstehen. Die gesunde Schwangere meint im allgemeinen, daß sie sich jetzt etwas leisten könne, daß ihr etwas Besonderes zustehe. Lieblingsthema der Diskussion sind diätetische Vorschriften, die mal um die Kontrolle ihres gesteigerten Appetits und mal umgekehrt um das Bedürfnis nach zusätzlichen Vitaminen und Stärkungsmitteln zentrieren. Jedes Buch für werdende Mütter gibt ja den diätetischen Fragen einen besonders breiten Raum. Sobald eine Frau schwanger ist, verweilen ihre Gedanken viel beim Nestbau. Sie mag das Kinderzimmer verschönern, und sie überlegt, welche Garnitur und welches Zubehör sie für das Baby kauft. Diese Belebung oraler Impulse ist allgemein bekannt. Wie oft wird nicht, wenn eine Frau schwanger geworden ist, im Widerspruch zu den realen Gegebenheiten gesagt, sie müsse jetzt für zwei essen; und in der Identifikation mit ihrer Bedürfnislage billigt man ihr Geschenke zu, spätestens aber unmittelbar nach der Entbindung.

Diese Belebung oralen Erlebens kommt aus verschiedenen Quellen:

1. Zum kleineren Teil mögen rein biologische und instinktive Gegebenheiten eine Rolle spielen, indem der Körper der Schwangeren spezifische Anforderungen an die Ernährung stellt. Die psychogene oder reaktive Belebung der Oralität spielt eine viel größere Rolle, wie schon daraus ersichtlich ist, daß so viele Frauen ihren Appetit vom Willen her kontrollieren müssen, um nicht mehr zu essen, als dem Organismus der Schwangeren zuträglich ist.

2. Eine der wesentlichen normalen psychologischen Veränderungen in der Schwangerschaft ist die Belebung des Erlebensbereiches der Mütterlichkeit. Dabei spielen unter anderem das Bedürfnis nach fürsorglicher Zärtlichkeit für das Kind und das Bedürfnis, eine nährende und pflegende Funktion auszuüben, eine Rolle. Unter Zärtlichkeit wird in Anlehnung an Harry Stack Sullivan (46) die Befriedigung des eigenen Bedürfnisses verstanden, die Bedürfnisse des anderen, hier des Kindes, in einer zweckdienlichen Weise zu befriedigen. Wenn das Kind zum Beispiel das Bedürfnis nach Nahrung zum Ausdruck bringt, befriedigt die Mutter ihr eigenes Bedürfnis, zärtlich zu sein, indem sie mit dem Kind in einer zweckdienlichen Weise so umgeht, daß das Nahrungsbedürfnis des Kindes befriedigt

wird. Ein Teilaspekt der Mütterlichkeit ist es also, daß die Frau die oralen Bedürfnisse des Kindes mitempfindet. Und wenn das Gefühl bei den oralen Bedürfnissen des Kindes ist, werden zwangsläufig eigene orale Impulse und Bedürfnisse mobilisiert; denn die Köchin, die mit liebevollem Mitgefühl kocht, bekommt selber Appetit. Mütterliches Erleben und der Gedanke an Essen sind auch auf eine etwas andere Weise miteinander verknüpft. Mütterlichkeit beinhaltet vor allem den Wunsch, daß das Kind lebt. Was aber ist dazu – dem Erleben der Mutter gemäß – wichtiger als Essen?

Bei oral gehemmten Frauen wird in der Schwangerschaft orales Erleben darüber hinaus aus den folgenden Quellen noch weit mehr angeregt. Es handelt sich dann aber nicht mehr um normale psychische Veränderungen in der Schwangerschaft.

3. Oral gehemmte Frauen – und um solche handelt es sich ja bei den hier diskutierten Erkrankungen – sind, wie schon erwähnt, oral fixiert. Das heißt aber, sie erleben alles, und damit auch die Schwangerschaft, weitgehend unter einem oralen Gesichtspunkt.

4. Frauen, die sich sonst wegen ihrer oralen Hemmungen nichts leisten können, können in der Schwangerschaft die innere Verbotsinstanz beschwichtigen: Da sie schwanger sind, dürfen sie nicht nur für zwei essen, sondern, so meinen sie, sind sie sogar verpflichtet, für zwei zu essen. Sie werden also nach ihrem subjektiven Erleben lediglich im Dienste der oralen Ansprüche des Kindes aktiv. Dieser Vorgang entspricht der »altruistischen Abtretung« nach Anna Freud (14) beziehungsweise der sogenannten »Mobilisierung des Stellvertreters«.

5. Auch Verlustangst kann zu einer Aktivierung der oralen Impulse in der Schwangerschaft führen. Dabei kann es um die Vorstellung gehen, daß das Kind verlorengehen könnte, wenn die Frau nicht genügend ißt. Vor allem aber kann der Drang, für zwei zu essen, von der Vorstellung her motiviert sein, daß ein Verlust der eigenen Kraft droht: »Ich muß bei Kräften bleiben, denn das Kind zehrt ja an meinen Kräften.« Diese Befürchtung äußert sich auch in der objektiv ganz unbegründeten Volksmeinung, daß jede Schwangerschaft einen Zahn koste. Das Phantasiebild des Verlustes eines Zahnes steht zwar im allgemeinen mit dem Thema der Kastration in Zusammenhang. In der Schwangerschaft aber ist der Verlust eines Zahnes eher einem Symbol für den Verlust eigener Körperkraft gleichzusetzen.

6. Eine besondere Art der Verlustangst ist weitgehend eine Folge der vielseitigen Möglichkeiten der Frau in der industriell-urbanen Gesellschaft: Berufstätigkeit, Fortbildung und geistige Interessen, Reisen, Clubs und Gesellschaft, Bequemlichkeit und so weiter. Da durch das Vorhandensein eines neuen Kindes Zeit und Geld in Anspruch genommen wer-

den, wird das, was für die Mutter selbst zur Verfügung steht, beeinträchtigt, und es droht der Verlust von Befriedigungsmöglichkeiten. Das Kind wird – auch, aber nicht ausschließlich – als ein *oraler Konkurrent* erlebt. Es handelt sich dabei um orale Objekte im engeren Sinne des Wortes, wie Essen, Besitz und Genußmöglichkeiten. Es fällt nicht schwer, das Problem der oralen Konkurrenz im Zusammenhang mit Geschwistern zu erkennen. Man spricht vom Geschwisterneid. Daß so etwas aber auch zwischen Mutter und Kind eine Rolle spielen soll, verletzt die Gefühle so sehr, daß dieser Konflikt selbst in der psychoanalytischen Literatur merkwürdigerweise keine Erwähnung findet. Dabei handelt es sich doch um ein so weit verbreitetes Problem, und es wird nur ein offensichtlicher Tatbestand ausgesprochen. Es mag Menschen mit einer hohen Auffassung von der Mütterlichkeit geben, die dazu neigen, einen solchen scheinbar anstößigen Zusammenhang vor sich selbst zu verbergen. Wenn aber Muttersein wirklich in sich selber komplikationslos und konfliktfrei wäre, bestände ja keine Veranlassung dazu, die mütterlichen Tugenden zu preisen. Die orale Konkurrenz zwischen Mutter und Kind spielt übrigens nicht nur für die Psychologie und Pathologie von Schwangerschaft und Geburt eine Rolle, sondern sie kann auch die geheime Quelle von mancherlei Kinderneurosen, Familienzwist und Ehestörungen sein. Es gibt natürlich auch eine orale Konkurrenz zwischen Vater und Kind. Die Folgen dieser Konkurrenz sind aber nicht der Gegenstand der vorliegenden Abhandlung. Bei der oralen Konkurrenz zwischen Mutter und Kind geht es um das Problem, daß die Mutter eventuell etwas hergeben müßte, und das stellt ja für den oral Gehemmten, der ohnehin das Gefühl hat, leer auszugehen, eine besondere Schwierigkeit dar. Wenn in einer Abhandlung über Hyperemesis gravidarum vornehmlich von dieser oralen Konkurrenz die Rede sein muß, so sollte das nicht davon ablenken, daß es auch ganz andersartige Konkurrenz zwischen Mutter und Kind geben kann. Nicht selten zum Beispiel kommt es vor, daß eine junge Mutter befürchtet, durch das Kind könnte ihr Verhältnis zum Mann und zum sexuellen Erlebensbereich beeinträchtigt werden, und schon in der Schwangerschaft kann sie sich mit einem Bild dieser Gefahr auseinandersetzen. Eine Frau sagte:»Ich hätte gern ein Kind; aber mein Mann liebt keine Frau, die einen dicken Bauch hat. Ich tue doch alles, was er will, Abmagerungskuren usw. Und wie werde ich aussehen, wenn ich ein Kind habe?« Zwar handelt es sich in einem derartigen Fall nicht mehr um ein orales Objekt, aber dennoch geht es auch hier um das Problem, daß das Kind der Mutter etwas wegnehmen wird.

In einer ursprünglicheren Gesellschaftsform, in der die Rolle und die Möglichkeiten der Frau genau festgelegt sind, werden Schwangerschaft und Mutterschaft im Gegensatz zu den Verhältnissen in der urban-industriellen Gesellschaft kaum irgendwelche Beeinträchtigungen der oralen Ansprüche der Frau mit sich bringen. Unter den Versuchungen der urban-industriellen Gesellschaft muß die oralgehemmte Frau aber noch mehr als jede andere Frau das Kind als einen oralen Konkurrenten erleben, weil sie ja wegen ihrer Hemmungen in den eigenen Ansprüchen ohnehin zu kurz kommen muß und weil sie gleichzeitig die Ansprüche des Kindes überwertig erleben muß. Diese zusätzliche Bedrohung der eigenen Bedürfnisse, die vom Kind ausgeht, führt reaktiv zu einer Anregung der eigenen Appetenz.

7. In vollem Ausmaß wird die Belebung oraler Impulse in der Schwangerschaft erst verständlich werden, wenn das Bild archaischer Mütterlichkeit abgehandelt worden ist.

Bis zu einem gewissen Grade findet also schon normalerweise in der Schwangerschaft eine Verstärkung oraler Impulse statt. Das führt aber – wiederum normalerweise – zu keinerlei Störungen. Denn die gesunde Schwangere weiß mit diesen Impulsen umzugehen, und ihre mobilisierte Oralität, die ja ein Teilaspekt der mobilisierten Mütterlichkeit ist, kommt sowohl ihr als auch dem Kinde zugute. Mit der geschilderten, der Schwangerschaft unausweichlich inhärenten Antinomik, mit dem Interessenkonflikt zwischen Mutter und Kind, wird sie fertig. Die gesunde Frau erlebt bewußt, daß die Bedürfnisse des Kindes mit ihren eigenen Bedürfnissen kollidieren müssen. Durch dieses bewußte Wissen um die Antinomik ist sie in die Lage versetzt, so planen zu können, daß alle Familienmitglieder und gleichzeitig auch sie selber die möglichen Befriedigungen erleben. Die gesunde Frau kann einen Ausgleich finden, der sowohl den Interessen des Kindes als auch ihren eigenen Interessen gerecht wird. Und sie wird Kompromisse schließen, die einen teilweisen, aber keineswegs einen vollständigen, eigenen und freiwilligen Verzicht mit einschließen. Ferner hat eine gesunde Frau auch ihrem Kind gegenüber keine der Realität unangepaßte Opferhaltung, wohl aber eine natürliche Opferbereitschaft, die in Anpassung an die Gegebenheiten der Realität gesteuert werden kann. Wie diese Antinomik aber von der oral gehemmten Frau verarbeitet wird und wie die Mobilisierung oraler Impulse bei diesen Frauen zu einer Symptomatik führen muß, soll in den folgenden Abschnitten geschildert werden.

Es genügt nicht, allein vom oralen Impuls zu sprechen. Wie schon gesagt, ist die Mutterbrust das primäre Objekt der oralen Wünsche. Und in der Tat sind die Intensivierung oraler Impulse und der Wunsch nach der spendenden Mutter nur zwei Seiten ein und derselben Sache. Von der Bedeutung der Mutterimago wird erst bei der Erörterung der Rigidität des Muttermundes näher die Rede sein. Die in der Schwangerschaft zu beobachtende Belebung einer Mutterimago – des inneren Bildes einer je nach Fall verschiedenartigen Mutter oder Mütterlichkeit – hat freilich noch andere Quellen, was aber in dem hier erörterten Zusammenhang nicht näher ausgeführt werden kann.

Aggressives Erleben in der Schwangerschaft

Im Unterschied zur Oralität sind hinsichtlich des aggressiven Erlebens Veränderungen, die in der Schwangerschaft normalerweise auftreten, weniger deutlich. Man darf jedoch sagen, daß die Schwangere typischerweise Sicherheit für die Niederkunft und für das Kind will und daß sie daher ein starkes Interesse an Frieden hat. Sie wird aber – vergleichbar dem als friedlich bekannten Huhn – um so ärgerlicher und aggressiver und entfaltet erstaunliche Kräfte, wenn sie oder die Sicherheit des Kindes bedroht werden. Die Aggressivität der Schwangeren erscheint in den Bereich der Defensive verlagert.

Es mag überraschend und zunächst befremdlich klingen, daß Gebären dagegen eine Tätigkeit ist, die normalerweise eine gewisse aggressive Tönung hat, wie noch näher dargestellt werden wird. Inwiefern es bedeutungsvoll ist, den aggressiv getönten Arbeitsdrang unter der Geburt zu beachten, wird an jener Stelle anläßlich der Erörterung der Rigidität des Muttermundes deutlich werden. Die allgemein bekannte gewisse Gereiztheit vieler Schwangeren, die nicht ohne weiteres als pathologisch bezeichnet werden kann, ist vielleicht ein Hinweis darauf, daß eine gewisse Mobilisierung aggressiver Impulse schon vor Beginn der Geburt stattfindet.

Es ist einer der wesentlichsten hier mitzuteilenden Befunde, daß die Persönlichkeitsstruktur der Frauen mit den oben angeführten Symptomen nicht nur durch Hemmungen im Bereich des oralen Erlebens, sondern auch durch Hemmungen des aggressiven Erlebens gekennzeichnet ist. Auch hier ist das manifeste Bild der Persönlichkeit entweder mehr durch die Behinderungen oder mehr durch die Haltungen oder Durchbrüche gekennzeichnet. Das heißt, die Frauen, die zu übermäßig starkem Schwangerschaftserbrechen oder den anderen aufgezählten Symptomen neigen, erleben Ärger oder Wut gar nicht oder nur unvollständig. Sie können nicht kämpfen, können sich nicht wehren, können nicht angreifen. Der Begriff der kategorialen Erweiterung des aggressiven Erlebens zum ad-gredi, zum tatkräftigen Herangehen an die Dinge überhaupt, erweist sich insofern als nützlich, als die Frauen, von denen hier die Rede ist, nicht nur in bezug auf die destruktiven Aspekte der Aggressivität behindert sind, sondern auch in bezug auf die konstruktiven Aspekte der Aggressivität: Sie sind auch behindert in bezug auf das aktive und handelnde Herangehen an die Dinge. Diese Frauen sind schüchtern, gefügig, bequem oder sie neigen zu versteckten Angriffen, zu einer heimlichen Art von »Stänkern« etwa, was ihnen selber mitunter gar nicht bewußt ist.

Es ist ein weiterer Befund, daß bei der Entstehung der zur Diskussion stehenden Symptome neben oralen Impulsen gleichzeitig auch aggressive Impulse wirksam sind und in die Symptomatik eingehen, wie noch im einzelnen gezeigt werden wird. Das ist aber für den Laien, eben da diese Frauen durch die geschilderten aggressiven Hemmungen gekennzeichnet sind, nicht leicht auf den ersten Blick erkennbar.

Nicht normalerweise, wohl aber bei diesen aggressiv-gehemmten Frauen kommt es während Schwangerschaft und Geburt über den angedeuteten Arbeitsdrang hinaus zu einer weiterreichenden Mobilisierung von aggressivem Erleben. Der Arbeitsdrang während der Geburt ist rein physiologisch zu verstehen, und es wäre falsch, nach einer psychologischen Motivation zu suchen. Im Gegensatz dazu stammt der als pathologisch zu bezeichnende Ärger während Schwangerschaft und Geburt aus psychologischen Quellen, wie jetzt dargestellt werden soll.

Ähnlich, wie es gerade für die oralen Hemmungen geschildert worden ist, bedingt aggressive Gehemmtheit allein schon, daß diese Frauen ständig unter der Einwirkung aufgestauten Ärgers stehen; auch natürlich in der Schwangerschaft und während der Geburt.

Anderseits hängt der Ärger in mehrschichtiger Weise mit den erwähnten Konflikten im Bereich des oralen Erlebens zusammen. Infolge ihrer oralen Hemmungen muß die Frau, wenn in der Schwangerschaft die oralen Impulse belebt werden, eine Frustrierung dieser oralen Impulse befürchten. Die Erwartung der Frustration führt zu Ärger.

Wenn die oralen Impulse von einem Menschen nicht voll bejaht werden können, sondern verdrängt und gehemmt werden, nehmen sie eine aggressive Färbung an. Es handelt sich dabei um eine Weiterentwicklung der ursprünglichen oral-sadistischen Impulse. Orale Wünsche, Phantasien und Impulse neigen ja bis zu einem gewissen Grad immer dazu, eine aggressive Tönung anzunehmen. Denn indem das Objekt heruntergeschluckt wird, wird es ja vernichtet; und der Impuls, an der Mutterbrust zu saugen, geht ja alsbald in den Impuls über, in die Brust zu beißen.

Wie gesagt bildet sich als Teil der normalen psychischen Veränderungen in der Schwangerschaft und während der Geburt immer eine Mutterimago, und zwar in einer je nach Persönlichkeitsstruktur spezifischen Färbung. Bei der oral gehemmten Frau ist es verständlicherweise das Bild einer versagenden und somit bösen Mutter. Gleichzeitig ist die Frau von der Sehnsucht nach der helfenden und spendenden Mutter beherrscht. Zu dem Ärger über die erwartete Versagung in bezug auf die Befriedigungsmöglichkeiten der oralen Wünsche kommt, gewissermaßen als die andere Seite der Medaille, Ärger auf die versagende Mutter. Je leidenschaftlicher etwas verlangt wird, desto größer ist die von Ärger begleitete Enttäuschung über den, der die Versagung verursacht.

Im ersten Teil dieser Abhandlung sollen zunächst einmal die Kräfte – nämlich vor allem orale und aggressive Impulse – phänomenologisch beschrieben werden, von denen zu beobachten ist, daß sie während der Erkrankung aktuell wirksam sind oder sogar ins Symptom eingehen. Bei der Beschreibung der Aggressivität soll daher der genetische Gesichtspunkt, das heißt die Frage, mit welcher Entwicklungsphase das aggressive Erleben im Zusammenhang steht, vorerst nur gestreift werden. Der genetische Gesichtspunkt und der deskriptive Gesichtspunkt waren übrigens bei der Aggressivität schon immer schwer in Einklang zu bringen, wie zum Beispiel daraus ersichtlich ist, daß S. Freud die Aggressivität wiederholt verschieden eingeordnet hat. Bevor der genetische Gesichtspunkt im zweiten Teil der Abhandlung im Mittelpunkt der Erörterung stehen wird, soll an dieser Stelle lediglich angedeutet werden, daß die Aggressivität bei den hier diskutierten Frauen wohl weitgehend, nicht aber, wie noch deutlich werden wird, ausschließlich mit den oralen Impulsen und den oralen Objektbeziehungen kontaminiert ist. Bei andersartigen Gebärstörungen, die hier nicht abgehandelt werden, stammt die Aggressivität, die dort ebenfalls in der Symptomatik eine Rolle spielt, aus dem anal-sadistischen Bereich; und bei einer Untergruppe der Rigidität des Muttermundes, die sich von der hier diskutierten Untergruppe von Rigidität des Muttermundes unterscheidet, steht der Ärger vornehmlich mit Impulsen im Zusammenhang, die der phallischen Stufe zugehören.

Zusammenfassend sei wiederholt, daß die Frauen mit den hier diskutierten Symptomen viele Gemeinsamkeiten haben. Die Persönlichkeitsstruktur ist durch orale und aggressive Hemmungen gekennzeichnet, die auf untergründigen aus der frühkindlichen Entwicklung stammenden Beunruhigungen beruhen. Diese Frauen stehen während Schwangerschaft, Geburt und Wochenbett unter dem Einfluß starker oraler und aggressiver Impulse, denn sie erleben das Kind in einer überwertigen Weise als einen oralen Konkurrenten, und sie sind von der Mutter, die die übermäßig erwartete Hilfe nicht bringt, enttäuscht. Wegen der erwähnten Hemmungen kommen die mobilisierten oralen und aggressiven Impulse aber nicht zur Entfaltung und führen zu einer Symptomatik.

Das neurotische Symptom

Die Aussage, daß eine Erkrankung psychogen sei, ruft verständlicherweise oft Mißverständnisse hervor, denn diese Ausdrucksweise scheint zu implizieren, daß eine Seele, etwas Immaterielles, die Atome des Körpers bewegen solle. Die psychodynamische Psychiatrie untersucht dagegen die den Menschen bewegenden Kräfte. Wenn eine Gefahr den Menschen zu einer Reaktion aufruft, so ist das einerseits ein körperliches Geschehen, zum Beispiel etwa im Sinne der physiologischen *emergency response* nach Cannon. Andererseits tritt diese den Menschen treibende Kraft auch in Form von Emotion, Vorstellung und in Form des Erlebens eines Antriebes in das Bewußtsein ein. Emotion, Vorstellung und das Erleben eines Antriebes sind zwar psychische Phänomene, sie gehen aber immer mit körperlichen Veränderungen einher; sie haben ein somatisches Korrelat. Das physiologische Geschehen und das Erleben des Antriebes sind zwei Seiten eines einheitlichen Komplexes, den man Trieb nennen kann. Die menschlichen Triebe unterscheiden sich von den Instinkten, die angeborene vererbte Verhaltensmechanismen sind, durch die Formbarkeit hinsichtlich des Weges, auf dem die Befriedigung erreicht werden soll, und hinsichtlich des Objektes, das zur Erreichung der Befriedigung notwendig ist. Die psychodynamische Psychiatrie erklärt nun die sogenannten psychogenen Symptome weitgehend durch die Wirksamkeit derartiger Triebe und durch die Verformungen und Verarbeitungsweisen, die diese im Laufe der Entwicklung des betreffenden Menschen erfahren haben.

Voraussetzung für das Auftreten eines neurotischen Symptomes ist also, daß der betreffende Impuls infolge von abwehrenden Kräften nicht zur vollen Entfaltung kommt, das heißt, nicht voll erlebt wird. S. Freud hat gezeigt, daß das neurotische Symptom als ein Kompromißgebilde aufzufassen ist, das sowohl den wirksamen Trieb als auch die gegen den Trieb gerichtete abwehrende Kraft enthält. Dadurch tritt eine gewisse Triebbefriedigung ein. Das ist der sogenannte »primäre Krankheitsgewinn«. Bei der Zwangshandlung zum Beispiel, alle Messer aus dem Haushalt zu entfernen, verweilt der Gedanke einerseits bei der Waffe, die den eigenen Mordimpulsen dienen könnte, andererseits wird der Mordimpuls aber in der Symptomatik, nämlich in der Entfernung der Messer aus dem Haushalt, abgewehrt. H. Schultz-Hencke definiert das neurotische Symptom dementsprechend als das Sprengstück eines nicht voll erlebten Antriebes. Der Anteil des gehemmten Impulses, der trotz der Hemmung durchbricht, kann eine Vorstellung sein oder ein Gefühl, ein Wunsch, ein rudimentärer Denkinhalt, aber auch das entsprechende physiologische Korrelat, was für die psychosomatische Symptomatik besonders wichtig ist. Orale Impulse zum Beispiel gehen mit physiologischen Vorgängen einher wie Salivation, Magensekretion, Magenperistaltik, Bewegungen der Speiseröhre und so weiter. Aggressives Erleben wird von muskulärem Geschehen begleitet.

Obwohl die hier diskutierten Symptome alle eine enge Beziehung zu oralen Impulsen haben, können sie doch nicht als ausschließlich orale Symptome klassifiziert werden. Bei Hypersalivation, Freß- und Fettsucht, Schwangerschaftsgelüsten, Stehlen und Sodbrennen gehen orale Impulse so deutlich in das Symptom ein, daß man am ehesten die Bezeichnung »orales Symptom« wählen möchte. Wie noch zu schildern ist, spielen aggressive Impulse aber ebenfalls eine wichtige Rolle. Überempfindlichkeiten und Appetitlosigkeit in der Schwangerschaft sind vor allem von der Abwehr oraler Impulse geprägt. In Hyperemesis und Depression post partum kommen zwar gehemmte aggressive Impulse zur Abfuhr, diese wurzeln aber in oralen Impulsen. Die Rigidität des Muttermundes beruht auf der Abwehr aggressiver Impulse, aber die untergründige Wut richtet sich in der einen Untergruppe von Rigidität des Muttermundes auf die Mutter, das Objekt der oralen Phase. Die Symptome sind also nicht nur oraler Natur. Der orale Anteil der Symptomatik wird aber besonders herausgearbeitet, weil er neben den aggressiven Impulsen das bei allen hier diskutierten Symptomen Gemeinsame ist.

Die auslösende Situation für die Symptomatik sind Schwangerschaft oder Geburt. Die emotionale Bedeutung dieser auslösenden Situation ist weitgehend von den beiden Konflikten bestimmt, daß das Kind als oraler Konkurrent erlebt wird beziehungsweise daß die zur Hilfe herbeigesehnte Mutter als versagend erlebt wird. Schwangerschaft und Geburt bekommen diesen emotionalen Stellenwert weitgehend erst durch die Besonderheiten der beschriebenen Persönlichkeitsstruktur. Dieselben Hemmungen des oralen und aggressiven Erlebens bedingen es aber auch, daß die in der auslösenden Situation mobilisierten oralen und aggressiven Impulse nur in einer Symptomatik abgeführt werden können. In zweifacher Hinsicht hängen also Persönlichkeitsstruktur, auslösende Situation und Symptom spezifisch miteinander zusammen, wie es dem Bild von Schlüssel und Schloß entsprechen würde.

Schwangerschaftserbrechen

Übelkeit, Brechreiz und ein gelegentliches Erbrechen gehören häufig zu den frühesten Erscheinungen einer Schwangerschaft. Diese Übelkeit tritt meistens nur morgens auf, um gegen Mittag aufzuhören, und der Zustand dauert im allgemeinen nur einige Wochen an, um dann plötzlich beendet zu sein. Der Laie spricht von der sogenannten Morgenkrankheit, der Arzt vom vomitus matutinus.

Einige Frauen erbrechen drei- oder viermal täglich, manchmal sogar nach jeder Nahrungsaufnahme. So kann es zu einem erheblichen Gewichtsverlust kommen. Wenn das Erbrechen intensiv genug ist, um den Stellenwert einer Erkrankung zu haben, spricht man von der Hyperemesis gravidarum, dem übermäßig starken Schwangerschaftserbrechen.

In noch anderen Fällen kann das den ganzen Tag anhaltende Erbrechen ein solches Ausmaß annehmen, daß es zu erheblichen Stoffwechselstörungen kommt. Der Wasserverlust kann zu einer Eindickung des Blutes führen. Der ständige Verlust von Magensaft führt zu einer Verarmung an Natrium, Kalium und Chlorid, und es kann so zu einer hypokaliämischen Alkalose kommen. Der Hungerzustand kann zu einer Ketonämie und Ketonurie, also zu einer Acedose, einer Übersäuerung des Blutes, führen. Da diese Stoffwechselentgleisungen heute im Krankenhaus mittels Infusionen, das heißt mittels einer gezielten Zufuhr von Flüssigkeit und Zucker erfolgreich kontrolliert werden können, ist ein tödlicher Ausgang dieser schweren Erkrankung eine Seltenheit geworden.

Was ist nun die Ursache dieser Erkrankung? Bei dem seltenen, aber in theoretischer Hinsicht interessanten Vorkommnis einer Blasenmole entartet der in der Gebärmutter befindliche Mutterkuchen – die sogenannte Plazenta, durch die hindurch das werdende Kind vom mütterlichen Organismus ernährt wird – und wird zu einem traubenartigen Gebilde durchsichtiger Bläschen. Das von der Plazenta gebildete Hormon Choriongonadotropin ist im Vergleich zur normalen Schwangerschaft im Blutserum der Mutter enorm vermehrt. Eine ungewöhnlich intensive und langanhaltende Hyperemesis gravidarum ist ein besonderes Kennzeichen dieser Erkrankung. Auf der Grundlage dieser und ähnlicher Befunde sind sich die meisten gynäkologischen Lehrbücher – wohl zu Recht – in der Annahme einig, daß die Stoffwechselveränderungen, die mit der Schwangerschaft normalerweise einhergehen, das Auftreten von Erbrechen erleichtern; daß es also eine biologische Grundlage für Morgenkrankheit und Hyperemesis gravidarum gibt. Dabei übersehen Lehrbücher wie die von Eastman und Hellman (9) nicht, daß die biochemischen Forschungsergebnisse noch kein endgültiges und völlig klares Bild ergeben; nach Fairweather und Loraine (11) ist zum Beispiel die Choriongonadotropinausscheidung im Urin bei Hyperemesis gravidarum tatsächlich sogar niedriger als in einer entsprechenden Kontrollgruppe.

Hunt und Murray (21) haben gefunden, daß sowohl Magensaft als auch das Verdauungsenzym Pepsin in der Schwangerschaft vermehrt gebildet werden, und Eastman und Hellman (9) sehen in derartigen Veränderungen am Verdauungstrakt eine weitere somatische Grundlage für das Schwangerschaftserbrechen. Es stellt sich aber die Frage, ob diese Veränderungen nicht als das physiologische Korrelat zu der beschriebenen Belebung oralen Erlebens in der Schwangerschaft aufzufassen sind. Wer es gelernt hat, den Impuls als eine psychosomatische Einheit aufzufassen, kann die erwähnten Veränderungen der Magenfunktion kaum als ein Geschehen ansehen, das sich isoliert und für sich allein entwickeln könnte. Gewisse zeitliche Zusammenhänge und epidemiologische Fakten zwingen aber zu der Annahme, daß es sich bei den Stoffwechselveränderungen lediglich um eine prädisponierende Grundlage, nicht aber um eine hinreichende Ursache des Erbrechens handeln kann.

Viele Frauen kommen mit der Aussage zum Arzt, es habe sich Erbrechen eingestellt und daraufhin hätten sie an das Vorliegen einer Schwangerschaft gedacht. Die genauere Befragung zeigt dann regelmäßig eine umgekehrte Reihenfolge. Die Frau hatte schon vorher – zumindest untergründig – an die Möglichkeit einer Schwangerschaft gedacht: weil sie ungeschützten Verkehr gehabt hat; weil sie gewisse körperliche Veränderungen gespürt hat; weil sie nicht genau weiß, ob die Periode richtig eingetreten ist; weil sie eine Schwangerschaft erhofft hat oder befürchtet hat.

Man unterschätzt allzuleicht, wie frühzeitig und wie umfangreich eine Frau infolge vieler körperlicher Vorgänge Signale über das Vorliegen einer Schwangerschaft erhält, selbst wenn sie diese vielleicht in ihrer bewußten Reflektion übersehen möchte. Schon in den ersten Wochen nach der Empfängnis und vor dem Ausbleiben der Periode kommt es zu Veränderungen des Wassergehaltes und der Durchblutung verschiedener Gewebe, zu Veränderungen im Bereich der Brust, oft zu vermehrtem Wasserlassen, zu vermehrtem vaginalem Ausfluß, zu einem Größerwerden und Weicherwerden der Gebärmutter. Um zu zeigen, daß diskrete Wahrnehmungen körperlicher Funktionen sehr wohl den Bereich der Vorstellungen erreichen können, sei auf S. Freuds Traumbuch (16) hingewiesen. An eigenen Beispielen und an Beispielen aus der Literatur zeigt er, daß ausgebildete Störungen der inneren Organe als Traumerreger wirken können und daß sich sogar bislang noch nicht bewußt gewordene körperliche Erkrankungen in Träumen ankündigen können. Er zitiert Strümpell: »Die Seele gelangt im Schlaf zu einem viel tieferen und breiteren Empfindungsbewußtsein von ihrer Leiblichkeit als im Wachen und ist genötigt, gewisse Reizeindrücke zu empfangen und auf sich wirken zu lassen, die aus Teilen und Veränderungen ihres Körpers herstammen, von denen sie im Wachen nichts wußte.«

Die genaue Befragung von Frauen mit Schwangerschaftserbrechen hatte also häufig Hinweise dafür ergeben, daß sie sich schon vor dem Erbrechen mit der Möglichkeit einer Schwangerschaft auseinandergesetzt hatten, wenngleich auch solche Gedanken oft schnell wieder zur Seite geschoben worden waren. Das Erbrechen ist für die Frau in Wirklichkeit nicht ein erster Bote für das Vorliegen einer Schwangerschaft, sondern es ist ihre frühe Reaktion, Antwort darauf; freilich nur, falls die typische Persönlichkeitsstruktur vorliegt und zu dem entsprechenden Konflikt führt. Dieser Befund leitet zu jenen Fällen über, in denen das »Schwangerschaftserbrechen« ausschließlich auf die Wirksamkeit von Vorstellungen und überhaupt nicht auf prädisponierende Stoffwechselveränderungen zurückgeführt werden kann. Die Frau glaubt mit Bestimmtheit, schwanger zu sein, ist es in Wirklichkeit aber nicht, und sie erbricht. Immer wieder kommt es vor, daß eine Frau zu erbrechen anfängt, sobald die Regel ausfällt. Wenn sie aber unterrichtet wird, daß der Schwangerschaftstest eindeutig negativ ausfällt, oder wenn sich die erwartete Regel mit einiger Verspätung doch einstellt, hört das Erbrechen ebenso prompt wieder auf. Auch gehen Fälle von phantasierter Schwangerschaft – mit oder ohne den Symptomkomplex einer Scheinschwangerschaft – häufig mit Erbrechen einher[1]).

Die starke Erhöhung des Choriongonadotropins im Blutserum der Mutter fällt zeitlich mit der größten Häufigkeit des Schwangerschaftserbrechens zusammen. Beide haben ihren Höhepunkt zwischen der 6. und 12. Schwangerschaftswoche. Wenngleich diesem Zusammenhang wahrscheinlich eine Bedeutung im Sinne der Prädisponierung zum Erbrechen zugesprochen werden muß, lassen diese zeitlichen Zusammenhänge auch eine psychologische Bedeutung erkennen.

Mit der Auffassung, daß die Frau sich erst mit ihrer Schwangerschaft auseinandersetzen muß, ehe es zum Erbrechen kommt, stimmt auch eine gewisse Verzögerung im Auftreten der Symptomatik überein. Denn im allgemeinen tritt das Schwangerschaftserbrechen nicht gleich im ersten Moment auf, wenn die Frau anfängt, an die Möglichkeit einer Schwangerschaft zu glauben, sondern erst einige Zeit später. Meistens tritt es erst in der 5. bis 8. Schwangerschaftswoche auf; vor allem, sobald sie ganz sicher ist, daß die erwartete Regel wirklich nicht eintritt; wenn das Schicksal besiegelt, unausweichlich geworden ist. Dasselbe geschieht aber auch, wenn sie das Schicksal lediglich für besiegelt hält, obgleich sie gar nicht schwanger ist, wie wir sahen.

Im Verlauf der weiteren Wochen setzt die Frau sich nun mit der Existenz des werdenden Kindes und mit ihrer eigenen oralen Problematik auseinander. Das ist ihr um so eher möglich, wenn die den Konflikten zu-

---

[1]) Von den vier derartigen Fällen aus der eigenen Praxis kam es übrigens nur bei einem zu Erbrechen: Nicht alle Frauen, die sich so intensiv ein Kind wünschen und dabei diese Symptomatik entwickeln, haben eben die typische Persönlichkeitsstruktur, die zu dem entsprechenden Konflikt führt.

grundeliegenden Veränderungen der Persönlichkeitsstruktur, die gleich abgehandelt werden sollen, nicht allzu grob sind. Manches mag zu einer Lösung kommen, mit manchem findet sie sich ab, der Protest hört auf. So scheint es verständlich, daß das Erbrechen meistens zwischen der 12. und 16. Schwangerschaftswoche wieder aufhört. Die Auseinandersetzung mit ihren Konflikten wird unterstützt, wenn das Kind eine immer deutlichere Realität wird. Immer wieder hört man die Aussage, das Erbrechen habe aufgehört, sobald die Frau »Leben gespürt« habe. Das Gleichgewicht der Kräfte im Konflikt wird dadurch verlagert, daß sie eine direktere Beziehung zum Kind entwickeln kann, sobald sie die wachsende Gebärmutter durch die Bauchdecke hindurch selbst ertasten oder sogar »Leben spüren« kann.

Es kann aber auch sein, daß der mit dem spezifischen Konflikt verbundene Protest weitergeht und die Patientin erbricht – ohne daß eine andersartige Erkrankung vorliegt –, und zwar bis weit in die zweite Hälfte der Schwangerschaft hinein, ja manchmal bis in den Kreißsaal hinein. In vier Fällen aus meiner Praxis hielt das Erbrechen sogar Wochen oder Monate über den Zeitpunkt von Entbindung oder Abort hinaus an. Auch hier liegt also wieder »Schwangerschaftserbrechen« ohne Schwangerschaft vor.

Interessanterweise fängt die gesamte psychoanalytische Literatur mit einem Fall von Erbrechen im Wochenbett an. Freuds erste Arbeit im ersten Band seiner Gesammelten Werke heißt »Ein Fall von hypnotischer Heilung« und handelt von einer Stillstörung, die von Erbrechen begleitet war (15). Freuds scharfer klinischer Blick hat übrigens schon damals, als das begriffliche Rüstzeug noch gar nicht erarbeitet war, an jener Frau manche der Verunsicherungen im oralen und aggressiven Bereich gesehen, wie sie in dieser Abhandlung beschrieben werden.

Zwar gibt es keine exakten statistischen Untersuchungen über die Epidemiologie von Morgenkrankheit und Hyperemesis gravidarum. Nach allgemeiner ärztlicher Erfahrung, wie sie sich auch in kurzen Bemerkungen in verschiedenen Büchern widerspiegelt, schwankt die Häufigkeit des Auftretens jedoch außerordentlich. Guttmacher (19) beschreibt, daß in den USA vor 25 Jahren die meisten Schwangeren erbrochen hätten, heute aber weniger als die Hälfte. Eastman und Hellman (9) erkennen bei Hyperemesis gravidarum zum Beispiel große landschaftliche und soziologische Unterschiede. Bei den bedürftigen Bevölkerungsschichten gäbe es kaum Hyperemesis gravidarum, und bei den amerikanischen Negern würden Übelkeit und morgendliches Erbrechen sehr selten vorkommen. In Südostasien soll Hyperemesis gravidarum praktisch unbekannt sein (9).

Aus all diesen Beobachtungen muß geschlossen werden, daß bei der Verursachung von Hyperemesis gravidarum biologische und psychologische Faktoren im Sinne einer Ergänzungsreihe zusammenwirken. In den Extremfällen kann jeder Faktor für sich allein die Erkrankung hervorrufen. Bei der Blasenmole spielt nur der biologische Faktor eine Rolle, beim »Schwangerschaftserbrechen« ohne Schwangerschaft nur der psychologische Faktor. Bei der großen Masse der dazwischenliegenden Fälle würde man geneigt sein, den psychologischen Faktoren die gewichtigere Rolle zuzubilligen und von den biologischen Faktoren anzunehmen, daß sie lediglich prädisponierend wirken. Denn schließlich gibt es ja ganze Völkerschaften und soziale Schichten, in denen Hyperemesis gravidarum nicht vorkommt.

Als psychologische Faktoren kennen die Lehrbücher aber nur so allgemeine Begriffe wie emotionale Instabilität, emotionaler Streß usw. Um die schon angedeutete, ganz spezifische psychische Verursachung genauer zu beschreiben, sei jetzt von der Persönlichkeitsstruktur, vom Konflikt und von der Symptomatik die Rede.

Persönlichkeitsstruktur bei Schwangerschaftserbrechen

Die Untersuchungsbefunde beziehen sich ausschließlich auf Frauen, die wegen schwerer Hyperemesis gravidarum in stationäre Behandlung gekommen waren. Die Zusammensetzung der Beobachtungspersonen erlaubt es also nicht, zu der Frage Stellung zu nehmen, ob die Verhältnisse bei der sogenannten Morgenkrankheit ebenso liegen wie bei der Hyperemesis gravidarum. In über fünfzig Fällen von Hyperemesis gravidarum wurde während der akuten Symptomatik eine psychoanalytisch-orientierte Kurztherapie durchgeführt, die in vereinzelten Fällen nur zwei bis drei Behandlungsstunden, in anderen Fällen bis zu zwanzig Behandlungsstunden dauerte. Ein Teil dieser Fälle wurde in unregelmäßigen Abständen nach der Krankenhausentlassung in ambulante psychotherapeutische Behandlung genommen. Viele dieser Patientinnen kamen später zur Entbindung in die Düsseldorfer Frauenklinik und konnten daher nach der Entbindung erneut beobachtet werden. Die Erfahrungen aus diesen Kurztherapien während der akuten Erkrankung wurden durch die Erfahrungen aus ausgedehnten und intensiven psychoanalytischen Behandlungsverläufen bei anderen Frauen bestätigt. Wenn nämlich Frauen außerhalb einer Schwangerschaft wegen einer ganz andersartigen Symptomatik behandelt worden waren, in der Vorgeschichte aber einmal oder mehrmals an einer schweren Hyperemesis gravidarum gelitten hatten, konnten regelmäßig dieselben Verhältnisse beobachtet werden.

Gehemmtheiten im oralen und aggressiven Erlebensbereich

Zu Beginn der Untersuchungen fiel alsbald auf, daß alle Frauen mit Hyperemesis gravidarum eine im grundsätzlichen Aufbau gleichartige Persönlichkeitsstruktur hatten (31). Diese Persönlichkeitsstruktur ist durch Gehemmtheiten im oralen und aggressiven Erlebensbereich und durch bestimmte Folgeerscheinungen dieser Gehemmtheiten charakterisiert. Es handelt sich dabei um einen Befund, von dem keine Ausnahme beobachtet worden ist.

Diese Frauen sind *oral gehemmt*, das heißt, orale Impulse färben das manifeste Erleben und Verhalten kaum oder doch nur in einer inadäquaten Weise. In bezug auf Essen, Geld, persönlichen Besitz haben diese Frauen eine reduzierte Erlebnisfähigkeit; die Welt besitzt für sie in dieser Hinsicht – soweit es das bewußte Erleben betrifft – einen verminderten Aufforderungscharakter. Diese Ausfälle beziehen sich nicht nur auf die Vorstellung der wünschbaren Objekte, und sie zeigen sich nicht nur in einer großen Wunschlosigkeit. Denn soweit Wunschrudimente dennoch da sind, können diese Frauen kaum eine eigene Tätigkeit zur Erlangung dieser Objekte entfalten. Das heißt, selbst hinsichtlich der noch verbliebenen Wunschreste können diese Frauen sich nichts gönnen. Was ihnen aber dennoch allen diesen Behinderungen zum Trotz in der Realität zur Verfügung steht und zufällt, das können sie nicht genießen. Trotz der guten Dinge, die im Leben zur Verfügung stehen, kennen sie keinen Genuß und keine Befriedigung. Dieser Ausfall der emotionalen Seite des oralen Erlebens ist besonders kennzeichnend.

Eine Frau schilderte zum Beispiel, welch beträchtlichen Raum ihr Ehemann mit seinen Hobbys und seiner Bastelecke in der Wohnung einnimmt. Als sie gefragt wurde, was sie selber denn in der Wohnung habe, antwortete sie ganz erstaunt: »Na, natürlich meinen Nähkorb«. Sie empfand keine Diskrepanz zwischen der unbefangenen Expansivität ihres Mannes und ihrer eigenen verkümmerten Wunschwelt.

Diese Behinderungen in der Wunschwelt, im Zugreifen und im Genießen bilden das Kernstück des manifesten Erscheinungsbildes dieser Frauen. Die *Gehemmtheiten im aggressiven Erlebensbereich* zeigten sich schon in der gerade erwähnten Unfähigkeit, im Dienste der verbliebenen Wunschrudimente selber aktiv zu werden. Die Frauen mit Hyperemesis gravidarum können schlecht selbständig und handelnd an die Dinge herangehen. Eine solche Frau mag etwa, nur um ein Beispiel anzudeuten, keinen Einschreibebrief annehmen, ohne vorher ihren Mann gefragt zu haben. Sie haben das Gefühl, daß sie sich, auf sich allein gestellt, nicht durchsetzen oder behaupten könnten, und sie scheuen vor jeder selbständigen Tätigkeit, die in der Verfolgung der eigenen Interessen notwendig wäre, zurück. Sie sind hinsichtlich der konstruktiven und destruktiven Aspekte der Aggressivität gleichermaßen gehemmt. Sie neigen dazu, in einer entsprechenden Situation Ärger kaum zu erleben oder aber ihren Ärger in einer inadäquaten Art und Weise zu handhaben.

Typisch für Hyperemesis ist, daß das aggressive Erleben zwar in diesem Sinne stark gehemmt ist, daß es aber nicht ganz so weitgehend verunsichert und verschüttet ist, wie es für das orale Erleben dieser Frauen zutrifft. Das zeigt sich einmal darin, daß im unfreiwilligen und von der Patientin selber kaum bemerkten Verhalten – also in Haltungen und Durchbrüchen – Ärger oder gar Wut und Vorwurf indirekt und in einer der Realität nicht angepaßten Weise zum Ausdruck kommen. Außerdem kommen aber auch aggressive Gefühle und Handlungen stellenweise dem vollen Bewußtsein relativ nahe. Wenngleich dann der Ärger selber oft halb bewußt wird, bleiben doch die Quelle des Ärgers und auch das Objekt des Ärgers unbewußt. Diese Frauen verhalten sich eben nur ärgerlich, ahnen vielleicht auch gerade ihre eigene ärgerliche Stimmung, wissen aber in keiner Weise, warum und auf wen sie ärgerlich sind.

Während also orale Verhaltensweisen im äußeren Erscheinungsbild nur eine unaufdringliche Rolle spielen, finden sich doch reichlich aggressive Verhaltensweisen, allerdings in einer ungesteuerten und unangepaßten Art und Weise. Auch die Lücken im subjektiven Erleben sind beim aggressiven Erleben nicht so stark ausgeprägt wie beim oralen Erleben.

In der Anamnese läßt sich bei vielen Patientinnen schon eine frühe Verbindung zwischen Oralität und Aggressivität auffinden; insofern nämlich, als diese Frauen oft schon als Kinder Wut durch Essensverweigerung, Übelkeit oder Erbrechen abgeleitet haben. Eine solche Frau sagte: »Immer, wenn wir Krach miteinander haben, kann ich nicht essen. Nicht einmal Haferflocken. Das geht einfach nicht 'runter. Und mein Magen schwillt an und wird ganz dick. Wenn wir uns wieder vertragen nach ein paar Tagen, ist alles wieder gut, als wenn ich dann wieder Halt am Mann hätte.«

Die Behinderungen im oralen und aggressiven Erlebensbereich gehen vereint in die für diese Frauen so typische *Bescheidenheitshaltung* ein. Immer und überall steht die ›gute Mutter‹ zurück; sie gibt zu erkennen, daß sie für sich selber nichts braucht, wenn es nur den lieben Kindern und dem guten Mann an nichts fehlt. Diese Frauen fühlen sich nicht berechtigt, etwas für sich zu haben; orale Impulse würden untergründige Angst und Unbehagen auslösen. In ihrer ›Bescheidenheit‹ und ›Demut‹ neigt sie dazu, den »unteren Weg« zu gehen. Bei allen diesen Dingen handelt es sich aber in Wirklichkeit nicht um Tugend, um ein freiwilliges, auf Bedacht beruhendes Zurücktreten, sondern um unfreiwilliges, unangepaßtes, auf Hemmungen beruhendes, also neurotisches Verhalten.

Das Verdrängte ist aber niemals völlig unwirksam geworden. So bleiben auch bei diesen Frauen die gehemmten oralen und aggressiven Triebe ständig wirksam, wenn auch in einer untergründigen und indirekten Art und Weise. Die Persönlichkeitsstruktur der hier beschriebenen Frauen ist also nicht nur durch die erwähnten Hemmungserscheinungen charakterisiert. Die verbleibenden oralen und aggressiven Impulse, die trotz der Hemmungen wirksam bleiben, manifestieren sich in starren, immer wiederkehrenden Verhaltensweisen, die man Haltungen nennen kann. Sie sind nicht an die Realität angepaßt, und sie können vom Willen und von der Vernunft her nicht gesteuert werden.

Auch die dennoch wirksam gebliebenen Restanteile oralen Erlebens der hier diskutierten Frauen können sich in Wunschrudimenten bemerkbar machen, die der Realität nicht angepaßt und der Steuerung entzogen sind. Bei aller Wunschlosigkeit und Genußunfähigkeit war eine ganze Reihe von diesen Frauen beim Essen gleichzeitig mäkelig und wählerisch. Andere gaben dem Essen oder Besitz eine der Realität unangepaßte Gewichtigkeit. Ohne sich recht etwas gönnen zu können, spielte bei vielen dieser Frauen im Denken und Erleben Essen und Besitz eine überwertige Rolle. Die Qualität der dennoch verbliebenen Oralität nimmt, wie an der typischen Übertragungssituation gleich geschildert werden soll, eine aggressive Tönung an. Auch die noch zu beschreibende Weiterverarbeitung der oralen Behinderungen in Form von Erwartungshaltung und Vorwurfshaltung hat eine aggressive Note.

Die Wunschlosigkeit im bewußten Erleben und die Bescheidenheitshaltung gehen so mit ungeheuer großen und unrealistischen Erwartungen einher, die den Frauen selber nicht bewußt sind. Diese unbewußten Erwartungen äußern sich zusammen mit der Unfähigkeit zu eigener selbständiger Handlung im Interesse der eigenen Wünsche in einer *passiven Erwartungshaltung*. Diese Frauen neigen dazu, es für selbstverständlich zu halten, daß ihre nicht ausgesprochenen Wünsche durch andere auch ohne ihr Dazutun erfüllt werden. Bei den der Realität unangepaßten Erwartungen, die die Frauen mit Hyperemesis ausdrücken, weisen sie oft auch darauf hin, daß sie sich zu schwach oder erschöpft fühlen. Eine Variante dieser Erwartungshaltung kann man Prinzessinnenhaltung nennen. Die diesen Frauen verbliebene Oralität ist durch Passivität gekennzeichnet. Sie wollen verwöhnt werden, bedient werden, und sie meinen, das stehe ihnen auch zu, da sie ja so schwach oder so blaß seien. Die Dienstleistungen die sie erbitten – wie noch geschildert werden soll – typischerweise auch vom Arzt –, werden immer umfangreicher.

Wenn das äußere Erscheinungsbild mehr durch die »Dennoch-Wirksamkeiten« als durch die Hemmungen des Betätigungsstrebens gekennzeichnet ist, kann diese passive Erwartungshaltung in eine *Anspruchshal-*

tung übergehen. Trotz ihrer scheinbaren Bescheidenheit geben diese Frauen immer irgendwelche Ansprüche zu verstehen, was sie allerdings in einer unbewußten und indirekten Art und Weise tun. Die erwähnte Mäkeligkeit und Wählerischkeit haben eine gewisse Beziehung zu dieser Anspruchshaltung.

Eine weitere Weiterverarbeitung der Wunschlosigkeit und Bescheidenheitshaltung ist die zum Prinzip erhobene und im Grunde genommen unfreiwillige *Opferhaltung*. Wenn ein Mensch mit einer solchen Opferhaltung gar nicht anders kann, als sich immer und überall aufzuopfern, ist das ganz etwas anderes als eine freiwillige Opferbereitschaft. Opfer hat eine Beziehung zum Thema Hergabe beziehungsweise Behaltenwollen und gehört damit zur Problematik der analen Phase. Eine Behinderung des Bedürfnisses und der Fähigkeit, etwas für sich zu behalten, hat aber auch eine innere Beziehung zu den oralen Hemmungen: Während sie im Erleben der eigenen Wünsche behindert sind, erleben diese Frauen die Wünsche der anderen weit über ein legitimes Ausmaß hinaus als deren Recht, das man erfüllen muß. Die Opferhaltung dem Kind gegenüber kann so weit gehen, daß sie schon im Vorbeigehen bei der Visite markant ins Auge fällt. Eine Mutter lag zum Beispiel mit dem Säugling so im Bett, daß der Säugling die Mitte des Bettes, ja eigentlich das ganze Bett einnahm. Die Mutter lag so am Rande, daß man befürchten mußte, sie könnte aus dem Bett fallen. Oben umgab sie das Kind mit ihrem Kopf und unten mit ihren angezogenen Knien. Das Bild drückte eindringlich aus, wie sehr die Mutter bereit war, dem Kind alles einzuräumen und selber ganz an die Seite zu rücken. Sie machte nicht etwa einen beglückten, sondern eher einen pflichtergebenen Eindruck. Es überrascht nicht, daß sie zugab, eine Hyperemesis gravidarum in der Schwangerschaft gehabt zu haben.

Diese Opferhaltung führt leicht zu Erschöpfungszuständen. Viele Frauen neigen mit Schwangerschaftserbrechen dazu, sich infolge ihrer oralen Behinderung als schwächlich anzusehen und innerlich leer zu fühlen.

Da die Erwartungshaltung und Anspruchshaltung in der Regel enttäuscht werden müssen und da die Frau sich bei ihrer eigenen Opferhaltung nicht recht wohlfühlen kann, wundert es nicht, daß man bei vielen dieser Frauen eine *Vorwurfshaltung* findet. Sie, die den Kindern zuliebe in ihrer ›Bescheidenheit‹ und ›Wunschlosigkeit‹ alles ›aufopfert‹, neigt sehr wohl dazu, ihrer Familie das ständig fast wortlos vorzuhalten und Mann und Kindern dadurch ein schlechtes Gewissen zu verschaffen.

Aus dieser Beschreibung ist deutlich geworden, daß im Bereich des oralen Erlebens die Ausfälle und Behinderungen über die Dennoch-Wirksamkeiten der gehemmten Impulse überwiegen: Das manifeste Erscheinungsbild ist vor allem von den oralen Hemmungserscheinungen her gekennzeichnet. Dabei bleiben aber die oralen Impulse nicht so extrem unentfaltet, wie es etwa für die Frauen mit Depression im Wochenbett beschrieben werden wird. Das sieht man schon an der erwähnten Wählerischkeit, Mäkeligkeit, Erwartungshaltung und Anspruchshaltung vieler Frauen mit Hyperemesis gravidarum. Nur weil die oralen Impulse trotz aller Behinderungen eine gewisse Entfaltung erfahren, kann es ja, wie noch zu schildern sein wird, zum Symptom der Hypersalivation kommen.

Der aggressive Erlebensbereich ist nicht ganz so stark gehemmt wie das orale Erleben. Bei einem Teil der Frauen mit Hyperemesis gravidarum tendiert die Persönlichkeitsstruktur zum Hysterischen hin. Diese Frauen neigen dazu, ihren Ärger auszuagieren, wie es in dem folgenden Abschnitt über die Übertragung deutlich werden dürfte. Bei einem anderen Teil der Frauen mit Hyperemesis tendiert die Persönlichkeitsstruktur aber mehr zum Depressiven hin. Bei diesen ist das manifeste Erscheinungsbild auch im aggressiven Bereich ähnlich wie in der Oralität stark von den Hemmungserscheinungen und weniger von den Dennoch-Wirksamkeiten des Verdrängten gekennzeichnet.

Diese Kombination von Verformungen des oralen und aggressiven Erlebens ist so typisch, daß man Frauen, die zur Hyperemesis gravidarum neigen, mit großer Treffsicherheit erkennen kann, sobald man erst einmal mit dieser Persönlichkeitsstruktur vertraut geworden ist. Ähnlich wie bei der erwähnten Frau, die sich so ›anspruchslos‹ mit dem Bettrand begnügte, während sie den ganzen weiten Raum ihres Bettes dem Säugling zur Verfügung stellte, wurde bei vielen Frauen, die in der Schwangerenberatung, im Kreißsaal oder auf der Wöchnerinnenstation gesehen wurden, den Kollegen gegenüber die Vermutung geäußert, daß in der Vorgeschichte eine Hyperemesis gravidarum vorliegen könnte, und diese Vermutung fand sich in der überwiegenden Mehrzahl der Fälle bestätigt. Auch wenn aus ganz anderen Gründen eine psychiatrische Anamneseerhebung vorgenommen wurde, ergab es sich häufig, daß das Vorkommen von Hyperemesis gravidarum in der Vorgeschichte vermutet werden konnte und daß diese Vermutung dann bestätigt wurde.

Orale Hemmungen können auch eine Verarbeitung finden, die von der eben geschilderten abweicht. Dennoch-Wirksamkeiten können zum Beispiel in Form von Gier und Hast im Vordergrund stehen. Dabei handelt es sich aber nicht mehr um die für Schwangerschaftserbrechen typische Persönlichkeitsstruktur.

Die Übertragung

Diese so typischen Ausformungen oraler und aggressiver Behinderungen zeigen sich ganz besonders deutlich in unserer zuverlässigsten Auskunftsquelle, nämlich in der sogenannten Übertragungssituation; das heißt in dem der Realität nicht entsprechenden Erleben und Verhalten der Patientinnen während der psychotherapeutischen Behandlungsstunden.

Manchmal überwiegen in der Übertragung die oral getönten Züge, nämlich bei der zahlenmäßig kleineren Gruppe, die mehr zum Depressiven hinneigt; meist aber überwiegt der Ärger. Wenn die Frauen mit oral getönter Übertragung in die Behandlungsstunde kommen, bringen sie typischerweise fast als erstes alle möglichen Beschwerden über das Krankenhaus und die Krankenschwestern vor. Der Inhalt der Beschwerden ist, daß sie nicht genug bekommen hätten; die Verpflegung oder die Pflege seien schlecht gewesen oder unzureichend; der Ehemann habe die verlangten Dinge nicht mitgebracht und so weiter. Sie machen dabei einen recht ärgerlichen Eindruck. Wenn man sie aber fragt, ob sie denn ärgerlich seien, mag in einem ärgerlich-anklagenden Ton die vorwurfsvolle Rückfrage kommen: »Nein! Was der Arzt denn damit sagen wolle?« Nicht selten bitten diese Frauen den Arzt – was man bei anderen Patienten höchst selten erlebt –, daß er ihnen dieses oder jenes im Geschäft kaufen solle oder andere Besorgungen machen oder machen lassen solle; daß er Kleingeld fürs Telefon auslege; daß er das Fenster öffnen oder schließen solle; daß er in dieser oder jener Weise auf der Station, auf den Speisezettel oder auf die Verleihung von Sonderrechten Einfluß nehmen solle. Sie verlangen also alles mögliche und werden ärgerlich, wenn sie es nicht bekommen. Bei den stärker depressiv strukturierten Patientinnen bleibt auch dieser Ärger zunächst latent und macht sich erst im Verlaufe späterer Behandlungsstunden deutlicher bemerkbar.

In der zahlenmäßig größeren Gruppe, die mehr zum Hysterischen hinneigt, kommen die Frauen typischerweise zu den ersten Behandlungsstunden mit ärgerlichem oder gar wütendem Ausdrucksverhalten ins Zimmer hinein. Infolge der geschilderten Frustration befinden sie sich in einer enttäuscht anmutenden Grundstimmung. In einer Kombination von Vorwurfshaltung und Anspruchshaltung zog eine Frau den Arzt gereizt zur Rechenschaft, warum es denn nötig sei, daß sie es auf sich nehmen müsse, zur Behandlung zu kommen und Fragen zu beantworten; der Arzt habe doch studiert und müsse doch zumindest wissen, worum es sich handelt.

Wenn man diese Frauen aber auf ihre so deutlich faßbare ärgerliche Stimmung hinweist, zeigt es sich, daß ihnen ihr Ärger gar nicht bewußt ist, daß er aber im Laufe des weiteren Gespräches relativ schnell bewußt werden kann.

Daß sich eine Übertragungssituation so schnell und intensiv herstellt, ist für die Hyperemesis ganz besonders typisch. D. H. Malan (29) beschreibt einen Fall von Hysterie, wo sich die Übertragungssituation schon vor Behandlungsbeginn entwickelt habe. So etwas ist für die Hyperemesis eher typisch, was damit zusammenhängt, daß diese Patientinnen von halbbewußten aggressiven Impulsen überschwemmt sind, die sie irgendwo unterbringen müssen. Für die Therapie hat sich das als ein Vorteil erwiesen.

Sehnsucht nach der Mutter

Bei allen Frauen mit Hyperemesis gravidarum ist die Vorgeschichte von einem sehnsüchtigen Verlangen nach der spendenden und versorgenden Mutter gekennzeichnet, wobei ihnen jedoch oft mehr eine Mutterimago, als die reale Mutter vorschwebt. Diese Sehnsucht ist in der Anamnese nur indirekt aus dem Verhalten der Patientin erkennbar, denn sie ist tief verdrängt und kann von den Patientinnen nicht direkt ausgesprochen werden. Diese bislang unbewußte Muttersehnsucht wird während der Hyperemesis plötzlich noch umfangreicher und gleichzeitig bewußtseinsnäher. So ist es ein typischer Befund, daß der Ehemann und alle anderen Beziehungspersonen mit Beginn der Hyperemesis in emotionaler Bedeutung in den Hintergrund treten, um jener Mutterimago Platz einzuräumen. Das Erkennen dieses Zusammenhanges kann durch den Umstand erschwert werden, daß diese Mutterimago in der Erkrankung auf andere Beziehungspersonen, zum Beispiel auf den Ehemann oder, wie schon angedeutet worden ist, auf den Arzt, übertragen wird. Der Mann ist dann zwar weiterhin eine bedeutungsvolle Beziehungsperson, aber er wird auf einmal unter einem ganz anderen Aspekt erlebt, nämlich unter dem mütterlich-spendenden Aspekt.

In den Anamnesen findet sich häufig, daß diese Frauen mit Hyperemesis gravidarum als Kinder von ihren Müttern objektiv wenig gehabt haben, insbesondere in emotionaler Hinsicht. In mehreren der untersuchten Fälle standen die Mütter jahrelang nicht zur Verfügung, da sie etwa in einer psychiatrischen Anstalt oder im Gefängnis waren. Dennoch wurden die Mütter eigentlich immer subjektiv als durchaus spendend, zumindest aber nicht als versagend erlebt. Das heißt, subjektiv war für die Kinder die Mutterbeziehung wohl immer positiv getönt. Wie wenig Zuwendung die Kinder von diesen Müttern tatsächlich bekommen haben, wird nicht direkt geschildert, sondern mehr durch die Schilderung von Vorkommnissen zum Ausdruck gebracht. Wenn die Patientinnen aber Vorkommnisse mitteilen, von denen her der versagende Charakter der Mutter gar nicht mehr zu übersehen ist, finden die Patientinnen meist Entschuldigungen für die Mutter und erklären etwa, daß die Mutter ja objektiv nicht mehr geben konnte, weil sie arm war. Es ist aber kaum je so, daß eine orale Fixierung und eine Mutter-Fixierung dadurch zustande kämen, daß die Eltern objektiv nicht viel geben konnten. Das Entscheidende für eine derartige Fixierung ist vielmehr, daß diese Mütter ihre Kinder auf eine passive Erwartung trainiert haben, und dafür sind in den Anamnesen dreierlei Wege zu beobachten, nämlich Verführung, Unterdrückung und das Erzeugen von Schuldgefühlen.

In einer verführerischen Weise nehmen diese Mütter den Kindern alle Aktivität – und damit fatalerweise auch alle Eigenständigkeit – ab, indem sie jedes Stück Obst schälen, jedes Butterbrot in Stückchen schneiden, das Kind sich nicht allein anziehen lassen und selbst der erwachsenen Tochter noch die Wäsche waschen. Für solche Kinder sieht die Welt dann so aus: »Meine Mutter macht das schon. Wenn ich lieb und brav bin und nichts selbst mache, dann komme ich bestimmt nicht zu kurz. Wenn ich nur passiv bin, werde ich durch Mutters Zuwendung alles bekommen.« Die Verführungskunst geht so weit, daß sie dem Kind sogar einzureden wissen, was dieses sich – aber eben nur gemäß dem Willen der Mutter – angeblich selber wünscht. Diese Mütter, die im Gewähren des Rechtes zur eigenständigen Entwicklung so versagend sind, zeigen in mehreren Anamnesen eine übermäßige Zuwendung und Verwöhnung im Bereich der Oralität, was vielleicht als ein Versuch der Mutter aufzufassen ist, ihre versagenden Züge zu kompensieren. Einem Kind zum Beispiel wurden in den Kriegsjahren mit viel Aufwand extra Pastetchen und so weiter gebacken, und außerdem wurden zur Steigerung des Appetites noch andere Kinder eingeladen, nur damit das liebe Kind die so wertvolle Speise auch zu sich nehme. Die spätere Patientin weiß aber noch nicht, was das für ein Betrug ist, denn eines Tages müssen bestimmt die Enttäuschungen kommen, zumindest dadurch, daß andere sich anders als die Mutter verhalten werden. Und auch der Mutter droht eine schwere Enttäuschung, denn eines Tages, wenn die herangewachsene Tochter doch etwas eigenständig ausführt, wird sie das unerträgliche Gefühl haben: »Ich bin also doch nicht unentbehrlich.«

Ein anderer Weg zur Ausbildung der passiven Erwartung ist Unterdrückung: »Ich bestimme, was für dich gut ist. Du hast zu warten, dann wirst du auch kriegen.« Auf diese Art und Weise wird die Eigenständigkeit mit Gewalt unterdrückt. Ein Kind zum Beispiel wurde immer geschlagen, wenn es beim Vorbeigehen an einem Eiswagen den Wunsch nach Eis äußerte. Wenn es aber keinen Wunsch äußerte, obgleich der Eiswagen schon etliche Schritte zurücklag, bekam es regelmäßig Eis.

Nicht selten wird die Eigenständigkeit durch eine Schuldgefühle erzeugende moralisierende Art und Weise unterdrückt: »Ach, du bist unzufrieden mit mir! Ich gebe mir soviel Mühe. Du siehst doch, wie ich mich verausgabt habe, und du bist unzufrieden!«

Auf solchen Wegen ist die passive Erwartung oft anerzogen worden.

Passive Erwartung bewirkt aber Abhängigkeit, und das ist identisch mit Mutterfixierung. Fixierung heißt ja Beeinträchtigung der eigenständigen Fortentwicklung, der Reifung, und zwar in bezug auf alles, was in der Welt erlebt werden kann. Die beschriebene untergründige Sehnsucht nach der spendenden Mutter aber hängt mit dieser passiven Erwartungshaltung zusammen.

Mitunter ist man geneigt anzunehmen, daß die oralen und aggressiven Hemmungen und damit die Problematik einer Patientin hinreichend erklärt sind, wenn in einer Anamnese die geschilderten Einflüsse von seiten der Mutter zu beobachten sind. Bisweilen war dieser Zusammenhang aber weniger deutlich zu erkennen. Das mag manchmal damit zusammenhängen, daß natürlich an keinem einzelnen Fall die Gesamtheit aller Zusammenhänge mit gleichmäßiger Deutlichkeit erkannt werden kann. Im zweiten Teil dieser Abhandlung wird jedoch deutlich werden, daß im Verhältnis zwischen Mutter und Tochter noch ganz andere Dinge eine wesentliche ätiologische Rolle spielen.

Die Frauen mit Hyperemesis sind also von der Mutter in Abhängigkeit gehalten worden. Wenn diese Frauen jetzt selbst die Mutterrolle übernehmen und ein Kind versorgen sollen, muß das natürlich Probleme hervorrufen. Die Frau wird dem Kind gegenüber weniger eine Mutter-Kind-Beziehung erleben können, als vielmehr Konkurrenzgefühle, wie sie bei Kindern untereinander auftauchen. Andererseits droht im Erleben dieser Frauen die Schwangerschaft selbst eine endgültige Versagung für die auf die Mutter bezogenen oralen Probleme darzustellen.

Es ist betont worden, daß die Sehnsucht nach der Mutter von den Patientinnen selbst nicht als solche erlebt wird und daß sie sich im Verhalten nur indirekt bemerkbar macht. Die Sehnsucht bezieht sich oft mehr auf eine Mutterimago, als auf die reale Mutter. Die Anamnesen zeigen, daß sich im Verhältnis zur realen Mutter oft viele konflikthafte Auseinandersetzungen finden. Die Einstellung zu einer solchen Mutter muß ja notwendigerweise ambivalent sein.

Selbstwertgefühl und Geltung

Es ist ein weiterer Befund, daß fast alle Frauen mit Hyperemesis gravidarum in der Vorgeschichte deutlich erkennbare Beeinträchtigungen des Selbstwertgefühles und des Geltungsstrebens erkennen ließen. Typisch für diese Frauen ist, daß Geltungsstreben scheinbar kaum vorhanden ist oder daß Geltung auf eine passive und nicht auf eine aktive Art und Weise angestrebt wird. Sie wollen durch den Mann Geltung erlangen oder durch eine großartige Wohnungseinrichtung.

Die für einen Teil der Frauen mit Hyperemesis typische Prinzessinnenhaltung gehört in diesen Zusammenhang. Sie wollen verwöhnt werden, bedient werden. Und sie meinen, das stehe ihnen auch zu. Die Dienstleistungen, die sie vom Arzt erwarten, werden immer umfangreicher und dienen auch dazu, vor den anderen Patientinnen eine Sonderstellung zu haben. In dieser Prinzessinnenhaltung vermengen sich orales Verlangen und Geltungsverlangen.

Aus diesen Beispielen geht hervor, daß das Geltungsstreben gehemmt ist und sich teilweise in Haltungen manifestiert. Es wird noch beschrieben werden, daß während der Hyperemesis selber nicht selten Geltungsstreben aktiviert wird.

Es ist eine allgemeine Erfahrung, daß das Selbstwertgefühl gestört ist, wenn in der frühen Kindheit die Entwicklung einer gesunden Wunschwelt beeinträchtigt worden ist. Wenn die Bedürfnisse und Wünsche des Kindes befriedigt werden, fühlt es sich nämlich gleichzeitig akzeptiert. Das ist der Grund dafür, daß eine gesund entwickelte Oralität eine Voraussetzung für ein gesundes Selbstwertgefühl ist. Die oral gehemmte Frau fühlt sich nicht satt. Darum hat sie das Gefühl: »Ich gelte nichts«, so wie es derjenige tut, der einem Satten und Mächtigen mit leerem Magen entgegentritt. Das Gefühl »ich werde nicht gefüttert« führt zu dem Gefühl »ich werde nicht bejaht«, und das führt zu dem Gefühl »ich gelte nichts«.

Ein gestörtes Selbstwertgefühl pflegt nun nicht nur zu einer Geltungsproblematik, sondern auch zu hypochondrischen Zügen zu führen. Das war auch bei den Frauen mit Hyperemesis häufig der Fall. Dabei hatten die hypochondrischen Züge bezeichnenderweise praktisch immer oralen Inhalt: Sie bezogen sich auf Magen, Körpergewicht, auch auf das Versorgtwerden mit besonders guter Pflege, und in diesem Zusammenhang werden oft ärztliche Versorgung und Universitätsklinik überwertig erlebt. Oft geht es bei den hypochondrischen Vorstellungen dieser Frauen auch um Stärke-›Verlust‹. Daß bei diesen Frauen das Thema der Geltung eine besondere Bedeutung hat, ist ein Befund. Daß die Betonung der Geltungsthematik als eine Kompensation für das geminderte Selbstwertgefühl aufgefaßt wird, ist ein Erklärungsversuch. Die Beobachtung zeigt, daß Schwangerschaft selbst häufig eine enge Beziehung zum Thema der Geltung hat. In vielen Fällen wird Geltungsstreben durch Schwangerschaft mobilisiert und befriedigt. Ein Kind bringt Geltung mit sich, oft insbesondere, wenn es sich um ein männliches Kind handelt. Manche Frauen erleben, daß sie als weibliches Wesen um so mehr gelten, je mehr Kinder sie haben. Sie sind auf eine große Kinderschar stolz. Die Gesellschaft und öffentliche Ehrungen fördern solche Gefühle; früher vielleicht noch mehr als heute, zum Beispiel in Form des Mutterkreuzes oder in Form von Patenschaften durch Staatsoberhäupter. Für viele Frauen ist es fraglich, ob eine verheiratete Frau, die kein Kind hat, etwas gilt, etwas darstellt. Andererseits kann eine Frau sich geradezu beleidigt fühlen, wenn sie auf die Meinung trifft, es sei der höchste Wert der Frau, daß sie gebäre. Konflikte in diesem Bereich von Schwangerschaft und Geltung spielen in Problemen um die Gleichberechtigung der Frau eine Rolle. Es gibt also weitgehend normale, mit der Schwangerschaft einhergehende Bestätigungserlebnisse. Man denke aber auch an den Geltungsanspruch mancher Schwangeren und mancher Mütter, bei denen diese Thematik ins Pathologische gesteigert ist. So leiden manche Frauen in der Menopause an verletzter Geltung, weil es nun nämlich mit dem Kinderkriegen endgültig aus ist: Es geht nicht mehr. Andererseits fühlen sich manche Frauen durch eine Schwangerschaft zum Verzicht auf alle möglichen Geltungswünsche gezwungen, was zum Beispiel bei der Einstellung zur Berufsarbeit eine Rolle spielen kann. Daß ein neues Kind kommt, heißt in der Befürchtung mancher Frauen, daß alle expansiven Tendenzen zurücktreten müssen; nicht nur die oralen Bedürfnisse, sondern auch Geltungsbedürfnisse, Leistungsbedürfnisse und so weiter.

Sexuelles Erleben

Auf dem Gebiet des sexuellen Erlebens hielten sich die meisten Frauen für ›normal‹. Obgleich also subjektiv nur gelegentlich Behinderungen erlebt werden, handelt es sich um sexuell nicht sonderlich erlebnisstarke Frauen, und gelegentlich wird eine gewisse Frigidität deutlich.

Die für die Entwicklung einer normalen heterosexuellen Einstellung notwendige Phase homoerotischer Bande – um Mißverständnissen vorzubeugen sei betont, daß nicht von homosexuellen Beziehungen die Rede ist – in der Jungmädchenzeit fehlte fast immer oder war höchstens angedeutet erkennbar: Freundinnen spielen in der Anamnese kaum eine Rolle. Ebenso spärlich waren immer die Beziehungen zum männlichen Geschlecht; nicht nur in bezug auf das eigentliche Zustandekommen von Bekanntschaften, sondern auch in bezug auf Wünsche, emotionale Ausrichtung und Phantasie. Wenn sexuelle Beziehungen in der Anamnese dennoch eine Rolle spielten, handelte es sich um in emotionaler Hinsicht unvollständige Beziehungen; wie zum Beispiel bei der jahrelangen Promiskuität einer Schauspielerin, die alle diese Jahre lang gleichzeitig einen intensiven Kinderwunsch gehabt hatte und dann schwanger wurde, ohne heiraten zu können. Wenn diese Frauen dann aber schließlich eine feste Beziehung zu einem Mann aufnehmen, heiraten und schwanger werden, haben sie lediglich rein äußerlich und scheinbar eine volle heterosexuelle Beziehung erreicht. In der psychosexuellen Entwicklung haben sie nicht die genitale Phase erreicht. Wenn sie heiraten, sieht es oft so aus, als wenn sie sich auf einmal zur Heterosexualität sozusagen ›entschlossen‹ hätten.

Warum die Sexualität eine so untergeordnete Rolle spielt, wird erst verständlich werden, wenn im zweiten Teil vom Bild der archaischen Mütterlichkeit die Rede ist. Da aber sexuelle Impulse eine so untergeordnete Rolle spielen, gehen sie auch nicht in die Stufenfolge der jetzt zu beschreibenden Konflikte ein.

Konflikt bei Schwangerschaftserbrechen

Bei der so strukturierten Frau stellt sich in der Konfrontation mit dem noch ungeborenen Kind eine ganze Stufenfolge von Konflikten ein, wobei viele Wechselbeziehungen bestehen.

Eigene Wünsche im Konflikt mit den Ansprüchen des Kindes

Die gesunde Frau hat dem Kind gegenüber eine auf freier Entscheidung beruhende und der Realität angepaßte Opferbereitschaft. Die Frau mit oralen Hemmungen dagegen hat keinerlei Maßstab zur Beurteilung der zu erwartenden Oralität des Kindes. Aus ihren eigenen Gehemmtheiten heraus ist sie gerade nicht in der Lage, sich bewußt vorstellen zu können, daß ein Kind das tun wird, was sie selber ja nicht kann, nämlich Ansprüche stellen. In ihrem bewußten Erleben hat sie also die illusionäre Erwartung, daß die Beziehung zwischen Mutter und Kind ohne Interessenkonflikt sein wird. Ohne daß ihr selber das recht bewußt wäre, geben diese Patientinnen aber gleichzeitig durch Träume, Äußerungen und Verhalten in vielfacher indirekter Weise zu verstehen, daß sie selber in Zukunft keine, das Kind aber alle Rechte haben wird; daß für die Mutter nichts übrig bleiben wird, kein Lebensgenuß, kein Eigenleben; daß das Kind alles, auch alle Kräfte der Mutter, verschlingen wird. Und dabei geht es immer wieder um orale Dinge im wörtlichen Sinne wie etwa darum, daß Café-Besuche nicht mehr möglich sein werden. Dabei nimmt das, was das Kind der Mutter real abverlangen wird, in jenen indirekten Äußerungen maßlos übertriebene Proportionen an. Aus der Opferhaltung heraus, die ja nicht steuerbar ist, wird die Patientin auch tatsächlich keine vernünftigen Grenzen setzen können zwischen ihren eigenen Rechten und den Bedürfnissen des Kindes. Diese ihre eigene Unfähigkeit spürt die werdende

Mutter in einer undeutlichen, aber dennoch wirksamen Weise; und das um so mehr, als zu ihren eigenen Verunsicherungen ja noch die gebieterische Forderung unserer Kultur kommt, daß eine Mutter ihr Kind mehr lieben müsse als sich selber. Diese orale Konkurrenzsituation dem Kind gegenüber ist das Kernstück der Konfliktsituation. Alle weiteren Konflikte stehen dazu in einem sekundären Verhältnis. »Nur anderen zum Nutzen dasein! Irgend etwas in mir wehrt sich wahnsinnig dagegen.« So empfand eine Frau mit Hyperemesis in jeder Schwangerschaft, als sie im Verlaufe einer psychoanalytischen Behandlung erneut schwanger wurde. Und doch hatte sie es mit vollem Bedacht zu dieser dritten Schwangerschaft kommen lassen. Dasselbe Gefühl hatte sie aber auch in bezug auf Geschlechtsverkehr. Sie meinte, das Glück und die Zufriedenheit der ganzen Familie hänge davon ab, daß sie sexuell richtig funktioniere. Aus derartigen Verpflichtungsgefühlen heraus – und nicht etwa, weil sie selber gesund werden wollte – hatte sie Jahre zuvor wegen mangelnder Empfindungen beim Verkehr eine Beratungsstelle aufgesucht. Während dieser Gespräche verstärkte sich ihr Gefühl, daß sie den anderen zum Nutzen gewissermaßen verpflichtet sei, sexuell richtig zu funktionieren, obgleich sich in ihr etwas dagegen wehrte. Im bewußten Verhalten folgte sie ihrem Verpflichtungsgefühl, insgeheim aber regte sich Protest. Da setzten krampfhafte Schmerzen im Unterleib ein, nach einiger Zeit auch während des Verkehrs.

Zum Schwangerschaftserbrechen kommt es nur, wenn der Interessenkonflikt dem Kind gegenüber hauptsächlich im oralen Bereich erlebt wird. Obiger Fall zeigt, daß ein Interessenkonflikt gleichzeitig aber auch in anderen Bereichen erlebt werden kann und dann zu einer andersartigen Symptomatik führt.

Die der Oralität innewohnende Konflikthaftigkeit und Abfuhr oraler Impulse im Symptom

Dadurch, daß das Kind als oraler Konkurrent erlebt wird, treten in der Schwangerschaft orale Impulse in einer umfangreicheren Weise auf, als es ohnehin normalerweise geschehen würde. Nur deshalb, weil die Oralität aus einem Konflikt heraus vermehrt ist, braucht es noch nicht zu einer Symptomatik zu kommen. Zum Symptom kommt es erst, weil die Oralität in sich selber konflikthaft ist, das heißt, weil orale Impulse mit Angst oder Schuldgefühlen belastet sind. Weil die Oralität in sich konflikthaft ist, führen die mobilisierten oralen Impulse nicht zu vollbewußten oralen Wünschen oder zu einer direkten Befriedigung, noch führen sie zu einem Verzicht oder zu einer Sublimierung. Sie gehen dagegen sprengstückhaft in eine Symptomatik ein. Die Hypersalivation der Frauen mit Hyperemesis gravidarum ist das somatische Korrelat zu den mobilisierten oralen Impulsen, die keine hinreichende Abfuhr erlangen.

Konflikthafte Sehnsucht nach der Mutter

Es wurde geschildert, daß diese Frauen in der Vorgeschichte eine Sehnsucht nach der spendenden Mutter abwehren. In der Schwangerschaft aber und während der Geburt wird dieses Verlangen intensiver und fast voll bewußt. »Ganz allein die Schwangerschaft austragen – ohne Hilfe!« Derartige Bemerkungen, die übrigens meist vorwurfsvoll getönt sind, sind für Frauen mit Hyperemesis typisch. Diejenigen Frauen, die im Kreißsaal laute Hilferufe nach der Mutter ausstoßen, haben mit großer Häufigkeit eine Hyperemesis gehabt. Diese Frauen provozieren durch ihr Ausdrucksverhalten, daß die Hebamme ihnen gegenüber intuitiv wie eine Mutter zum Kind spricht.

Ebenso wie die Oralität in sich konflikthaft ist, so ist auch dieser Ruf nach der Mutter in sich selber konflikthaft, das heißt mit Angst oder Schuldgefühlen beladen. Während die gesunde Frau häufig durch die Aufzucht eines eigenen Kindes der Mutter, insbesondere auch der fürsorglichen Einstellung der Mutter, wieder näherkommt, will die Frau mit Hyperemesis die Mutter beziehungsweise die Person, auf die die Mutterimago projiziert ist, so umfangreich und ungeteilt für sich selber haben, daß sowohl das Gefühl der Frustration als auch ein Sichwehren dieser Personen unausweichlich eintreten müssen. Eben weil dieser unersättliche Anspruch auf die ganze und ungeteilte Zuwendung der spendenden Mutter mit der Realität unvereinbar ist, mußte er ja in der Vorgeschichte verdrängt werden. Darüber hinaus ist es aus der schon angedeuteten Beziehung zur Mutter heraus verständlich, daß die ersehnte helfende Mutter zutiefst als eine versagende Mutter erlebt werden muß. Inwieweit die ersehnte helfende Mutter auch als vernichtend und verschlingend erlebt werden muß, kann erst im zweiten Teil verständlich werden. Hinzu kommen Äußerungen der Frauen, aus denen hervorgeht, daß sie sich nicht vorstellen können, wie sie sich selber dem Kind zuwenden und gleichzeitig noch eine Beziehung zu der mit der Mutterimago kontaminierten Beziehungsperson haben können. Sie sind davon überzeugt, daß beides gleichzeitig nicht stattfinden könnte, und erklären etwa: »Jetzt habe ich noch Hoffnung auf die versorgende Mutter, die Zärtlichkeit und Hilfe gewährt; jetzt bin ich noch nichts anderes als die einzige Tochter dieser Mutter. Aber werde ich sie nicht verlieren müssen, wenn ich mich dem Kind zuwenden muß?« Mit anderen Worten: Schwanger zu sein bedeutet für diese Frauen, daß mit der Geburt des Kindes die endgültige Versagung des einzigen wirklich belangvollen Wunsches droht: die Versagung des Wunsches nach der spendend phantasierten, aber real nicht spendend erlebten Mutter. Dieser Konflikt ist nicht nur empirisch anzutreffen, sondern er steht auch mit den übrigen Beobachtungen durchaus in Einklang. Denn wer dem eigenen Kind gegenüber orale Konkurrenzgefühle hat, wer das eigene Kind also gewissermaßen als ein mitessendes Geschwisterkind erlebt, muß dazu neigen, bei der Geburt des eigenen Kindes einen Konflikt zu erleben, wie ein Kind ihn normalerweise bei der Geburt eines Geschwisterkindes erlebt.

Konflikthaftigkeit des Kinderwunsches

Ärzte und Hebammen neigen zu der Meinung, eine Frau würde nur deshalb eine Hyperemesis haben, weil sie das Kind nicht haben wolle. Demgegenüber soll betont werden, daß sich bei Hyperemesis mit Regelmäßigkeit ein echter Wunsch nach einem Kind fand. Das trifft auch für die gehäuft auftretenden vorehelichen Schwangerschaften zu. Ein junges Mädchen mit ganz schwerem Schwangerschaftserbrechen hatte sogar ihrem Freund nachhaltig zu verstehen gegeben, daß sie ihn nicht heiraten würde, wenn sie nicht zuvor schwanger werde. In diesem und in ähnlichen Fällen ist wiederholt deutlich geworden, daß den Frauen mit Hyperemesis der Kinderwunsch viel wichtiger ist als sexuelles Verlangen. Warum der Kinderwunsch im Erleben von Frauen, die zu Hyperemesis gravidarum neigen, oft eine ganz zentrale Rolle spielt, wird wiederum erst im zweiten Teil der Abhandlung recht verständlich werden können. Man macht sich die Sache also zu einfach, wenn man meint, Hyperemesis trete auf, weil die Frau kein Kind haben wolle.

Hinsichtlich einer angeblichen Ablehnung des zu erwartenden Kindes beziehungsweise hinsichtlich eines mangelnden Kinderwunsches kann sich der Beobachter nur allzu leicht täuschen. Eine Frau zum Beispiel hatte schon vor der Entbindung die entsprechenden Wege eingeleitet, um das Kind sofort nach der Geburt zur Adoption wegzugeben. Sie verlangte vom Krankenhaus, daß sie ihr Kind nicht zu Gesicht bekomme. Im Wochenzimmer aber äußerte sie Mißfallen und Unverständnis für jene Mütter, die ihr Kind nicht stillen wollen. Als sie darüber näher befragt wurde, stellte sich auf einmal überraschenderweise heraus, daß sie harte Bestrafung von seiten des Ehemannes einschließlich Ehescheidung befürchtete, falls sie den Versuch machen sollte, das Kind zu behalten. Ihr angeblich fehlender Kinderwunsch war so intensiv, daß ihr der Anblick des

Kindes unerträglich gewesen wäre, wenn sie das Kind doch abgeben mußte. Als sie etwas später von einer Schwester gefragt wurde, ob sie nicht doch einmal einen kurzen Blick auf das Kind werfen wolle, stürmten sie und ihr Ehemann zu den verschiedensten Krankenhausinstanzen, um wegen angeblicher Nötigung mit der Polizei zu drohen; so sehr mußte sie sich eben vor ihrem eigenen Kinderwunsch in Anbetracht einer unglücklichen Realsituation schützen. Als Nebenbemerkung sei darauf hingewiesen, daß auch in diesem Fall die typischen Züge der Charakterstruktur ganz deutlich waren: Die Mutter ist aggressiv so gehemmt, daß sie sich gefügig dem grausamen Verlangen des Mannes beugt; sie hat aber hinreichende starre und der Realität unangepaßte aggressive Impulse, um ärgerlich mit der Polizei drohen zu können. Als Grund für die Weggabe des Kindes wurde orale Konkurrenz zum Ausdruck gebracht: Die Familie hatte in den ersten Nachkriegsjahren beengt und dürftig gelebt, wohnte inzwischen aber nicht mehr übermäßig beengt, und ein durchschnittliches Einkommen stand zur Verfügung. Trotzdem beschrieben Ehefrau und Ehemann in anklagender Weise, daß sie ja gezwungen seien, »das eigene Fleisch und Blut« wegzugeben, weil der Staat keine Vorsorge treffe, keine Hilfeleistungen gäbe, wobei paradoxerweise als Beispiel der fehlende Eisschrank angeführt wurde.

In den seltenen Fällen, in denen man, wie im obigen Fall, einen scheinbar ausdrücklichen Gegenwunsch gegen die Schwangerschaft beobachtet, ist es im allgemeinen so, daß nur die Folgen, die mit einem Kind verbunden scheinen, unerwünscht sind, nicht aber das Kind selber. In zwei Fällen vorehelicher Schwangerschaft spielte Gefügigkeit den Eltern gegenüber eine Rolle. Beide Frauen beschrieben aber, daß sie selber das Kind gern haben würden. In einem anderen Fall richtete sich die scheinbare Ablehnung der Schwangerschaft in Wirklichkeit gegen den Vater des Kindes.

Man könnte versucht sein anzunehmen, daß bei aggressiv so gehemmten Frauen der Kinderwunsch nur scheinbar bestand und daß es sich bei diesem scheinbaren Kinderwunsch lediglich um Gefügigkeit gegenüber einer als Forderung erlebten Norm handle; etwa der Normvorstellung gegenüber, man müsse sich Kinder wünschen. Das entspricht aber nicht der Beobachtung, die zeigt, daß immer ein recht dranghafter, ausgeprägter Kinderwunsch bestand. Dieser vorhandene Kinderwunsch ist aber mit all den schon erwähnten Konflikten belastet und daher verunsichert. Diese Verunsicherung bedeutet aber nicht, daß der triebhafte Kinderwunsch im Grunde genommen nicht vorhanden wäre. Denn diese Frauen haben ja keine Kenntnis von ihrer gehemmten Oralität und auch nicht davon, daß sie in ihren dumpfen Ahnungen das Kind als einen oralen Konkurrenten erleben müssen. Wenn sie wüßten, daß sie oral gehemmt sind, dürften sie sich ja gar kein Kind wünschen. Es ist ernst gemeint, wenn diese Konflikte als »unbewußt« bezeichnet werden.

Eine weitere Verunsicherung des Kinderwunsches ist dadurch gegeben, daß dieser Wunsch bei den Frauen mit Hyperemesis nicht selten prägenital überdeterminiert ist: Sie erleben das Kind zum Beispiel weitgehend unter dem Aspekt des Besitzes oder unter dem Aspekt der Geltung. Diese oral gehemmten Frauen neigen auch zu dem Gefühl: »Den Bauch voll zu haben, ist wunderbar.«

Bei der oral verunsicherten Frau kann darüber hinaus jede Wunscherfüllung und auch die Erfüllung eines Kinderwunsches beunruhigend wirken. Einmal können Schuldgefühle darüber auftreten, daß ein Wunsch erfüllt wird. Deutlicher aber kommt die andere Möglichkeit zur Beobachtung, nämlich Angst beziehungsweise Befürchtungen darüber, ob die Befriedigung wirklich klappen wird oder ob nicht etwa – »wie immer« – etwas dazwischen kommen wird.

Es soll nicht bestritten werden, daß es aus den hier beschriebenen Konflikten heraus nicht auch bei manchen Frauen zu einer echten Ablehnung der Schwangerschaft kommen kann. Wo das eintritt, besteht aber weniger eine Neigung zur Hyperemesis gravidarum, sondern zu andersartiger Symptomatik. Freilich tritt auch diese andersartige Symptomatik nur auf, wenn aus einer neurotischen Struktur heraus die Ablehnung der Schwangerschaft nicht gesund verarbeitet werden kann.

Konflikt im Bereich der Geltung

In der Vorgeschichte haben die Frauen mit Hyperemesis gravidarum ihre gehemmten Geltungsbedürfnisse für gewöhnlich nicht weiter beachtet. Das ist ja als ein für Hyperemesis typischer Zug beschrieben worden. Während der Erkrankung selber zeigen sie aber auf einmal Empfindlichkeiten auf diesem Gebiet. Es sei auf eine Frau hingewiesen, die groteskerweise während des ständigen Erbrechens vom Krankenhaus aus ein unangepaßt üppiges und aufwendiges Familienfest arrangieren wollte, wobei es ihr vor allem darauf ankam, wie sie mit all dem Silberbesteck und dergleichen in den Augen der Verwandtschaft dastehen würde.

Der Mann einer anderen Frau mit Hyperemesis war ein erfolgreicher Ingenieur, der im Beruf sein Geltungsstreben vollauf befriedigen konnte. Die Patientin selber hatte bislang nichts Eigenständiges tun können, was ihrem an der Entfaltung behinderten Geltungsstreben Befriedigung verschafft hätte, und sie hatte bislang lediglich an dem Ansehen ihres Mannes passiv teilgenommen. Ausgerechnet als sich die Hyperemesis anbahnte, war sie auf einmal erstmalig in ihrem Leben mit ehrgeizigen Plänen hinsichtlich einer eigenen Berufsausbildung beschäftigt. Ihr freilich nicht bewußt reflektiertes Erleben lautete in etwa: »Der kann das und ich nicht! Die Befriedigung, die mein Mann hat, will ich auch haben. Warum soll der das allein haben, wo er doch die Ursache meiner jetzigen Situation ist?«

Plötzlich eintretende Empfindlichkeiten auf dem Gebiet des Geltungsstrebens können sich auch auf mannigfaltige andere Weise bemerkbar machen. Eine Frau drückte ihren Neid auf den Mann durch depotenzierende Bemerkungen über ihn aus, als wenn sie ihm nicht die Bestätigung gönnte, die er durch die Zeugung eines Kindes erleben konnte.

Das Beachtenswerte ist, daß vor Eintritt der Schwangerschaft derartige Empfindlichkeiten keine größere Rolle gespielt hatten. In einer theoretischen Überlegung wird man daher die Aktivierung des Geltungsstrebens mit dem Gefühl der Frustrierung in bezug auf orale Wünsche und auf Mutterliebe in Verbindung bringen können. Die werdende Mutter, die sich von einer so umfassenden Frustration bedroht fühlt, sieht sich – man ist versucht zu sagen in einer aufbegehrenden und verzweifelten Art und Weise – nach einer anderen Quelle um, wo sie wenigstens etwas Befriedigung finden kann. Sigmund Freud hat ja bereits darauf aufmerksam gemacht, daß häufig sekundär ein zweiter Trieb besondere Bedeutung erlangt und verstärkt nach Befriedigung drängt, wenn ein anderer Trieb frustriert wird.

Andererseits kann ein Aufflammen der Geltungsbedürfnisse in der Schwangerschaft mitunter auch als ein Mittel aufgefaßt werden, um die Zuwendung der Mutter zu erreichen. Die Bedeutung der Tatsache, daß viele Eltern Vorbedingungen an die Liebeszuwendung knüpfen, ist von Karen Horney besonders gewürdigt worden (20). Daß Ehrgeiz ein Mittel ist, um die Liebe gewisser Mütter zu erlangen, wird manchen Kindern ja schon bei den Schularbeiten beigebracht.

Ihre Verunsicherungen erlauben es diesen Frauen aber nicht, das so mobilisierte Geltungsstreben zu befriedigen. Das heißt, als Folge des ersten Konfliktes ist es zu einem weiteren Konflikt gekommen. Zu einem Konflikt kommt es jedoch auch hier wieder nicht dadurch, daß Geltungsstreben überhaupt mobilisiert worden ist, sondern dadurch, daß das Geltungsstreben in sich selber konflikthaft und mit Angst besetzt ist.

Wenn bei den unverheirateten Frauen mit Hyperemesis gravidarum der Umstand, daß sie unverheiratet sind, in einer erkennbaren Weise in die Konflikte einging, so spielte nicht nur Gefügigkeit den Eltern gegenüber eine Rolle. Eine uneheliche Schwangerschaft gefährdet ja in der Tat nicht selten das soziale Ansehen der Frau.

Das Geltungsstreben hat, solange man die Dinge rein impulsphysiologisch betrachtet, in der Symptomatik keine Repräsentanz gefunden. Da es den Patienten ja nicht in erster Linie um Geltung geht und da die bislang gehemmten Geltungswünsche nur kompensatorisch aktiviert werden, mögen sie nicht stark genug sein, um in einer Symptomatik abgeführt werden zu müssen, obgleich ja die bestehenden Hemmungen auf dem Gebiet des Geltungsstrebens das Entstehen einer Symptomatik nahelegen würde. Das schließt nicht aus, daß manche Frauen vielleicht aus der einmal eingetretenen Hyperemesis sekundär im Sinne ihrer Prinzessinnenhaltung eine gewisse Geltung zu beziehen glauben. Wenn Schwangerschaft selber Geltung verschafft, dann kann – in der Vorstellung mancher Leute – auch die ›Schwangerschaftskrankheit‹ vielleicht gewisse Geltung mit sich bringen.

Die Kausalbeziehungen sind mannigfacher Art und nicht in allen Einzelheiten aufzulösen. Aber wir sind berechtigt anzunehmen, daß die Frustrierung des Geltungsstrebens wiederum die Mobilisierung oraler Impulse verstärkt. Denn jede Versagungssituation verstärkt ja bei den oral fixierten Frauen die oralen Wünsche.

Das Ich-Bewußtsein im Konflikt mit der Regression

S. Freud schreibt: »Bleibt die Realität unerbittlich, auch wenn die Libido bereit ist, ein anderes Objekt anstelle des versagten anzunehmen, so wird diese endlich genötigt sein, den Weg der Regression einzuschlagen und die Befriedigung in einer der bereits überwundenen Organisationen oder durch eines der früher aufgegebenen Objekte anzustreben.« (18)

Zwar waren die Frauen mit Hyperemesis schon prämorbide oral stark stigmatisiert. Die Behinderungen im oralen Erleben sind ja beschrieben worden. Sie haben aber – wenn auch nur partiell und psychologisch unvollständig – spätere Entwicklungsstufen erreicht, sie lebten nicht mehr ausschließlich in einer Mundwelt. In ihrem alltäglichen Verhalten waren diese Frauen prämorbide höchstens dem Fachmann, der schon Hinweise zu erkennen weiß, auffällig.

Während der Hyperemesis aber leben diese Frauen auf einmal ganz und gar und so ausschließlich in der aufgezeigten oral-aggressiven Welt, daß man von einer Regression sprechen muß. Die Überschwemmung durch die orale Thematik ist prämorbide nicht da. Durch die Belebung der Oralität, deren verschiedene Quellen beschrieben worden sind, und durch die verschiedenen Rückkoppelungsmechanismen, die auch noch in den folgenden Konflikten genannt werden, lebt die Patientin wiederum in einer Mundwelt. Außer der Regression in bezug auf die Trieborganisation findet sich auch die Rückkehr zu dem frühesten Objekt, der Mutter. Es sei an die weitgehende emotionale Abkehr von den meisten Bezugspersonen zugunsten der Zuwendung zu einer Mutterimago erinnert. In dieser Regression in bezug auf Triebobjekt und Trieborganisation überwiegen auch im manifesten Verhalten ganz und gar die oral getönten infantilen Verhaltensweisen, was prämorbide nicht in diesem Ausmaß der Fall war.

Die einmal eingetretene Regression auf die orale Stufe ist aber gleichbedeutend mit einer noch zusätzlichen Mobilisierung oraler Impulse, die über die Motivationszusammenhänge, die beschrieben worden sind, hinausgeht.

Diese Regression löst aber nicht die Konflikte der Patientin, sondern sie trägt noch zu einer Vergrößerung der inneren Gespanntheit bei. Denn die Patientin ist ja schließlich weitgehend eine erwachsene Frau. Sie bemerkt ihre Hinwendung zu infantilen Erlebens- und Verhaltensweisen und muß diese teilweise mißbilligen. »Wenn aber das Ich, das nicht nur über das Bewußtsein, sondern auch über die Zugänge zur motorischen Innervation und somit zur Realisierung der seelischen Strebungen verfügt, mit diesen Regressionen nicht einverstanden ist, dann ist der Konflikt gegeben.« (18)

Ärger und Protest als Antwort auf das Gefühl, leer auszugehen

In den vielschichtigen Konfliktsituationen, in denen Kinderwunsch, Pflicht, Konkurrenz, Geltung, Mutterimago eine Rolle spielen, kommt es nicht nur zur Regression, sondern auch zu einer Mobilisierung von Ärger und aggressiven Impulsen. Die untergründige Vorstellung, daß infolge der oralen Konkurrenz von seiten des Kindes für sie selber zu wenig übrigbleiben wird, führt zu Ärger und Protest; nicht aber – und das ist einfach ein Befund – zu Ärger auf das Kind. Dieser Unterschied ist gar nicht so schwer zu verstehen: Wer über die Hypothek auf seinem Haus ärgerlich ist, braucht noch lange keine feindselige Einstellung gegen sein Haus zu haben. Der Ärger erscheint den Patientinnen selber recht häufig objektlos. Sie wissen kaum, daß sie ärgerlich sind, und die Quelle ihres Ärgers wissen sie schon gar nicht. Die Analyse zeigt, daß der Ärger am ehesten auf die Mutter oder auf Personen gerichtet ist, die unter mütterlichen Aspekten erlebt werden. Letzteres kann auch für den Ehemann und den Arzt gelten.

Die dem aggressiven Erleben innewohnende Konflikthaftigkeit

Auch hier ist wiederum, ähnlich wie bei der Oralität oder bei der Geltung, die Mobilisierung der aggressiven Impulse noch kein hinreichender

Grund dafür, daß es zu einer aggressiven Symptomatik kommen muß. Nur weil Ärger und Aggressivität in sich selber konflikthaft sind und weil die Verarbeitung aggressiver Impulse gehemmt und verunsichert ist, kann der Ärger nicht in einer reifen Weise abgeführt werden. Wegen der Unreife der aggressiven Erlebens- und Verhaltensmöglichkeiten und weil das Über-Ich jegliche aggressive Regung verurteilt, muß der Ärger weitgehend unbewußt bleiben und im Symptom dann als Erbrechen agiert werden. Soweit dieser Ärger aber dennoch das Bewußtsein färbt, ist er, da es sich ja um erwachsene Frauen handelt, dem Ich-Bewußtsein ebensowenig akzeptabel, wie es für die Regression zutrifft. Die Frau lehnt ihre ärgerliche Stimmung von den gesunden Persönlichkeitsanteilen her ab und ärgert sich über ihren Ärger.

Sekundäre Auseinandersetzungen in der Realität

Es liegt also relativ bewußter Ärger vor, dessen Quellen der Patientin völlig unverständlich sind. In dieser Lage bleibt ihr nichts anderes übrig, als sozusagen nach einer Berechtigung für den Ärger zu suchen. Um ihr Erklärungsbedürfnis zu befriedigen, bringt sie den Ärger überall dort unter, wo sich eine Gelegenheit bietet. Am Beispiel der schon beschriebenen ärgerlichen Übertragung wird es ganz deutlich, daß es sich bei diesen quasi gesuchten Konflikten in der Realität nur um Scheinquellen des Ärgers handelt; denn der Arzt ist doch wahrlich nicht die Ursache der mißlichen Lage der Patientin. Aber die Umgebung der Patientin, die die psychodynamischen Zusammenhänge weder kennt noch zu berücksichtigen gewillt wäre, reagiert auf diese Übertragungsreaktionen ihrerseits, so daß es dann zu Konflikten und Auseinandersetzungen innerhalb der Realität kommt, die eine gewisse Eigenständigkeit gegenüber den ursprünglichen Motivationszusammenhängen erlangen. So findet man in der Realität Konfliktsituationen aggressiver Natur, die aber nicht die Ursache, sondern die Folge der ärgerlichen Grundstimmung sind.

Auseinandersetzungen und Konflikte innerhalb der Realität entstehen nicht nur dadurch, daß die Patientin einen passenden Aufhänger für ihre mobilisierten Impulse und Befindlichkeiten sucht, sondern auch dadurch, daß sie ihre unersättlichen und realitätsunangepaßten Impulse im Bereich der Oralität oder der Geltung auf ihre Bezugspersonen richtet und auszuleben sucht. Die anderen Personen wehren sich natürlich, wodurch wiederum alle möglichen ärgerlichen und enttäuschten Reaktionen ausgelöst werden.
So können die sekundären Auseinandersetzungen in der Realität, die

immer eine Rolle spielen, die verschiedensten Formen annehmen, obgleich in tiefenpsychologischer Sicht immer die gleichen Verhältnisse vorliegen. Diese oberflächlichen und sekundären Konflikte können aber leicht als die eigentliche Ursache der Erkrankung mißverstanden werden, was in der Literatur in der Tat sehr häufig geschieht. Chertok und Mitarbeiter (5) sagen, Hyperemesis gehe nicht mit einem bestimmten Persönlichkeitstyp einher, und es gebe auch keinen spezifischen Konflikt. Die Haltung dem Kind gegenüber, Frigidität, Haltung dem Ehemann gegenüber oder finanzielle Schwierigkeiten werden als Ursache angegeben. Andere Literaturstellen erwähnen Kohabitationsschwierigkeiten, Wohnungsschwierigkeiten, Einfluß der Berufsarbeit auf die Schwangerschaft, emotionale Unstabilität, soziologische Einflüsse. Mit der hauptsächlichen Ausnahme von Helene Deutsch, worauf noch eingegangen wird, werden in der Literatur die Konflikte und die auslösende Situation eigentlich immer so variabel beschrieben, was in der Tat eine Berechtigung in bezug auf die sekundären Konflikte in der Realität hat, aber auch lediglich in bezug auf diese sekundären Konflikte. Prill (38) gibt eine ausführliche Übersicht der einschlägigen Literatur.

Diejenigen, die dazu neigen, in einengenden soziologischen Faktoren an sich die Ursachen zu erblicken, übersehen, daß es ja im allgemeinen kein Zufall ist, ob man in eine mißliche Lage gerät. Ein gesundes Ehepaar plant voraus: »Wenn wir zur Zeit noch keine hinreichende Wohnung haben, dann wollen wir mit dem Kind noch warten.« Auch gibt es in unseren soziologischen Verhältnissen, die ja zum Beispiel den Wöchnerinnenschutz und andere Dinge mit einschließen, nicht die unbedingte Notwendigkeit oder gar die Verpflichtung, daß die Frau auf den Beruf verzichtet, nur weil sie ein Kind hat. Auch hier kann die Frau vorplanen. Oder sie kann, wenn sie will, sagen: »Ich verzichte vorerst auf den Beruf.« Orales Erleben fängt mit Wunsch- und Genußfähigkeit an, die Endkette oralen Erlebens aber ist die Fähigkeit, freiwillig Verzicht leisten zu können. Nicht die soziologischen Umstände an sich, sondern die Unfähigkeit, Planung oder Verzicht fertigzubringen, führen zu den Schwierigkeiten. Planung und Verzicht setzen aber eine gesunde Oralität voraus.

Gewisse Vorstellungen und Überzeugungen, die in unserem Kulturbereich eine Rolle spielen, fördern aber in der Tat die der Hyperemesis zugrundeliegende Konflikthaftigkeit. Das gilt zum Beispiel für die auf religiösen Überlegungen beruhende Vorstellung, daß in einer schweren Geburtssituation das Leben des Kindes wichtiger sei als das Leben der Mutter; daß Kinder wichtiger seien als Mütter. In der Großfamilie früherer Generationen ist halt die erste Frau gestorben, weil sie am Ende ihrer Kräfte war, und dann wurde eben die zweite Frau geheiratet, und es gab wieder eine große Reihe von Kindern.

Schwangerschaftserbrechen als auslösende Ursache

Es wird allgemein nicht hinreichend beachtet, daß eine Erkrankung selbst – und das gilt sowohl für organische Krankheiten als auch für neurotische und psychosomatische Erkrankungen – für bestimmte Antriebe eine Versuchungs- und Versagungssituation darstellen kann. Auf diese Art kann es dann natürlich zu sekundären Reaktionen oder gar zu neuen sekundären Symptomen kommen.

Wer ohne rechtes Anschauungsmaterial rein theoretisch an die Dinge herangeht, könnte den Einwand erheben, die Überschwemmung durch orale und aggressive Impulse während der akuten Hyperemesis gravidarum sei lediglich eine Reaktion auf das rein somatisch bedingte Erbrechen. Die beobachtete Mobilisierung der oralen und aggressiven Impulse sei nicht die Ursache, sondern die Folge des Erbrechens. Es sei ja ganz klar, daß die Frau mit Hyperemesis gravidarum in ihrer leidvollen Lage mütterliche Zuwendung erhoffe und ärgerlich werde.

Bis zu einem gewissen Grad ruft das Gefühl der Übelkeit und Abgeschlagenheit tatsächlich diese Reaktion hervor. Das geht schon aus der äußeren Verlaufsform der Erkrankung hervor. Die Regression bei Hyperemesis gravidarum tritt ja in voller Stärke nicht sofort mit Krankheitsbeginn ein, sondern in dieser ausgeprägten Stärke erst, nachdem durch die Erkrankung selbst eine gewisse Schwächung eingetreten ist. Das ist ein Hinweis dafür, daß auch hier wieder ein Circulus vitiosus stattfindet: Eben weil die körperliche Schwächung eingetreten ist, wird die Impulskonstellation, die für das schwächende Erbrechen verantwortlich ist, um so mehr intensiviert. Dasselbe gilt auch für das Gefühl der Hilflosigkeit bei der noch abzuhandelnden zervikalen Dystokie.

Dennoch ist die Mobilisierung der oralen und aggressiven Impulse während der Hyperemesis nicht nur die Folge, sondern in einem sehr viel ausgeprägterem Ausmaß die Ursache des Erbrechens. Das geht allein schon aus der Beschreibung der prämorbiden Persönlichkeitsstruktur hervor. Übrigens tritt das Erbrechen ja auch zeitlich vor der hilfeerheischenden Schwächung auf.

Es findet sich also ein vielschichtiges Gebilde von Motivationen und Konflikten. Daher ist es erklärlich, daß in der Literatur zwar die Rolle psychogener Faktoren weitgehend anerkannt wird, daß aber die Aussagen über die konkrete Natur der psychogenen Faktoren so außerordentlich schwanken. Das Entscheidende aber ist in der Literatur nicht ausgesprochen, daß es sich nämlich zutiefst darum handelt, daß das Kind aus den eigenen oralen und aggressiven Gehemmtheiten heraus als ein oraler Konkurrent geahnt wird und dementsprechend auch bewußt gefürchtet werden müßte, wenn die Frau sich ihrer Behinderungen nur bewußt wäre. Alles andere dagegen sind Weiterentwicklungen dieses Konfliktbereiches.

Innerhalb der geschilderten Stufenordnung von Konflikten mögen die Akzente freilich in manchen Fällen mitunter unterschiedlich liegen. Es gibt sogar einige Fälle – Ausnahmefälle –, in denen man sich fragt, ob es sich nicht ursprünglich um einen aggressiven Konflikt handelt und ob der orale Konflikt nicht relativ sekundär ist. In zwei Fällen vorehelicher Schwangerschaft war die erste Reaktion von den aggressiven Behinderungen her gefärbt und lautete in etwa: »Obgleich ich mich freue und das Kind bekommen möchte, werde ich die Schwangerschaft wohl kaum gegen die Eltern behaupten können.« Man fragt sich in beiden Fällen, ob nicht in Anbetracht der eigenen aggressiven Hemmungen zunächst das Erleben »ich muß Hilfe bekommen« da war und ob nicht die Hilfe wegen der starken oralen Hemmungen nur oral vorgestellt werden konnte. Der Konflikt im aggressiven Bereich wäre dann das Primäre gewesen.

Auch bei einer anderen Frau mit Hyperemesis fiel die Aufmerksamkeit zunächst auf die Behinderungen in der Selbstbehauptung. Sie befand sich unmittelbar vor Eintritt der Schwangerschaft in dem Dilemma, ob sie sich in der Frage weiterer Kinder der Kirche oder dem Ehemann beugen sollte. Das führte zu einer hilflosen, nicht auf eine bestimmte Person gerichteten Wut. Zwar war auch bei ihr die geschilderte orale Thematik vorhanden, aber die Frage, ob es mit einem oralen oder mit einem aggressiven Konflikt den Anfang nahm, war hier nicht so leicht zu entscheiden, wie es für die meisten Fälle zutrifft.

In gewisser Weise sind ja auch das orale und das aggressive Thema nicht voneinander abtrennbar, denn beides ist in dem Dilemma der Frauen mit Hyperemesis enthalten: »Ich will Kinder haben. Aber ich will nicht alles für sie hergeben müssen. Werde ich nicht aber wegen meiner gehemmten Selbstbehauptung, wegen meiner aggressiven Gehemmtheiten, doch alles hergeben müssen?« Die Frage, was nun wirklich primär ist, der orale oder der aggressive Konflikt, ist in manchen Fällen auch infolge der geschilderten Rückkoppelungen kaum eindeutig zu beantworten. Man kann im individuellen Fall nur die relative Intensität der verschiedenen Konflikte und Fixierungen abschätzen. Täuschungen sind dabei wegen der sekundären Konflikte in der Realität möglich.

Symptomatik bei Schwangerschaftserbrechen

Hinsichtlich der Symptomatik sollen bei der Hyperemesis vier Züge unterschieden werden, nämlich der Zustand erhöhter innerer Spannung,

Hypersalivation, Erbrechen von Mageninhalt und körperliche Folgeerscheinungen der Hyperemesis.

Zustand erhöhter innerer Spannung

Während der Hyperemesis findet eine Überschwemmung durch Impulse und Konflikthaftigkeiten der verschiedensten Art statt. Diese Impulse können infolge der neurotischen Behinderungen nicht adäquat abgeführt werden. Den daraus resultierenden Zustand erhöhter und aufgestauter Triebregung erkennt man am klinischen Bild: Die Frauen mit Hyperemesis sind gespannt, ruhelos, reizbar, sozusagen ständig sprungbereit. Sie können sich auf nichts anderes konzentrieren, als auf die Beschäftigung mit den beschriebenen Konfliktbereichen. Für anderes ist einfach keine Energie frei geblieben, wie ja auch daraus erkenntlich ist, daß alle Beziehungspersonen an Bedeutung verlieren und der Beschäftigung mit einer Mutterimago weichen. Der Zustand der erhöhten inneren Spannung erklärt sich also aus ständig andrängenden und nicht abgeführten Impulsen, wobei diese Impulse dennoch lebhaft genug sind, um in die Motorik einzuschießen. Insofern bestehen Ähnlichkeiten mit dem furchtbaren Krankheitsbild der agitierten Depression, bei welcher der motorische Anteil des oralen Impulses durchbricht, während sonst eine tiefe Verstimmung herrscht.

Erhöhter Speichelfluß

Die Hyperemesis beginnt in der Regel mit Übelkeit und übermäßigem Speichelfluß. Wir sind berechtigt, in der Hypersalivation, dem übermäßigen Speichelfluß ein somatisches Korrelat zu den mobilisierten oralen Impulsen zu sehen. Diese Hypersalivation ist ein Ausdruck der permanenten Appetenzstimmung dieser Frauen, wobei zu betonen ist, daß es sich natürlich um nicht hinreichend bewußt entwickelte Wünsche und Vorstellungen oraler Art handelt. Jedermann weiß aus eigener Erfahrung, wie orale Wünsche und Vorstellungen das Wasser im Mund zusammenfließen lassen können. Die orale Vorstellung ist zwar nicht bewußt, aber der Körper verhält sich so, wie er sich auch sonst bei oralen Vorstellungen verhalten würde.

Frauen, die in der Schwangerschaft nur an einer mitunter sehr erheblichen Hypersalivation und an Speien, nicht aber an eigentlichem Erbrechen leiden, stellen eine Übergangsform dar zwischen jenen oral gehemmten Frauen ohne Schwangerschaftserbrechen, von denen noch die Rede sein wird, und den Frauen mit Hyperemesis. Dieser sogenannte Ptyalismus gilt – zum Beispiel auch im Lehrbuch von Eastman und Hellman (9) – als ein Symptom, dessen Ursache unbekannt ist.

Wie sehr es berechtigt ist, in der psychologischen Betrachtung die Hypersalivation und das eigentliche Erbrechen gesondert zu betrachten, unterstreicht der Fall einer Patientin, bei der in mehreren Schwangerschaften immer wieder Phasen erhöhter Salivation mit Phasen von Erbrechen des Mageninhaltes ohne Hypersalivation miteinander abwechselten. Dasselbe Abwechseln zeigte sich während der stationären psychotherapeutischen Behandlung. Während der Phasen von Hypersalivation war die Grundstimmung deutlich oral getönt, insbesondere auch in der Übertragungsreaktion während der Behandlungsstunden. Nur während der Phasen des Erbrechens, nicht aber während der Phasen der Hypersalivation, war die Übertragung durch eine ärgerliche Grundstimmung gekennzeichnet. Bereits schon nach wenigen Behandlungsstunden wurde der Patientin dieser Zusammenhang so deutlich, daß sie ihn selbst direkt in Worte fassen konnte.

Erbrechen von Mageninhalt

Die Physiologie des Erbrechens ist besonders eingehend in dem Lehrbuch von Best und Taylor (4) dargestellt. Das zentral ausgelöste Erbrechen ist ein sehr komplizierter Reflex, der durch eine direkte Reizung des Brechzentrums in der Medulla oblongata, insbesondere bei Erniedrigung der Reizschwelle dieses Zentrums, ausgelöst wird. Es erfolgt mit großer Kraft, oft in hohem Bogen, und es wird vornehmlich durch eine Tätigkeit der glatten Muskulatur bei nur relativ geringer Beteiligung der quergestreiften Muskulatur zustandegebracht. Es kommt meistens plötzlich und ohne warnende subjektive Mißempfindungen. Nausea, Übelkeit und Schwindelgefühl spielen beim zentralen Erbrechen eine verhältnismäßig geringe Rolle.

Schon allein die Tatsache, daß das Schwangerschaftserbrechen rein deskriptiv ganz anders aussieht, ist schlecht mit der ebenfalls im Physiologiebuch von Best und Taylor vertretenen Theorie vereinbar, daß das Schwangerschaftserbrechen dadurch zustandekommt, daß eine Stoffwechselstörung eine erhöhte Reizbarkeit des Brechzentrums verursacht (4).

Das sogenannte periphere Erbrechen kann von einer großen Mannigfaltigkeit von Reizen verschiedenster Art verursacht werden, die aus den allerverschiedensten Bereichen des Körpers stammen können. Peripheres Erbrechen kann von den Organen innerhalb oder außerhalb des Bauchraumes ausgelöst werden, aber auch Anstrengungen der Augen, Hirnhautentzündung, psychische Einflüsse, Stoffwechselstörungen und Schmerzimpulse aus fast jedem Organ des Körpers können Erbrechen auslösen. Besonders häufig wird dieses periphere Erbrechen durch verschiedenartige Reize im obersten Abschnitt des Duodenums und im Magen verursacht. Best und Taylor (4) heben hervor, daß die empfindlichste Stelle für die Auslösung peripheren Erbrechens das obere Drittel des Duodenums ist. Nicht nur Darminhalt, sondern auch Reizung im Organ selbst oder in den versorgenden Nerven können von dort her Erbrechen auslösen. Der physiologische Ablauf des peripheren Erbrechens kann im einzelnen noch recht verschiedenartig aussehen. Gewöhnlich, aber keineswegs immer, beginnt es mit einer Nausea, die physiologisch durch eine Sekretion von übermäßig viel Speichel charakterisiert ist. Dann setzt eine Folge von kompliziertem motorischem Geschehen in der glatten Muskulatur des Magendarmtraktes ein. Es gibt dabei verschiedene Verlaufstypen, wobei mal das Duodenum und mal der Magen im Vordergrund stehen. Erst dann kommt es zu einer Kontraktur der quergestreiften Muskulatur, wobei die Bauchdecken und das Zwerchfell in Aktion treten.

Deskriptiv paßt das Schwangerschaftserbrechen in diese Gruppe des peripher ausgelösten Erbrechens.

Die gezielte Exploration hat dabei für die Hyperemesis zwei verschiedene Verlaufsformen ergeben. Viele Patientinnen beschreiben Kontraktionen in der Gegend des Oberbauches – wir dürfen sagen, in der Gegend des Duodenums. Das Druckgefühl, das viele Patientinnen in der Magengegend beschreiben, ist im allgemeinen nicht auf eine Kontraktion der Bauchdecken zurückzuführen, obgleich auch diese Angabe gelegentlich gemacht worden ist. Best und Taylor betonen, daß Empfindungen in der Gegend des Duodenums einen der häufigsten Reize für das Auslösen peripheren Erbrechens darstellen. Wir möchten also folgern, daß es bei der Hyperemesis im Zusammenhang mit dem aggressiven Erleben zu Kontraktionen in der Gegend des Duodenums kommt und daß diese Kontraktionen das Erbrechen auslösen.

Einige Frauen mit Hyperemesis schildern aber auch eine andere Art des Erbrechens. In einer ärgerlich-verdrießlichen Stimmung würgen sie so lange, bis es schließlich zum Erbrechen kommt, das eine Erleichterung der Mißstimmung bringt. Hier würde es sich also weniger um das unwillkürliche Korrelat eines aggressiven Affektes handeln, sondern der Erleichterung verschaffende Reflexablauf wird fast willkürlich dadurch in Gang gebracht, daß primär die muskulären Abläufe in der quergestreiften Muskulatur innerviert werden, was dann augenscheinlich schließlich auch reflexartig auf die glatte Muskulatur zurückgreift. Diese Möglichkeit des Ablaufes wird in den reflexphysiologischen Abhandlungen über das Erbrechen nicht beschrieben, was wohl daran liegt, daß der Physiologe nur selten Gelegenheit hat, psychogenes Erbrechen zu studieren. Im Gegensatz zu obiger Verlaufsform zeigt hier schon der Ablauf des neuromuskulären Geschehens, daß es sich um psychogenes Erbrechen handelt.

Die Alltagserfahrung und der Bildgehalt der Sprache geben viele Hinweise auf den Zusammenhang zwischen Erbrechen und ärgerlichem Erleben. Das englische Wort *revolting* zum Beispiel bedeutet einerseits Empörung, Auflehnung, Revoltieren; andererseits aber auch ekelerregend, brechreizerregend. Best und Taylor erinnern daran, daß nicht wenige Soldaten erbrechen, bevor sie in ein Gefecht gehen oder wenn sie in einem Gefecht sind. Viele Menschen erbrechen beim Anblick von Blut. Nicht selten wird im Zusammenhang mit einem aggressiven Erleben Druck in der Magengegend gespürt: »Der Magen dreht sich zusammen« oder »es dreht sich mir im Magen«. In Cowboystories wird häufig beschrieben, wie im Augenblick des Ziehens von Pistolen der Bauch hart wird: *a knot in the stomach*. »Das ist ja zum Kotzen!« wird ausgerufen, wenn man eigentlich jemandem etwas antun wollte, aber es aus irgendeinem Grund nicht kann. »Die Wut aus dem Bauch bekommen«, sagt man im Deutschen, »she got her rage out of her guts« im Englischen.

Das Erbrechen von Mageninhalt muß innerhalb des Gesamtzusammenhanges der hier mitgeteilten Beobachtungen als ein Sprengstück weitgehend unbewußten aggressiven Erlebens aufgefaßt werden. Die Übertragungssituation und die direkte Beobachtung der Patientinnen geben den deutlichsten Hinweis. Ähnlich wie die Patientin, die während einer Appetenzstimmung Hypersalivation, während ärgerlicher Stimmungen aber immer Erbrechen hatte, können auch andere Patientinnen im Verlauf einer psychotherapeutischen Behandlung ausdrücken, wie ärgerliche Stimmungen, Erbrechen und Würgen ineinander übergehen.

Genauer gesagt ist das Erbrechen als ein spezieller motorischer Anteil eines zwar mobilisierten, aber infolge von Hemmungen rudimentär gebliebenen aggressiven Impulses aufzufassen. Der emotionale Anteil kommt in Form einer Stimmung, die zwischen Ärger, Trotz und Revoltieren liegt, verhältnismäßig bewußtseinsnahe. Eine Handlungsmotorik im Dienste der Aggressivität kommt nicht zustande, wohl aber eine unwillkürliche Motorik. Bildlich gesprochen kann man sagen, der Impuls zieht sich auf die unwillkürliche Motorik zurück.

Dabei handelt es sich hauptsächlich um die erwähnte Kontraktion in der Gegend des Duodenums und des Pylorus. Teilweise ist aber auch eine Kontraktion der Bauchdeckenmuskulatur vorhanden, also eine Kontraktion der Muskulatur, die eher defensive Bedeutung hat. Bei dem mobilisierten aggressiven Impuls fehlt also der muskuläre Vorgang, der mit Schlagen einhergehen würde, vielmehr kommt es zu einer Innervation im

Dienste der Defensive. Das Bild der muskulären Innervation paßt also zu dem psychischen Befund: Es handelt sich ja um ein hilflos-trotziges, zielloses revoltierendes Gefühl, wobei der Ärger nicht auf eine bestimmte Person gerichtet ist.

Ein anderer Grund für den merkwürdigen Befund, daß die aggressiven Impulse sich an der Muskulatur im Bauchraum und nicht an der Muskulatur, die dem Angriff dienen könnte, bemerkbar machen, mag darin liegen, daß das Problem dieser Patientinnen an den Futterneid des kleinen Kindes dem Geschwisterchen gegenüber anklingt. Dieser Futterneid ist ja die erste Konkurrenzsituation: »Mein Geschwisterchen soll gestillt werden und ich nicht?!« Daß eine mit Futterneid einhergehende aggressive Stimmung aber zu Innervationen im Bauchraum führt, ist einfühlbar.

Hypersalivation und Erbrechen sind also somatisches Korrelat zu Affekten oder Impulsen, die psychisch nicht oder nur unvollständig erlebt werden. O. Fenichel (12) spricht von Affektäquivalenten als einer Untergruppe der sogenannten Organneurosen. Nicht das gesamte Krankheitsbild der Hyperemesis, wohl aber diese beiden Symptome, würden sich dieser Gruppe einordnen lassen. Es handelt sich um eine echte neurotische Symptomatik im engeren Sinne des Wortes, denn man kann deutlich sehen, wie die Symptome einerseits die Abfuhr, Befriedigung von oralen und aggressiven Trieben, darstellen; und man kann auch sehen, daß es sich um unterdrückte Triebe handelt. Das Symptom steht deutlich erkennbar im Zusammenhang mit den Impulsen. Nebenbei sei darauf hingewiesen, wie aus den geschilderten Angaben der Patientinnen hervorgeht, daß das Symptom des Erbrechens Triebbefriedigung gibt. Verständlicherweise hat Freuds Beobachtung, daß ein neurotisches Symptom ein gewisses Ausmaß an Triebbefriedigung gibt, es besonders schwer gehabt, allgemeine Anerkennung zu finden. Eine Reihe der hier untersuchten Patientinnen haben aber unmißverständlich zum Ausdruck gebracht, daß die aggressiven Impulse durch das Erbrechen eine gewisse Abfuhr finden.

Haben die Hypersalivation, das Erbrechen und das Unwohlsein dieser Patientinnen nicht dennoch auch eine symbolische Bedeutung? Haben sie einen Kommunikationswert? Das heißt, sind sie eine Mitteilung an die Umwelt, und würde ein derartiger Aspekt eine kausale Rolle beim Zustandekommen des Symptomes spielen? Für die Denkmöglichkeit zum Beispiel, daß Erbrechen ein Konversionssymptom im Sinne eines Ausdrucksverhaltens für die Vorstellung »Das ist ja zum Kotzen!« ist, findet sich in dem beobachteten Material wenig Unterstützung. Für diese Denkmöglichkeit spräche, so könnte man vielleicht argumentieren, daß manche Frauen so lange würgen, bis sie schließlich erbrechen können. Ferner fragt sich, ob im Erbrechen ein Hilferuf nach der Mutter zu sehen ist. Daß eine solche Tendenz während des Erbrechens da ist, ist ein unbestreitbarer Befund. Und wir haben zusätzlich den Hinweis, daß die Eltern in der Vorgeschichte nicht selten auf Appetitlosigkeit, Essensverweigerung und so weiter besorgt zu Hilfe eilten, um die unmöglichsten Dinge anzustellen.

Zusätzliche Sinndeutungen oder symbolische Deutungen können weder bewiesen noch beweiskräftig ausgeschlossen werden. Wir werden sie daher nicht als ein Erklärungsprinzip hinzuziehen, solange wir die Symptomatik zwanglos als das somatische Korrelat zu den wirksamen, aber nicht zur vollen Entfaltung kommenden Impulsen erklären können. Eine solche Erklärung befriedigt am besten unser an der Physiologie orientiertes wissenschaftliches Bedürfnis.

Die wichtigste psychoanalytische Deutung des Schwangerschaftserbrechens ist von Helene Deutsch gegeben worden. Sie schreibt (7): »Die organisch bedingten Übelkeiten können alle Ekelgefühle zum Vorschein bringen, die sich im Laufe der Jahre im Unbewußten bis dahin ohne Reaktion konserviert haben.« »In der Schwangerschaft wird ein normalerweise präformiertes somatisches Phänomen (H. Deutsch meint eine angeblich organisch bedingte Übelkeit) zum unmittelbaren Ausdruck für bestimmte Inhalte benutzt.« »In der Schwangerschaft können durch die physiologisch bedingte Neigung zu Übelkeiten alle mit oraler Aufnahme und Ausstoßen verbundenen Vorstellungen und Phantasien der Kindheit und der Pubertät wieder belebt werden.« »Die psychoanalytische Einsicht hat uns jedoch gezeigt, daß die psychogene Intensivierung des oralen Schwangerschaftssymptomes des Erbrechens nur dann zustande kommt, wenn sich den oralen Ausstoßungstendenzen unbewußte, manchmal sogar manifeste oder manifest-werdende Gefühle zugesellen, die sich gegen den Zustand beziehungsweise gegen den Fötus wenden.« Sie spricht von »feindlichen, gegen den Fötus gerichteten Impulsen.« Die verschiedenen Geschmacksgelüste der Schwangeren, wenn sie auch unter einem dem Erbrechen entgegengesetzten Zeichen, nämlich der zwanghaften Einverleibung zu stehen scheinen, drücken denselben Kampf zwischen Vernichten und Behalten der Frucht aus. Im Erbrechen sind die eliminierenden Tendenzen sieghaft, in den Gelüsten die einverleibend behaltenden. Im Erbrechen setzt sich gleichzeitig der entgegengesetzte positive Wunsch, das Kind zu behalten, durch, indem nach der Entleerung das erleichterte, triumphierende Gefühl vorherrscht: ›Es ist doch drinnen geblieben.‹ Eine Patientin pflegte immer während des Erbrechens mit einem panischen Schrecken im Erbrochenen Teile des Fötus zu suchen und sah lachend immer das Unsinnige nachträglich ein.«

Nach H. Deutsch gibt es also ein organisch bedingtes Gefühl der Übelkeit, dem sich Ekelgefühle aller möglichen Herkunft assoziativ zugesellen. Zum Erbrechen kommt es, wenn sich diesen oralen Ausstoßungstendenzen feindliche gegen den Fötus gerichtete Impulse und eliminierende Tendenzen hinzugesellen.

Gegen diese Auffassung ergeben sich von dem Beobachtungsmaterial verschiedene Einwände.

a) Zwar ist es eine Tatsache, daß Schwindelgefühl, Übelkeit und Ekelgefühl in der Schwangerschaft oft auftreten. Der medizinische Fachausdruck dafür ist Nausea. Daß diese Befindlichkeiten organisch bedingt seien, ist ein Postulat, das nie bewiesen werden konnte. Die jahrelange Konzentration auf das Problem der Hyperemesis hat uns keinen überzeugenden Hinweis für eine organische Ursache der Nausea ergeben. Der mehrfache psychische Erlebensbereich, in dem Übelkeit zu Beginn der Schwangerschaft wurzeln kann, wird in den Kapiteln über Schwindelgefühle und über Ekelgefühle erörtert werden. Zwar darf man sich wohl der in der Literatur weitverbreiteten Ansicht anschließen, daß die mit der Schwangerschaft eintretenden Veränderungen im Stoffwechsel eine größere Bereitschaft zum Gefühl der Übelkeit und zum Erbrechen mit sich bringen. Die manifeste Übelkeit muß aber noch eine direkte Ursache haben, die über die erhöhte Bereitschaft hinausgeht. Im Unbewußten bereits präformierte Ekelgefühle können sich aber nicht an eine größere Bereitschaft zum Gefühl der Übelkeit assoziativ anlagern, sondern höchstens zu einer manifesten Übelkeit.

Zwei weitere Umstände geben Veranlassung, der somatischen Bereitschaft weniger Raum einzuräumen, als es H. Deutsch tut; denn psychogenes Erbrechen außerhalb einer Schwangerschaft zeigt recht ähnliche Verhältnisse. Das im einzelnen aufzuzeigen, würde aber eine gesonderte Abhandlung erfordern. Ferner gibt es gar nicht so selten ›Schwangerschaftserbrechen‹ ohne Schwangerschaft, das sogar das vollständige Bild einer ›Hyperemesis‹ annehmen kann.

b) Es ist ein Unterschied, ob eine Frau die Schwangerschaft als solche ablehnt, beziehungsweise ob sie gegen den Fötus gerichtete feindliche Tendenzen hat, oder ob sie in Berücksichtigung ihrer eigenen Behinderungen nachteilige Folgen von der Geburt des Kindes befürchtet. Zwar liegt der Schluß nahe, daß sie dann natürlich auch gegen die Schwangerschaft und gegen die Frucht sein müsse. Wir würden uns dieser logisch klingenden Interpretation aber nur anschließen, wenn wir auf aufweisbares bestätigendes Material hinweisen könnten. Trotz bereitwilligen Suchens hat uns die Beobachtung aber in keinem Fall das Vorliegen von feindlichen, gegen den Fötus gerichteten Tendenzen gezeigt. Beobachtungen, die der von H. Deutsch zitierten Patientin entsprechen, würden uns überzeugen, wenn wir ihnen wenigstens gelegentlich selber begegnet wären oder sie in der Literatur vorfinden würden.

Auch die detailliertere Qualität der aggressiven Befindlichkeit, so wie sie bei Hyperemesis gravidarum zu beobachten ist, weist in eine andere Richtung. Es handelt sich um eine Art trotzigen Gefühls, um eine Art von Revoltieren. Und es ist eine ursprünglich ungerichtete Aggressivität, für die ein Objekt erst gesucht werden muß. Dieses Objekt ist mittels der geschilderten Projektionen in vielen Fällen der Vater des Kindes, der Verursacher der Schwangerschaft. Auch Ärger auf das Schicksal, Frau zu sein, die zwangsläufig in eine solche Lage kommen muß, und Ärger auf die Weltordnung spielen untergründig eine Rolle, ohne in dieser Form direkt ins Bewußtsein einzugehen.

Aber selbst wenn eine gegen den Fötus gerichtete Aggressivität zu beobachten wäre, wäre das noch nicht ein Beweis dafür, daß das Erbrechen seine Ursache darin hat, daß die Schwangere die Schwangerschaft oral zu unterbrechen sucht.

c) Ekel spielt bei Helene Deutsch für das Zustandekommen des Erbrechens eine obligatorische Rolle. Denn Ekel ist das Bindeglied zu der angeblich organisch bedingten Übelkeit: nur wenn sich präformierter Ekel assoziativ an die Übelkeit anschließe und wenn sich gegen das Kind gerichtete orale Ausstoßungstendenzen assoziativ mit dem Ekel verknüpfen, komme es zum Erbrechen. Entgegen dieser Auffassung ist zu bedenken, daß das Gefühl des Ekels zwar bei Hyperemesis durchaus vorkommen kann, aber keineswegs immer vorkommt. Immer dagegen sind Ärger und Appetenzstimmung zu beobachten.

d) H. Deutsch sieht nicht die Spezifität des Konfliktes und der Persönlichkeitsstruktur. Ganz im Gegenteil zu diesem Befund sagt sie sogar von den »Gefühlen«, die sich gegen den Zustand beziehungsweise gegen den Fötus wenden: »Sie können mannigfaltig sein: ärgerlicher Protest, Selbstbestrafung für feindliche Gefühle, Angst und ähnliche heftige Affekte.«

Obgleich die von H. Deutsch vertretene Auffassung der Hyperemesis von der hier vertretenen Auffassung abweicht, finden sich doch viele Parallelen; insbesondere klingen auch bei H. Deutsch ständig die aggressive und die orale Thematik an.

Körperliche Folgeerscheinungen des Erbrechens

Das ständige Erbrechen des Mageninhaltes kann zu erheblichen Stoffwechselstörungen führen, wobei Wasserverlust, Ketose und herabgesetzter Kohlehydratstoffwechsel eine besondere Rolle spielen. Es erübrigt sich festzustellen, daß es sich hier nicht mehr um psychogene Symptome handelt. Andererseits kann das mit diesen körperlichen Veränderungen einhergehende Empfinden Wünsche nach oraler Zuwendung und Hilfe auslösen.

Schwindelgefühle und Übelkeit

Recht häufig ist die allererste Schwangerschaftsreaktion eine Befindlichkeit, die in der medizinischen Sprache Nausea genannt wird. Wenn man sich von Schwangeren ihre Nausea genauer schildern läßt, drücken viele eine Befindlichkeit aus, die schlecht in Worte zu fassen sei, aber am ehesten als Schwindelgefühl zu bezeichnen sei; und eine andere Gruppe spricht von Übelkeit und Ekel.

Zwar neigen sehr viele zu der Meinung, Nausea und Schwangerschaftserbrechen seien nur unterschiedliche Abstufungen einer dem Wesen nach gleichartigen Reaktion. Deshalb soll dem Kapitel über die Symptomatik bei Hyperemesis gravidarum ein Abschnitt über Nausea zugefügt werden. Aber lange nicht alle Fälle von Nausea führen zu Erbrechen, und lange nicht alle Fälle von morgendlichem Erbrechen oder gar von übermäßigem Schwangerschaftserbrechen fangen mit Nausea an. Von seiten des Geburtshelfers vertreten am ehesten Eastman und Hellman (9) den Standpunkt, daß Nausea etwas anderes als Schwangerschaftserbrechen sei. Den eigenen Erfahrungen nach kann die Nausea in zwei Erlebensbereichen wurzeln, die von dem psychologischen Hintergrund der Hyperemesis gravidarum unterschieden sind.

Schwindelgefühl als erste Reaktion auf die Schwangerschaft ist ungeheuer verbreitet und kann kaum als pathologisch bezeichnet werden. Sehr viele Frauen reagieren zumindest bis zu einem gewissen Grad auf eine Schwangerschaft ähnlich, wie der Apostel Lukas (1,26 folgende) es für Maria bei der Verkündigung beschreibt: Beim Gedanken an die Schwangerschaft war sie verwirrt, und sie fürchtete sich. Indem die Schwangere erfüllt ist von der Vorstellung, daß sie nun die Kette der Generationen fortführt, nimmt sie in ihrem Erleben teil an der Ewigkeit. Helene Deutsch drückt diesen Zusammenhang so aus (6): »In der Mutterschaft ist dem Weib die wunderbare Möglichkeit gegeben, durch praktische Erfahrung dieses Gefühl für die Ewigkeit und für die Nichtigkeit des rein Individuellen unmittelbar und gleichzeitig im Höchstpersönlichen zu erleben. Somit wird die weibliche Fortpflanzungsfunktion nicht allein zu einem einmaligen (oder mehrmaligen) individuellen Akt, dessen Schauplatz die biologischen Ereignisse sind. Im Gegenteil, dieselben können als Einzelakte des großen allgemeinmenschlichen Schwingens zwischen zwei Polaritäten erfaßt werden: Der Schöpfung und des Unterganges, des Lebens und des Todes ...« Ein religiöses Erleben klingt zu Beginn der Schwangerschaft auch dadurch an, daß das Erleben der eigenen Ohnmacht der übermächtigen Natur gegenüber aktiviert wird. Erst nach einem gewissen Verweilen, als sie sich also hinreichend mit der Botschaft auseinandergesetzt hatte, konnte Maria sagen: »Siehe, ich bin eine Magd des Herrn.

Mir geschehe nach Deinen Worten.« Im Gegensatz dazu kann die hingabegestörte Frau und insbesondere die Frau, die im weltanschaulich-religiösen Erleben behindert ist, diese Inhalte nicht – wie es den beiden Zitaten entsprechen würde – direkt und relativ bewußt erleben. Dann aber kann dieses Erleben zu einem Mikrosymptom führen, nämlich zum Schwindelgefühl. Selbst voll bewußtes religiöses Erleben wird ja oft in Form schwindelerregenden Ehrfurchterlebens beschrieben.

Ob diese Auffassung vom Schwindelgefühl in der Schwangerschaft, die sich auf die Exploration mehrerer Schwangerer stützt, berechtigt ist, müßte noch an einer größeren Anzahl von Fällen untersucht werden: ob nämlich die hingabegestörte und nicht religiöse Frau, die immer die Dinge in bewußter Kontrolle haben muß, in besonderem Maße zum Schwindelgefühl neigt. Die Fähigkeit zum Erleben des Numinosen kann aber dabei nicht etwa am Vorhandensein oder Fehlen einer konfessionellen Ausrichtung gemessen werden.

Der sogenannte Jammertag im Wochenbett mag vielleicht mitunter ein Anflug von leichter Depression nach vollbrachter Leistung sein, vergleichbar der Befindlichkeit mancher nach einem bestandenen Examen. Auch das Erleben der Trennung von dem Kind oder von der Mutter mag eine Rolle spielen können. Typischerweise aber erscheint der Jammertag grundlos, unfaßbar und geht mit einer gewissen feierlichen Stimmung einher. Und man gewinnt manchmal den Eindruck, daß es eine Reaktion darauf ist, daß mit dem Wochenbett nun diese besondere Teilnahme an der Ewigkeit aufhört. Die Schwangerschaft fängt häufig mit einem vielleicht als Ehrfurcht zu bezeichnenden Gefühl und mit Schwindelgefühl an und hört, wenn dieses Erleben wegfällt und dem Alltag wieder Platz macht, mit einem Jammertag auf. Das Schwindelgefühl tritt dabei in der Zeit auf, in der sich die Frau zunächst einmal – wie es ja auch Maria in jenem Bericht getan hat – gegen die Teilnahme an dem Numinosen wehrt. Wenn die Frau sagen kann »mir geschehe nach deinem Willen«, hört das Schwindelgefühl auf. Und wenn die Anteilnahme am numinosen Geschehen mit dem Wochenbett aufhört, kommt es sogar zu einem Jammertag.

Schwindelgefühle kommen auch bei der Seekrankheit, Autokrankheit, Luftkrankheit und auf der Berg- und Talbahn vor. Alle diese Bewegungen haben eine Beziehung zur Schaukel. Der Physiologe sagt, daß diese Nausea wahrscheinlich das Resultat ungewöhnlicher Stimulation des Gleichgewichtsorgans beziehungsweise des Labyrinths sei. Diese Erklärung überzeugt aber nicht, denn lange nicht alle Leute bekommen in diesen Situationen ein Schwindelgefühl. Die Erfahrung eines jeden zeigt – und Wilhelm Reich soll dem Hörensagen nach darauf besonders aufmerksam gemacht haben: Wenn man auf einer Berg- und Talbahn innerlich mit den Bewegungen mitgeht, wenn man in die gegenwärtige Bewegung mit 'rein geht, und wenn man keine Gegentendenzen innerviert, dann wird auch kein Schwindelgefühl auftreten. Somit steht also auch hier das Schwindelgefühl mit einer mangelnden Hingabefähigkeit in Zusammenhang.

Überraschenderweise, aber dennoch ganz in Übereinstimmung mit dem erwähnten Hinweis von Eastman und Hellman (10), gehört das Schwindelgefühl zu Beginn der Schwangerschaft also nicht in den Erlebniszusammenhang der hier erörterten Konflikthaftigkeiten und Symptomatik.

Andererseits wird die anfängliche Nausea von manchen vorwiegend als Übelkeit, Brechreiz und Ekel erlebt. Der Zusammenhang zwischen Erbrechen und diesem Erleben ist so bekannt, daß in der englischsprachigen medizinischen Literatur Schwangerschaftserbrechen und insbesondere Seekrankheit schlechthin mit Nausea bezeichnet werden. Die anfängliche Schwangerschaftsnausea dieser Art geht also tatsächlich oft in Erbrechen über. Das Bindeglied zwischen dieser Art von Nausea und der Hyperemesis ist eine Art von Zweifelsschaukel und nicht das assoziative Hinzutreten anderer Inhalte, wie Helene Deutsch es beschreibt. Die Frau mit Schwangerschaftserbrechen ist ja, wie dargestellt wurde, in einem Dilemma, das ihr freilich unbewußt ist; sie ist gewissermaßen in der Zweifelsschaukel: »Darf ich meinen Wunsch nach einem Kind befriedigen oder nicht?« Das macht hilflos und verursacht eine nicht auf eine Person gerichtete Wut. In der Zweifelsschaukel erlebt sie gewissermaßen: »Mir ist ganz übel.« Solche Zweifelsschaukel ist in manchen Fällen von Hyperemesis relativ bewußtseinsnahe. Der Mann wollte kein Kind. Sie selber wollte eigentlich ein Kind, konnte sich aber zu ihrem eigenen Kinderwunsch nicht bekennen, da ihr – eingedenk ihrer eigenen Unfähigkeit, sich selber zu behaupten – nachzugeben die einzige Möglichkeit schien, die Liebe des Mannes zu erhalten. Andererseits fühlte sie sich von der Kirche her verpflichtet, ein Kind zu haben. Im Zeitraum zu Beginn der Schwangerschaft war sie in der Zweifelsschaukel: »Soll ich? Oder soll ich nicht? Paß ich auf? Oder nicht? Darf ich wegen des Mannes kein Kind haben? Muß ich der Kirche wegen doch ein Kind haben, obgleich ich mir den Mann erhalten will?« Ein derartiges Erleben mag ausreichen, um Schwindelgefühle hervorzubringen. Zur Hyperemesis ist es auch bei dieser Frau nur im Zusammenhang mit der typischen oralen und aggressiven Thematik gekommen.

Bei der Erörterung der weiteren Symptome und Krankheitsbilder, die eine Verwandtschaft zum übermäßigen Schwangerschaftserbrechen zeigen, lassen sich Wiederholungen insofern nicht ganz vermeiden, als es immer wieder um die gleichartige Persönlichkeitsstruktur und um gleichartige Konflikte gehen wird. Bei der Schilderung der Persönlichkeitsstruktur wird es auf die Nuancen und Akzentsetzungen ankommen, und es wird aufgezeigt werden, daß die oralen und aggressiven Hemmungen bei den einzelnen Erkrankungen eine jeweils spezifische Intensität, Ausformung und Weiterverarbeitung haben. Bei den Konflikten wird es zwar immer wieder darum gehen, daß das Kind als oraler Konkurrent und die zur Hilfe herbeigesehnte Mutter als versagend erlebt werden. Bei der Schilderung der einzelnen Krankheitsbilder wird es aber darauf ankommen, daß diese Konflikte jeweils verschieden beantwortet werden.

Schwangerschaftsgelüste, Heißhunger, Freß- und Fettsucht, Speichelfluß sowie Stehlen in der Schwangerschaft

Bei Schwangerschaftsgelüsten, Heißhunger, Freß- und Fettsucht in der Schwangerschaft, übermäßigem Speichelfluß sowie auch bei Stehlen in der Schwangerschaft ist schon an der äußeren Form des Symptoms leicht zu erkennen, daß das Symptom identisch ist mit oralen Impulsen, von denen die Patientin beherrscht wird und mit denen sie nur in einer unangepaßten Art und Weise umgehen kann.

Es hat sich herausgestellt, daß auch bei diesen Symptomen die Persönlichkeitsstruktur im wesentlichen durch Hemmungen im Bereich der Oralität und Aggressivität charakterisiert ist und daß dementsprechend auch von diesen Frauen das Kind in einer überwertigen Weise als oraler Konkurrent erlebt wird. Leichtere Akzentverschiebungen innerhalb dieser so typischen Persönlichkeitsstruktur machen es verständlich, warum die so mobilisierten oralen Impulse in den jetzt diskutierten Symptomen eine Abfuhr finden, die weiter geht als bei der Hyperemesis. Zwar handelt es sich auch hier um stark ausgeprägte orale Hemmungen, aber diese Erkrankungen haben es gemeinsam, daß die oralen Impulse in einer direkten, ziemlich unveränderten Weise durchbruchshaft zum Ausdruck kommen. Ferner sind die oralen Impulse partiell ego-synton, das heißt, sie werden vom Ichbewußtsein zumindest so weit bejaht, daß sie dem bewußten Erleben nicht völlig ferngehalten werden müssen. Insofern besteht eine Beziehung zu den ebenfalls auf schwersten oralen Hemmungen beruhenden Süchten. Fenichel (13) zählt die »spezifischen Nahrungsmittelsüchte« während der Schwangerschaft zu den »Süchten ohne Suchtmittel«. In der Tat gehen die Symptome dieser Gruppe mit suchtartigem Erleben einher, und sie bringen eine zwar behinderte, aber dennoch relativ direkte Triebabfuhr, ohne daß es je zum Gefühl der Befriedigung kommt. Für die Vorgeschichte dieser Frauen ist es typisch, daß sie durchaus manches im Dienste ihrer oralen Bedürfnisse getan haben, nur haben sie dabei eben niemals Befriedigung erlebt.

Typisch für diese Frauen ist, daß die Aggressivität – zumindest im Bereich des Herangehens an die Dinge, also hinsichtlich der eigenen Aktivität – nicht ganz so stark gehemmt ist wie bei der Hyperemesis. Wie noch im einzelnen zu schildern ist, unterscheiden sich die drei erwähnten Krankheitsbilder untereinander hauptsächlich hinsichtlich der Intensität der aggressiven Behinderungen.

Schwangerschaftsgelüste

Manche Frauen haben, sobald sie schwanger werden, den drängenden und sofort zu befriedigenden Impuls, sich etwas Besonderes zu gönnen. Und sie haben auch das Gefühl und die Überzeugung, sich etwas gönnen zu dürfen. In den meisten Fällen handelt es sich um Gelüste auf besondere Arten von Nahrungsmitteln. Es kann sich aber auch um das Kaufen von Illustrierten und ähnlicher Dinge handeln.

Das Gespräch mit diesen Frauen gibt mitunter Hinweise dafür, daß sie gar nicht Hunger verspüren, sondern meinen, ihn erst stimulieren zu müssen. Untergründig ist in ihnen der Komplex wirksam, daß sie infolge der Schwangerschaft verhungern müßten, daß sie jetzt innerlich aufgefressen würden. Sie essen nicht deshalb die Dinge, auf die sich die Gelüste richten, weil sie gern essen, sondern aus Angst, daß sie ausgezehrt werden könnten. Die Nahrungsmittel, die besonders begehrt werden, zeichnen sich zum Teil dadurch aus, daß sie appetitanregend sind, wie zum Beispiel saure Speisen.

Bei anderen Frauen kommt in den Schwangerschaftsgelüsten eine Entschädigungstendenz zum Ausdruck: Bevor der orale Konkurrent geboren ist, leisten sie sich schnell noch etwas.

Bei wieder anderen Frauen mit Schwangerschaftsgelüsten wird eher eine gewisse Geltungstendenz deutlich: »Ich bin schwanger, ich bin jetzt etwas Besonderes. Ich kann mir das jetzt leisten. Jetzt darf mir das niemand übel nehmen.« Es sei in diesem Zusammenhang an die Prinzessinnenhaltung erinnert.

In leichterer Ausprägung treten derartige Reaktionen auch bei Frauen auf, deren orales Erleben nur relativ leicht geschädigt ist. Abgesehen von ausnahmsweise stark ausgeprägten Fällen mißt man berechtigterweise den Schwangerschaftsgelüsten keinen Krankheitswert zu, wenngleich es sich neurosen-psychologisch gesehen durchaus um ein leichtes Symptom handelt. Entsprechend der Tatsache, daß im Symptom die Abfuhr aggressiver Impulse nicht zu erkennen ist, zeigt auch die Persönlichkeitsstruktur dieser Frauen keine wesentlichen aggressiven Behinderungen.

Susanne Hupfer (22) fand bei der Untersuchung von vierzig Fällen, daß Früchte (Äpfel, Bananen, Orangen), Süßigkeiten (Schokolade, Kuchen), Hering, Rettich, Fleisch, warme Würstchen und stark gewürzter Tee Gegenstand der Schwangerschaftsgelüste waren. Sie zeigt dann an Sagen, Folklore und so weiter auf, daß die genannten Objekte oft eine symbolische Beziehung zur Zeugung haben. Sie kommt zu dem Schluß, daß die Schwangerschaftsgelüste ein unbewußter Ausdruck der Bejahung der Mutterschaft seien. Denn durch immer wiederholte symbolische Vollziehung der Befruchtung auf oralem Wege würden die Schwangerschaftsgelüste eine überaus starke und eindrucksvolle Manifestation des »Fortpflanzungswillens« darstellen. Das, was kritisch einzuwenden ist, sagt die Verfasserin selber: daß ihr nämlich als einzige Methode der Analogieschluß zur Verfügung gestanden habe. Ihre Folgerung, daß ein besonders starker Fortpflanzungswille vorliegen würde, unterstützt die schon erwähnte Beobachtung, daß Frauen mit Hyperemesis gravidarum durch einen besonders starken Kinderwunsch charakterisiert sind. Bei der eigenen Beobachtung von Frauen mit Schwangerschaftsgelüsten ist aber kein Wunsch erkennbar geworden, die Befruchtung auf oralem Wege immer wieder zu wiederholen. Wohl aber finden sich die oralen Verunsicherungen und Befürchtungen, die allen in dieser Abhandlung diskutierten Symptomen gemeinsam sind.

Heißhunger, Freß- und Fettsucht in der Schwangerschaft

Manche Frauen zeigen, insbesondere gegen Ende der Schwangerschaft, eine als unüberwindlich geschilderte Freßgier. Sie sagen, der Rat des Arztes, eine Diät einzuhalten, sei ihnen völlig gleichgültig geworden, denn sie hätten ungeheuren Hunger, den sie unbedingt stillen müßten. Dadurch entsteht die Gefahr einer sogenannten Präeklampsie, einer Stoffwechselstörung nämlich, die mit Wassereinlagerungen, hohem Blutdruck und Eiweißausscheidung im Urin einhergehen kann.

Bei der Freßsucht wird der weiter vorn diskutierte Komplex: »Jetzt muß ich für zwei essen« besonders deutlich. Auf den ersten Blick mag man manchmal meinen, daß es sich nur um ungeheuer stark anwachsende Appetenz handelt. Es ist aber etwas ganz anderes, ob man sich etwas gönnt oder ob man nur so in sich hinein ›frißt‹. Die Frauen mit Freßgier spüren auch ganz genau, daß es sich um ein Symptom handelt. Die oralen Gehemmtheiten zeigen sich aber immer in der Vorgeschichte deutlich. Die genauere Untersuchung zeigt auch immer das Vorhandensein aggressiver Hemmungen. Dabei ist die Aggressivität in einer ganz spezifischen Weise gestört. Bei der Freßsucht fällt das 'Rangehen im täglichen Leben, fällt die Motorik weitgehend aus. Das mag die Grundlage dafür sein, daß dicke Leute oft etwas vorschnell für faul gehalten werden. Gleichzeitig haben diese Frauen oft eine ganz enorme Wut. Und das Wort der Umgangssprache »aus Wut in sich hineinfressen« trifft das Erleben dieser Frauen recht genau. Die Wut erscheint kaum als solche im äußeren Erscheinungsbild dieser Frauen, und sie ist nicht auf die Welt gerichtet, entsprechend der gerade erwähnten Tatsache, daß diese Frauen die Welt sozusagen nicht erobern können. Mittels der Oralität, die ja auch das Beißen enthält, finden aber starke aggressive Impulse eine Abfuhr.

Auch hier sind also die Persönlichkeitsstruktur und der Konflikt den Verhältnissen bei der Hyperemesis ganz ähnlich. Die Nuancen der Persönlichkeitsstruktur aber erklären, warum es zu einer unterschiedlichen Symptomatik kommt.

Eine Untergruppe von Freßsucht in der Schwangerschaft gehört zumindest teilweise in einen anderen Erlebniszusammenhang. Eine unverheiratete schizophrene Patientin, die im Zustand eines durch Depersonalisationserlebnisse gekennzeichneten akuten Schubes entgegen ihrer Absicht schwanger geworden war, sagte in der zweiten Hälfte der Schwangerschaft, seit die Verzweiflung über das Vorliegen der Schwangerschaft und die Ratlosigkeit, was sie tun solle, nicht mehr so im Vordergrund stehen, würde sie den ganzen Tag lang ununterbrochen essen, und sie könne das unmöglich stoppen. Das Essen sei eigentlich das einzige, woran sie überhaupt Interesse entwickeln könne. Entsprechend nahm sie in kurzer Zeit über fünfzig Pfund zu. Es war deutlich, daß sie durch das ununterbrochene Essen das für Schizophrene typische Erleben der inneren Leere übertönen wollte. Obgleich bei dieser Patientin also andere Motive im Vordergrund standen, war auch bei ihr leicht erkennbar, daß sie ihre eigenen oralen Ansprüche durch die Schwangerschaft bedroht fühlte. Denn sie warf dem Vater des Kindes vor: »All diese Monate jetzt, wo ich nichts gehabt habe! Ich konnte nichts machen, nicht ausgehen. Und die ganzen Monate habe ich nichts verdient und nur von den Almosen der anderen gelebt! Ich möchte ihn am liebsten da haben, um ihn gehörig durchprügeln zu können.« In den oralen Erlebenszusammenhang gehört es auch, daß sie von der Sehnsucht nach mütterlicher Geborgenheit beherrscht war.

Franz Alexander (2) beschreibt, daß das übermäßige Essen – er spricht nicht speziell von übermäßigem Essen in der Schwangerschaft – nach allgemeiner psychoanalytischer Erfahrung eine Ersatzbefriedigung für frustrierte emotionale Tendenzen ist. Er fügt hinzu, ein intensives Verlangen nach Liebe und aggressive Tendenzen, zu verschlingen oder zu besitzen, würden die unbewußte Grundlage für den krankhaft gesteigerten Appetit darstellen. Die hier vorgetragene Auffassung vom übermäßig gesteigerten Appetit in der Schwangerschaft fügt sich in diese Formulierungen ein. Denn in der Schwangerschaft handelt es sich um eine Reaktion auf die erwartete orale Frustration; und daß diese Frauen sich übermäßig nach Liebe, nämlich nach mütterlicher Liebeszuwendung sehnen, wird durch die Symptomatik während der Geburt noch deutlicher sichtbar werden.

Franz Alexander (2) vertritt weiterhin die auch sonst in der psychoanalytischen Literatur weit vertretene Meinung, daß übermäßiges Essen und Fettsucht einerseits unbewußte Schwangerschaftsphantasien ausdrükken und andererseits auch als Abwehr gegen die weibliche Rolle dienen könnten. Beide Aussagen stimmen mit der allgemeinen klinischen Erfahrung überein. Warum aber können übermäßiges Essen und Fettsucht Schwangerschaftsphantasien ausdrücken? Warum kann Fettsucht oft als eine Abwehr der weiblichen Rolle dienen?

Die Antwort liegt wahrscheinlich in den hier mitgeteilten Beobachtungen. Schwangerschaft mobilisiert normalerweise orale Impulse und führt zu oralen Konflikten. Dieses Erleben ist den Menschen weithin gefühlsmäßig vertraut, selbst wenn sie das nicht begrifflich ausdrücken können. Insbesondere weil mütterliche Besorgtheit weitgehend Besorgtheit um die Ernährung des Säuglings beinhaltet und weil das Kind ein oraler Konkurrent ist, ist Essen und Überessen mit dem Erleben der Schwangerschaft verbunden. Die ursprüngliche assoziative Verbindung ist also, daß die Vorstellung der Schwangerschaft die Vorstellung von oralem Erleben wachruft. Wer Schwangerschaft phantasiert, kann dann leicht mittels Verschiebung den Akzent mehr auf das orale Erleben legen. So können übermäßiges Essen und Fettsucht mit unbewußten Schwangerschaftsphantasien im Zusammenhang stehen.

Wie kann man es aber verstehen, daß Fettsucht gegen die weibliche Rolle verteidigen soll? Das ist nur möglich, wenn das Bild der Weiblichkeit nicht von den mütterlichen Aspekten beherrscht wird. Denn dann würde eine Fettsucht ja höchstens dazu dienen können, Schwangerschaftsphantasien auszudrücken. Daß Fettsucht als Abwehr der weiblichen Rolle dienen kann, ist nur zu verstehen, wenn in dem Bild, das die betreffende Frau von ihrer Weiblichkeit hat, der heterosexuelle Aspekt der Weiblichkeit ganz dominiert und der Bereich der Mütterlichkeit zurücktritt. Daß Fettsucht vor der weiblichen Rolle schützt, gilt also nicht ganz allgemein, sondern nur für eine bestimmte Gruppe von Frauen.

Übermäßiger Speichelfluß

Manche Frauen haben in der Schwangerschaft weder Brechreiz noch Erbrechen, sie leiden aber an einer ständigen Überproduktion von Speichel. Sie halten Tücher oder Gefäße bereit, da sie ständig ausspucken müssen. Dieser Speichelfluß betrug in einem Fall den Inhalt eines Kinderspieleimers täglich. Dieser sogenannte Ptyalismus stellt ein Bindeglied zwischen Freßsucht in der Schwangerschaft und Hyperemesis gravidarum dar. Es wurde ja geschildert, daß der Ptyalismus einerseits ein Teilsymptom der Hyperemesis darstellt und es wurde erwähnt, daß das Ausspeien einer übermäßigen Speichelproduktion phasenhaft mit Erbrechen von Mageninhalt abwechseln kann. Ptyalismus kann aber andererseits auch, wie das Beispiel einer anderen Patientin zeigte, phasenhaft mit Freßsucht abwechseln. Während des Ptyalismus war letztere Patientin in ihrem bewußten Erleben eher appetitlos. Salivation ist das physiologische Korrelat oraler Wünsche, ein Reflex, der eintritt, wenn ein oraler Wunsch voll erlebt wird. Wenn orale Wünsche in der Schwangerschaft ein pathologisches Ausmaß annehmen, kann es zur Freßsucht kommen. Wenn aber der Impuls zur Freßsucht unbewußt bleiben muß, wenn also die Vorstellung der Wunscherfüllung tabuiert ist, kann der orale Impuls sich in Form des psychosomatischen Symptoms Ptyalismus äußern. Wenn ein innerer Protest hinzutritt, kommt es zur Hyperemesis.

In die Gruppe der Symptome, in denen orale Impulse in einer so unverhohlenen Weise zum Ausdruck kommen, gehört es auch, wenn eine Frau in der Schwangerschaft ›vorsorglich‹ viele Dutzend Kindergarnituren, dutzendweise Spielzeug oder gar, wie es eine Frau tat, so viele Umstandskleider kaufte, daß es für ein ganzes Menschenleben zuviel gewesen wäre. Die amerikanische Umgangssprache hat dafür so anschauliche Ausdrücke wie *nesting* oder *pack rat phenomenon* geprägt. *Pack rat* ist eine kleine amerikanische Ratte, die allerhand kleine Gegenstände, die sie findet, zusammenträgt und verbirgt. Dieses Sprachbild stellt ebenso wie das Verhalten in der Schwangerschaft, das damit gemeint ist, einen Übergang zum Stehlen in der Schwangerschaft dar.

Das Symptom Sodbrennen in der Schwangerschaft, über das kaum eigene Erfahrung vorliegt, dürfte in dieselbe Gruppe gehören.

Stehlen in der Schwangerschaft

Häufiger als bekannt ist, kommt es vor, daß Frauen in der Schwangerschaft plötzlich Diebstähle begehen, obgleich sie zuvor nie gestohlen hatten. Dieses Stehlen ist persönlichkeitsfremd und hat alle Merkmale eines neurotischen Symptoms. Es gibt gute Gründe dafür, warum der Arzt diese Krankheit relativ selten beobachtet. Denn die Patientinnen selber und die Familienangehörigen schämen sich der Angelegenheit, und sie haben um so weniger Grund, zum Arzt zu gehen, als sie selber erst nach einiger Zeit an eine Krankheit denken. Auch bei den Staatsanwaltschaften werden erfahrungsgemäß derartige Fälle oft – berechtigterweise – mit einem gewissen Wohlwollen zugedeckt, was aber zur Folge hat, daß ärztliche Gutachter relativ wenige Fälle beobachten.

Die besonders stark ausgeprägten oralen Behinderungen nehmen bei diesen Frauen eine ganz spezifische Ausformung an. Sie haben eine noch stärker ausgeprägte Bescheidenheitshaltung, als es für die Frauen mit Hyperemesis zutrifft. So erscheinen sie nicht selten als mitleiderregende Kümmerchen, die sich kaum trauen, ein Wort zu sagen oder einen Platz einzunehmen. Sie sind emsige Hausmütterchen, die sich in ihrer Sorge und Arbeit für die Familie selbst absolut nichts gönnen. Sie zeigen in besonders starkem Maße die Hypertrophie des Mütterlichen, von der noch die Rede sein wird. Bildhaft gesprochen darf man sagen: Sie gehen nie aus ihrem Nest heraus und beglücken ihre Kinder, denen sie überhaupt keine Entwicklungsmöglichkeiten lassen.

Das Andrängen oraler Impulse zeigt sich nicht selten in entsprechenden Träumen in der Nacht zuvor beziehungsweise in dem Erleben kurz vorher: »Schon den ganzen Tag vorher bin ich dann von irgendeiner Unruhe erfaßt, nicht direkt vom Drang zum Stehlen. Dann kommt der Drang, einfach 'rauszugehen. Den Gedanken, irgend etwas zu tun, habe ich schon, wenn ich dann losfahre – irgend etwas zu stehlen. Heute morgen habe ich dann die ganze Tasche voll Süßigkeiten gepackt: Stapel Schokolade und viele Schachteln Pralinen, bis die Tasche voll war. Ich habe, wenn ich stehle, keine Vorstellung, was ich damit machen will. Es ist so ein richtiges sinnloses Raffen!«

Ebenso typisch ist die Ausformung, die die aggressiven Behinderungen annehmen. Beim Symptom des Stehlens handelt es sich um Frauen, die zwar relativ schnell zum Handeln bereit sind, die aber dabei nicht zu einem planenden Handeln fähig sind. Die Aggressivität ist insofern beeinträchtigt, als sie nicht im Dienste ihrer oralen Bedürfnisse vernünftig und sinnvoll handeln können. Aber die Aggressivität ist nicht so stark gehemmt, daß diese Frauen nicht doch zugreifen könnten.

Die aggressive Hemmung einer Frau, die während der Schwangerschaft stahl, wurde deutlich, als sie schilderte, daß sie bei ihrem Mann immer nachgebe, da es ja darauf ankomme, daß er zufrieden sei. Daß sie sich dennoch partiell durchsetzen kann, daß es sich also nicht um totale Hemmungen handelt, wird deutlich, wenn sie hinzufügt: »Als meine Mutter krank geworden ist, da habe ich ihr geholfen. Mein Mann ist zwar dagegen gewesen, ich habe mich da aber doch durchgesetzt und bin hingefahren. Auch bei den Kindern kann ich mich besser durchsetzen als bei meinem Mann. Das Symptom selber führt nicht nur orale Impulse ab, sondern es ist auch, indem es einen Gesetzesbruch darstellt, eine aggressive Handlung. Allerdings handelt es sich dabei um ein Sichdurchsetzen auf indirektem Wege. Und das ist für die Aggressivität dieser Patientinnen auch in anderen Bereichen typisch: Zwar setzen sie sich durch, aber auf stillen, indirekten Wegen. Diese stillen und indirekten Wege müssen sie wählen, eben weil sie aggressiv gehemmt sind.

In psychodynamischer Hinsicht müssen drei Aspekte unterschieden werden:

1. »Ich träumte, es war in unserer Wohnung. (Nämlich jener, in der sie mit ihrem Ehemann wohnte.) Meine Schwester brachte ein Mädchen zu Besuch. Es sollte einige Zeit bei uns wohnen. Wir waren eigentlich gar nicht dafür. Als mein Mann und ich einmal nach Hause kamen, hatte das Mädchen unser gesamtes Wohnzimmermobiliar ausgeräumt und ihr eigenes komplettes Mobiliar hineingestellt. Ich sagte ihr dann, daß das nicht ginge. Sie solle das wieder ändern. Sie schimpfte erst, aber dann tat sie es. Am anderen Morgen saßen wir am Frühstückstisch. Es fehlte Butter und ich erklärte mich bereit, welche zu holen. Ich ging ein ganzes Stück über eine belebte Geschäftsstraße. Als ich dann das Geschäft erreichte, hatte ich das Geld nicht mehr. Enttäuscht und plötzlich ängstlich ging ich zurück, wobei ich ruhigere Straßen wählte. Plötzlich war mein Mann bei mir. Wir gingen zusammen, als ich auf der Straße einen Ring, einige Ketten und einen Brief liegen sah. Mein Mann wollte weitergehen, ich jedoch wollte den Schmuck auf jeden Fall haben. Ich hob zuerst den Ring auf. Er war aus Silber. Dann die anderen Sachen. Ich hatte vor, die Sachen zu behalten. Wir setzten uns beide und betrachteten alles. Die Briefe waren von einem Italiener an eine Deutsche gerichtet. Wir versuchten, das Geschriebene zu entziffern, was uns jedoch nicht gelang. Ich sagte plötzlich, daß an der Ecke eine Polizeistelle sei, dort könnten wir die Dinge abgeben. Wir packten alles zusammen und gingen.«

Es handelt sich um eine Patientin, die wegen Platzangst vor belebten Straßen in analytischer Behandlung stand. Während der Behandlung wurde sie schwanger, und in dieser Zeit, aus der der Traum stammt, beging sie Ladendiebstähle. Auch bei ihr fand sich die für Hyperemesis typische Konflikthaftigkeit. Der Traum enthält unter anderem das Erleben, oral zu kurz zu kommen; und der Traum enthält die aggressive Gehemmtheit, die Überschwemmung durch orale Impulse und die Rolle der noch zu schildernden Schuldgefühle. Darin, daß sie die ersehnten Dinge einfach auf der Straße findet, spiegelt sich auch die passive Erwartungshaltung wider.

2. Stehlen in der Schwangerschaft tritt auch im Dienste eines Nestbautriebes auf, also im Dienste eines Teilaspektes der Mütterlichkeit. Gerade diese Frauen zeigen ganz besonders deutlich die archaische, starre und unplastische Mütterlichkeit, von der noch die Rede sein wird. Eine Frau zum Beispiel, die in der Aufopferung für ihre drei Kinder alle Grenzen der Vernunft überschritt und kaum noch die Befriedigung eigener Bedürfnisse kannte, äußerte plötzlich im Verlauf einer analytischen Behandlung den brennenden Wunsch, das uneheliche Kind einer Bekannten zu adoptieren. Als Begründung wies sie darauf hin, daß sie ja von ihren drei Kindern nicht das gehabt habe, was sie erwartete. Diese Frau stand also ganz stark unter dem Einfluß eines Dranges nach Mutterschaft. Sie muß mit ihren drei Kindern vollauf genug zu tun haben, möchte aber ein weiteres Kind annehmen. Auch das sonstige analytische Material drückte zum großen Teil einen Nestbauinstinkt aus. So beschrieb sie ständig eine Familienidylle, in der der Mann im Garten arbeitet und sie in der Küche kocht und auf die Kinder und die vielen Haustiere aufpaßt.

Diese beiden verschiedenen Motive für Stehlen in der Schwangerschaft äußern sich auch in verschiedenen Objekten, die gestohlen werden: einmal handelt es sich nämlich um Dinge zum persönlichen Gebrauch wie Toilettenartikel, Kleidungsstücke, Schokolade, Pralinen und so weiter. Nicht selten aber werden in der Schwangerschaft Haushaltsgegenstände und Wohnungseinrichtungsgegenstände gestohlen.

Die in der Schwangerschaft gestohlenen Nahrungsmittel oder Wohnungseinrichtungsgegenstände können im Erleben der Frau eine enge Beziehung zu der eigenen Mutter haben. Der Diebstahl eines Fotos, das die Mutter darstellt, wäre insofern besonders typisch. Sowohl der Trieb, ein eigenes Nest zu bauen, als auch die Sehnsucht nach der Mutter können also beim Stehlen in der Schwangerschaft eine Rolle spielen. Man erkennt die Verwandtschaft zur Thematik beim Schwangerschaftserbrechen, wo ja auch ein Zusammenhang zwischen dem Thema Mutter und der Oralität besteht.

Beim Stehlen außerhalb der Schwangerschaft findet sich oft eine entsprechende Persönlichkeitsstruktur. Nur ist dann die Quelle, aus der heraus es zu einer aktuellen Überschwemmung durch orale Impulse kommt, anders. Sowohl innerhalb als auch außerhalb der Schwangerschaft steht vor dem Stehlen oft das Erleben der Enttäuschung, eine Verzweiflung, depressive Verstimmung. Auch bei Fällen von Stehlen außerhalb der Schwangerschaft tritt das Stehlen mitunter immer dann auf, wenn ein Verlust der Mutter erlebt wird; in einem Fall zum Beispiel als diese ins Krankenhaus mußte. Daß aber Schwangerschaft von den hier geschilderten Frauen mitunter als ein drohender Verlust der eigenen Mutter erlebt wird, ist schon dargestellt worden.

3. Frauen, die in der Schwangerschaft Diebstähle begehen, erleben manchmal fast voll bewußt das Bedürfnis, Verbotenes zu tun. Daß dieses Bedürfnis, Verbotenes zu tun, dazu dient, eine Strafe zu provozieren, damit Schuldgefühle vermindert werden, ist den Frauen schon weniger bewußt, wird aber dennoch sehr deutlich verbalisiert. Eine Frau zum Beispiel hatte mehrere Nächte lang geträumt: »Ich gehe in einen Laden und stehle was. Ich werde verfolgt. Ich laufe gegen eine Wand oder falle in eine Grube und kann nicht weitergehen, wenn die Verfolger kommen.« In der gleichen Zeit hatte sie entsprechende Tagesphantasien: »Jeder seriös aussehende Herr kommt mir verdächtig vor, ich vermute, daß der dann ein Kriminalbeamter ist, der hinter mir her ist. Ich fühle mich dann eingeengt und fühle mich überall verfolgt. Wenn einer auf gleicher Höhe mit mir geht, fühle ich mich beobachtet. Ich denke dann, daß man mir das ansehen muß.« Wenn sie in den erwähnten Träumen oder in diesen erwähnten Tagesphantasien erwischt wird, fühlt sie eine Art Erleichterung und Zufriedenheit: »Denn ich denke dann, du wirst verfolgt. Dann denke ich: Na ja, dann kann dir ja nichts passieren; so daß ich so'n Gefühl der Sicherheit da bekomme!« Als sie dann tatsächlich einen Ladendiebstahl beging, ließ sie sich entsprechend diesen Träumen und Phantasien mit dem Gefühl einer inneren Erleichterung – man möchte fast sagen absichtlich – erwischen: »Ich war ja schon auf dem Moped, schon 200 Meter weg. Als die Besitzerin mich dann zurückrief, war ich vollkommen willenlos. Ich bin abgestiegen und zurückgegangen. Und ich habe dann das Gefühl, na, es muß so sein.« Diese Frau stahl also, um unbewußte Schuldgefühle durch Strafe zu mildern, aber das allein war kein hinreichender Grund für ihr Stehlen. Daß sie diesen Zweck ausgerechnet durch Stehlen zu erreichen suchte, hing auch damit zusammen, daß durch die Schwangerschaft bei Vorhandensein einer entsprechenden Persönlichkeitsstruktur orale Impulse mobilisiert worden sind.

Übrigens besteht ein innerer Zusammenhang zwischen der gestörten Oralität dieser Frauen und den Schuldgefühlen. Man findet nicht selten die irrtümliche Meinung, daß orale Störungen wie Wunschlosigkeit, fehlender Besitzwille und so weiter dadurch bedingt seien, daß das Kind in Armut aufgewachsen ist. Orale Hemmungen kommen aber nicht daher, daß nicht alle oralen Wünsche in der Kindheit befriedigt werden konnten, sondern sie kommen daher, daß die Wünsche von den Eltern als schuldhaft hingestellt worden sind. Wenn dem Kind sachlich erklärt wird: »Ich verstehe, daß du das und das gern haben möchtest, aber du weißt doch, daß wir nicht soviel Geld haben«, dann werden die Wünsche des Kindes nicht abgedrosselt, und es werden keine Schuldgefühle in bezug auf Besitzwünsche erzeugt. Anders ist es, wenn die Eltern vorwurfsvoll ausrufen: »Du weißt doch, daß wir arm sind! Und da wünschst du undankbares Kind dir das und das!«

Schuldgefühle haben aber wiederum etwas mit Aggressivität zu tun, indem eine als aggressiv erlebte verbietende Instanz in der Außenwelt in das eigene Urteil übernommen wird. Eben wegen dieser aggressiven Note von Schuldgefühlen spricht man ja auch von Gewissensbissen. Wenn die oben beschriebene Patientin dranghaft etwas Verbotenes tun wollte, so ist darin auch eine Komponente von Trotz enthalten, also ein nicht ausgereiftes aggressives Verhalten.

Auch beim Stehlen findet sich wieder ein Übergang von oralen zu aggressiven Impulsen. In gewisser Weise nehmen die oralen Impulse selber beim Stehlen eine aggressive Färbung an. Auf dieses Thema wird noch bei der Erörterung der Entwicklungsstufen der Mütterlichkeit zurückzukommen sein.

Nacht und Racamier (36) beschreiben in einem Fall von Bibliotheks- und Warenhausdiebstählen die Rolle, die der Wunsch spielt, um jeden Preis bestraft zu werden. Für die Erörterung des hier beschriebenen Bündels zusammengehöriger Symptome ist es interessant, daß diese Patientin nach der Geburt des Kindes eine depressive Psychose bekam.

In der psychoanalytischen Literatur wird Kleptomanie häufig auf die Wirksamkeit des Penisneides zurückgeführt; so auch von Karl Abraham (1) und Otto Fenichel (12). Eine derartige Quelle des Stehlens wird am ehesten der Tatsache gerecht, daß Kleptomanie vor allem bei Frauen vorkommt. Auch bei den eigenen Fällen von Stehlen in der Schwangerschaft gehört eine Gruppe nicht in den in dieser Abhandlung diskutierten Erlebenszusammenhang der oralen Konkurrenz. Diese anderen Frauen, die in der Schwangerschaft stahlen, sehen schon rein deskriptiv anders aus, und sie stehlen auch andere Objekte, nämlich Gegenstände, die mit dem Erosbereich zu tun haben wie etwa Kosmetika und so weiter. Bei diesen Frauen wird das Erleben der Schwangerschaft von Konkurrenzgefühlen dem Mann gegenüber getönt.

Freilich ist der Unterschied zwischen beiden Gruppen nicht ganz so groß, wie es auf den ersten Blick erscheinen mag. Beide Gruppen von Frauen haben das Gefühl gemeinsam, zu kurz gekommen zu sein: die einen hinsichtlich des Penis oder hinsichtlich all der Möglichkeiten des Mannes, für die der Penis als Symbol stehen mag; die anderen hinsichtlich der oralen Befriedigungsmöglichkeiten. Daß Frauen zu dem Gefühl neigen, im oralen Bereich zu kurz gekommen zu sein, ist aus manchen kulturellen Gegebenheiten heraus durchaus verständlich; denn die Männer haben häufig mehr Verfügungsgewalt über die Güter dieser Welt.

Übrigens sieht auch schon die alte psychoanalytische Literatur, die die

Kleptomanie so weitgehend auf die Wirksamkeit des Penisneides zurückführte, Zusammenhänge, die mit der hier geschilderten Persönlichkeitsstruktur übereinstimmen. Karl Abraham (1) sagte, daß diejenigen Frauen zur Kleptomanie neigen, die vor offener Aggressivität Angst haben und »Diebstahl« an die Stelle von »Raub« setzen würden. Und Otto Fenichel (12) folgert aus den verschiedensten Literaturstellen: wenn es stimme, daß die Dinge, die gestohlen werden, sowohl vor einem Verlust des Selbstwertgefühles als auch vor einem Liebesverlust schützen würden und daß sie Schutz und Vergebung bedeuten würden, dann müsse das gestohlene Objekt ja notwendigerweise eine symbolische Repräsentanz der Muttermilch sein.

Appetitmangel und Aversion gegen bestimmte Speisen

Auch Symptome wie Appetitmangel, Überempfindlichkeiten und Ekelgefühle lassen schon in ihrer äußeren Form erkennen, daß sie mit Essen, also mit oralen Impulsen zu tun haben. Dabei besteht aber ein Unterschied zu den Symptomen der vorigen Gruppe. In den Abschnitten über Heißhunger, Fettsucht, Schwangerschaftsgelüste, Ptyalismus und Stehlen in der Schwangerschaft handelte es sich um Symptome, in denen ein oraler Impuls ziemlich unverschleiert zum Ausdruck kommt. Im Gegensatz dazu handelt es sich bei Appetitmangel, Überempfindlichkeiten und Ekelgefühlen um Symptome, die mehr von der Abwehr oraler Impulse geprägt sind.

Während man normalerweise in der Schwangerschaft eher eine Belebung der Appetenz findet, besteht manchmal, insbesondere zu Anfang der Schwangerschaft, ein ausgesprochen geringer Appetit oder sogar eine Aversion gegen alle Nahrungsaufnahme oder aber gegen bestimmte Speisen. Auch die Geruchsempfindlichkeiten müssen meistens als ein orales Symptom aufgefaßt werden, denn sie richten sich meistens gegen Küchengerüche. Schwangere suchen den Psychotherapeuten kaum je wegen solcher Symptome wie Appetitmangel, Überempfindlichkeiten oder Ekelgefühlen auf. Die Befunde zu diesen Symptomen beruhen daher lediglich auf gelegentlichen Beobachtungen.

Allein schon die äußere Form der Symptome zeigt an, daß es sich auch hier wieder um Hemmungen oralen Erlebens handelt. Man kann an den Symptomen selber ablesen, daß die Abwehr der oralen Impulse bei dieser Gruppe stärker als bei den eben erwähnten eher suchtähnlichen Symptomen ist. Die Abwehr oraler Impulse ist aber schwächer als bei den noch zu erwähnenden Depressionen im Wochenbett. Im Vergleich zu Hyperemesis gravidarum, Sodbrennen und Ptyalismus ist zu sagen, daß der Appetenzanteil der oralen Impulse so weit abgewehrt wird, daß die orale Physiologie nicht in Gang kommt, daß es also nicht zu einer psychosomatischen Symptomatik kommen kann.

Die Beobachtung der Patientinnen selber entspricht dieser Folgerung. Die oralen Gehemmtheiten sind in der Persönlichkeitsstruktur im allgemeinen nur mäßig stark ausgebildet; abgesehen allerdings von einigen Fällen, in denen es sich um eine schwere Symptomatik handelte. Die Hemmungen sind aber stark genug, um die durch die Schwangerschaft stimulierten oralen Wünsche dem Bewußtsein fernzuhalten, so daß sie in Form einer Symptomatik abgeführt werden müssen. Die hier diskutierte Gruppe von Symptomen wird daher auch in der Mehrzahl der Fälle berechtigterweise als eine fast normale Begleiterscheinung der Schwangerschaft aufgefaßt.

Gehemmtheiten im aggressiven Erlebensbereich sind bei dieser Gruppe von Patientinnen im allgemeinen nicht sonderlich aufgefallen. Auch im Symptom selbst ist ja eine aggressive Thematik nicht erkennbar.

Da das eigene Beobachtungsgut zu dieser Gruppe von Symptomen sehr viel weniger umfangreich ist, als es für die anderen zur Diskussion stehenden Symptome zutrifft, kann hinsichtlich des zugrundeliegenden Konfliktes nur gesagt werden, daß auch hier in einigen Fällen das untergründige Gefühl einer oralen Konkurrenz mit dem Kind zum Ausdruck gekommen ist. Die Frage aber, ob regelmäßig ein derartiger Konflikt zugrunde liegt, kann nicht beantwortet werden.

Zur Unterstützung dafür, daß Eßhemmungen zumindest mitunter auf einen Konflikt um orale Konkurrenz zurückzuführen sind, kann ein Fall von Franz Alexander angeführt werden (2). Freilich handelt es sich in diesem Fall nicht um ein Symptom während der Schwangerschaft, vielmehr handelt es sich um orale Konkurrenz den Geschwistern gegenüber. Eine 26jährige Frau konnte nicht in der Öffentlichkeit essen. Unbehindert konnte sie nur das essen, was ihr die Mutter zu Hause auftischte. Sie war die älteste von sieben Geschwistern. Der faule und schwächliche Vater hatte, noch während die Kinder ganz klein waren, jeden Versuch aufgegeben, die Familie zu ernähren. Die Familie verfiel in Armut, und die Patientin fing frühzeitig an, mittels ihres eigenen Verdienstes zum Unterhalt der Familie beizutragen. Bei jeder erneuten Schwangerschaft der Mutter hatte sie aber bittere Gefühle. Denn jedes neue Kind beraubte sie noch mehr der Zuwendung der Mutter, und jedes neue Kind vergrößerte ihre eigene Last, weil ein weiterer Mund gefüttert werden mußte. Soweit würde dieser Fall den eigenen Beobachtungen weitgehend entsprechen. Alexander führt das Symptom aber auf die Wirksamkeit der

Schuldgefühle zurück. Die verdrängten bitteren Gefühle gegen die Mutter hatten nämlich zu Schuldgefühlen geführt, und diese Schuldgefühle seien »aus spezifischen Gründen«, die nicht näher ausgeführt werden, mit Essen und mit Sexualität in Verbindung getreten, welche daher beide gehemmt worden seien. Franz Alexander führt Eßphobien und eine allgemeine Appetitlosigkeit überhaupt am ehesten auf Schuldgefühle zurück. Das Fasten, das der Patient sich selbst auferlegt, sei ein Mittel, tiefsitzende Schuldgefühle zu beschwichtigen. Richardson würde gezeigt haben, daß ein gewaltsames Durchbrechen des Symptoms ohne eine eingehende psychotherapeutische Behandlung selbstzerstörerische Tendenzen und sogar Suizidversuche auslösen kann (40).

Das eigene beschränkte Erfahrungsgut hinsichtlich Appetitmangel, Nahrungsmittelaversionen und Ekelgefühlen hat zwar wenig Schuldgefühle zur Beobachtung gebracht, kann die Bedeutung von Schuldgefühlen aber nicht ausschließen. Der Konflikt um die orale Konkurrenz von seiten des Kindes braucht aber keineswegs immer mit Trotz beantwortet zu werden, wie es bei der Hyperemesis gravidarum zutrifft. Der Umstand, daß das Kind als oraler Konkurrent erlebt wird, kann sehr wohl auch zu schweren Schuldgefühlen führen. Davon wird bei der Depression im Wochenbett die Rede sein.

In vereinzelten Fällen der jetzt diskutierten Symptome gab es aber Hinweise dafür, daß Trotz eine Rolle spielte. Hier zeigte die scheinbar rein orale Symptomatik also doch eine Beziehung zum aggressiven Erleben. Auch in der Umgangssprache heißt es ja mitunter: »Wenn ich den und den schon rieche, wird mir schlecht«. Bei Kindern besteht oft ein deutlicher Zusammenhang zwischen abgewehrter Oralität und nicht gewagter Aggression. Wenn ein Kind es nämlich nicht wagt, die Mutter direkt abzulehnen, mag es wenigstens die Nahrung, welche die Mutter ihm gibt, ablehnen und sagen, es schmeckt nicht.

O. Fenichel (12) erklärt »Phobien vor bestimmten Nahrungsmitteln« dadurch, daß diese betreffenden Nahrungsmittel mit unbewußten Konflikten in Zusammenhang getreten sind; entweder durch historische also lebensgeschichtlich bedingte Assoziationen oder durch ihre symbolische Bedeutung.

Diese Bemerkung bezieht sich zwar nicht speziell auf die Schwangerschaft. Sie leitet aber zu der Beobachtung über, daß die Nahrungsmittel- und Geruchsaversionen in der Schwangerschaft bisweilen über ihre orale Komponente hinaus auch auf andere Zusammenhänge hinweisen. Es kommen zum Beispiel Empfindlichkeiten gegen Zigarrengeruch vor. Es muß offen gelassen werden, ob es sich dabei um eine Überempfindlichkeit gegen den Mann, sozusagen gegen den Männergeruch, handelt, oder ob dabei lediglich eine orale Thematik zum Ausdruck kommt: Mißgunst dem gegenüber, was andere genießen. Auch die Aversion gegen manche Nahrungsmittel wie etwa gegen Spargel oder ähnliche Phallussymbole erinnert an die Beziehung zum Mann. Solche Überempfindlichkeiten gegen phallusähnliche Nahrungsmittel bestehen in manchen Fällen lediglich während der Zeit der Schwangerschaft.

Es muß also offen bleiben, inwieweit in den Aversionen außer der Furcht vor oraler Konkurrenz auch andere Konflikte zur Geltung kommen. Die weitgehende Rolle der sekundären Überlagerungen ist ja schon bei dem Schwangerschaftserbrechen ausführlich diskutiert worden. Bei allen hier diskutierten Erkrankungen zeigen die individuellen Fälle eine Mannigfaltigkeit und Variationsbreite des Erlebens, die die dennoch vorhandenen, hier beschriebenen Gemeinsamkeiten nur allzuleicht verdecken können. Wulff (49) zum Beispiel beschreibt, wie auf der Grundlage oraler Behinderungen das sexuelle Erleben einen »gierigen und unersättlichen« Charakter annehmen kann und daß der Geschlechtsverkehr dann unter der Phantasie einer »dreckigen Mahlzeit« erlebt werden kann.

Der Eindruck, daß bei den Aversionen gegen Phallussymbole noch andere Dinge eine zusätzliche Rolle spielen, wird durch einige Beobachtungen über die Persönlichkeitsstruktur solcher Frauen unterstützt. Während nämlich bei den sonstigen Nahrungsmittelaversionen keine sonderlichen Gehemmtheiten im aggressiven Erlebensbereich aufgefallen waren, hatten bei Fällen wie Aversion gegen Spargel aggressive Gehemmtheiten sogar eine recht ausgeprägte Rolle gespielt. Die Unfähigkeit, sich selbst behaupten zu können, und Ressentiments gegen den Mann während der Zeit der Schwangerschaft gingen da Hand in Hand.

Es soll eine weitere Denkmöglichkeit erwähnt werden, für die aber kein überzeugendes Material zur Beobachtung gekommen ist. Bei Appetitmangel und Aversionen mag das Erleben vielleicht manchmal nach dem Motto erfolgen: »Ich will nicht essen, weil ich kein Kind will.« Das wäre eine Art Magersuchtskomponente und würde den Vorstellungen von Helene Deutsch über das Schwangerschaftserbrechen relativ nahe kommen. Auch Susanne Hupfer glaubt in der erwähnten Arbeit (22) aus Sagen und Folklore folgern zu können, daß in der Schwangerschaft vorkommende Ekelgefühle und Aversion gegen Speisen als eine Ablehnung der oral vorgestellten Befruchtung aufzufassen ist. Wenn dieser Fall »Ich will nichts essen, weil ich kein Kind will« tatsächlich vorkommen sollte, könnte das auch eine Verkehrung ins Gegenteil der schon erwähnten weitverbreiteten Meinung sein, daß die Schwangere für zwei essen müsse.

Ekelgefühle

Bei keinem der in dieser Abhandlung diskutierten Symptome ist der psychodynamische Hintergrund so vielgestaltig, wie es für die Ekelgefühle zutrifft. Schon allein in deskriptiver Hinsicht besteht eine merkwürdige Mannigfaltigkeit. Sowohl Aversion gegen bestimmte Speisen als auch Schwangerschaftserbrechen können mit Ekelgefühlen einhergehen, sind aber auch oft frei von Ekelgefühlen. Anderseits kann merkwürdigerweise Ekelgefühl gleichzeitig mit extrem gesteigertem Appetit auftreten. Bei einer Patientin zum Beispiel wurde die Hyperemesis gravidarum von einem Widerwillen gegen Speisen und Gerüche eingeleitet. Während der Zeit des Erbrechens hatte sie sowohl Ekelgefühle als auch einen enorm gesteigerten Appetit. Es war bei ihr schwer zu entscheiden, ob die Ekelgefühle und der gesteigerte Appetit wirklich gleichzeitig oder eher alternierend auftraten.

Der ursprüngliche biologische Zweck von Ekelgefühlen ist es, den Körper vor der Aufnahme schädlicher Stoffe zu schützen. Nunberg führt in seinem Lehrbuch aus, daß das Ekelgefühl sowohl psychologisch als auch physiologisch dem Hunger und dem Appetit entgegen geht, nämlich als entgegengerichtete Gefühlsrichtung und als entgegengerichtete Innervation der Schlund- und Magenmuskulatur. Das erstarkende Ich lernt es aber alsbald, diesen ursprünglichen biologischen Abwehrmechanismus für seine Zwecke zu gebrauchen. So können Ekelgefühle orale, anale, aggressive und genitale Tendenzen abwehren. Unter dem Einfluß des Über-Ichs können Ekelgefühle auf alles Verbotene gerichtet werden: »Ich will das nicht; das ist mir zuwider; das stimmt mit mir, mit meinen Wünschen und Interessen nicht überein.« Ekelgefühle können damit eine gewisse Beziehung zu Schuldgefühlen bekommen.

Ekel schützt also vor dem oralen Triebziel, vor dem Wunsch der Einverleibung, etwa bei schlechten Speisen oder bei Überfütterung. Dabei wendet sich Ekel insbesondere gegen ein anal anmutendes Objekt des Einverleibungswunsches. Ekel schützt vor Kot, vor Schmutzigem, Faulem, Stinkendem. Bohnen können an Kot erinnern, und auch Ekel vor Spinat kann eine anale Nuance haben. Ekel schützt weiterhin vor kannibalistischen Tendenzen. Wenn das Kind die Ablehnung der Mutter nicht aussprechen darf, kann es statt dessen bestimmte Speisen, die die Mutter zubereitet hat, ablehnen, weil diese auf einmal Ekelgefühle hervorrufen. Der Zusammenhang mit dem aggressiven Erlebensbereich zeigt sich auch in Ausdrücken wie »Du bist mir eklig; du bist ein Ekel; du ekelst mich an«. Ekelgefühle als Abwehr von genitalen Versuchungen können bei Hysterie und bei Frigidität eine Rolle spielen. Wenn Ekelgefühle als Ausdruck moralischer Entrüstung auftreten, dürfen wir die Abwehr einer geheimen Versuchung annehmen.

Alle diese Hinweise machen es deutlich, daß Ekelgefühle in der Schwangerschaft in einem weiteren psychologischen Zusammenhang stehen können, als es für die übrigen hier diskutierten Symptome gilt. Wir finden nicht dieselbe Gleichmäßigkeit der psychodynamischen Verhältnisse. Vier Möglichkeiten seien erwähnt:

In einer Reihe von Fällen war es deutlich erkennbar, daß die Frauen mit Ekelgefühlen in der Schwangerschaft eine Überschwemmung durch die plötzlich mobilisierten oralen Impulse abwehrten. Im Gegensatz zu den Frauen mit Appetitmangel und Aversionen allein tritt hier zu der Verdrängung eine Reaktionsbildung hinzu. Dabei gaben auch diese Frauen zu verstehen, daß sie untergründig das Kind als einen oralen Konkurrenten erlebten.

In anderen Fällen war zu beobachten, daß der Ekel mit Phantasien aus anderen Erlebensbereichen überlagert war, insbesondere mit abgewehrten sexuellen Phantasien. Es sei an die eben erwähnte Aversion vor Spargel erinnert. Orale Gehemmtheiten in der Persönlichkeitsstruktur fehlten auch in diesen Fällen nicht.

Für das Kind ist der Bauchraum mit der vagen Vorstellung verbunden, daß darin alles durcheinander enthalten sei: Kot, Urin, Nahrung und Kinder. Es ist eine Denkmöglichkeit, die jedoch nicht durch eigene Beobachtung belegt ist, daß die Aktivierung einer derartigen kloakenartigen Phantasie zu der Entstehung von Ekelgefühlen in der Schwangerschaft führen könnte.

Der Umstand, daß das Über-Ich Ekelgefühle in seinen Dienst stellen kann, wurde durch die Wendung »Ich will das nicht; das ist mir zuwider; das stimmt mit mir, mit meinen Wünschen und Interessen nicht überein« erklärt. Dasselbe Gefühl kann sich als Reaktion auf das Eintreten einer Schwangerschaft einstellen. Wenn dieses Gefühl mehr die Akzentuierung des Zagens vor dem numinosen Aspekt hat, kommt es eher zu den schon beschriebenen Schwindelgefühlen, die eine Beziehung zum religiösen Erleben haben. Wenn die Akzentuierung aber mehr bei den eigenen Interessen liegt, wenn es sich also im engeren Sinne um das Gefühl handelt, daß die Schwangerschaft mit dem eigenen Ich, mit den eigenen Wünschen und Interessen nicht übereinstimmt, kann es – ähnlich wie beim Über-Ich – zu dem ursprünglichen biologischen Abwehrmechanismus kommen, mit dem der Organismus sich vor schädlichen Stoffen schützt, nämlich zu Ekelgefühlen. Dieses Gefühl kann aber auch auf Speisen und Gerüche verschoben werden, und es kommt zu Appetitmangel und Aversionen.

Nahrung und Fetus werden hier in der Tat, so wie H. Deutsch es für ihre Theorie des Schwangerschaftserbrechens beschreibt, in der Phantasie gleichgesetzt. Es handelt sich ja um oral gehemmte Frauen, die immer und überall dazu neigen, die Dinge unter einem oralen Zusammenhang zu erleben. Nur ist das Ekelgefühl im Gegensatz zur Theorie von H. Deutsch nicht organisch, sondern psychisch bedingt. Und die feindlichen, gegen den Fetus gerichteten Impulse sind beim Schwangerschaftserbrechen nicht zur Beobachtung gekommen. Nicht jeder Konflikt muß unbedingt die Phantasie hervorrufen, er sei nur durch Mord zu lösen. Auch handelt es sich ja beim Ekelgefühl eher um eine mangelnde Bejahung als um eine entschiedene Ablehnung der Schwangerschaft. Es sei an die erwähnte Zweifelsschaukel erinnert. Daß aber Mordimpulse dem Kind gegenüber bei bestimmten Persönlichkeitsstrukturen durchaus eine Rolle spielen können, wird in dem folgenden Kapitel über Depressionen im Wochenbett Erwähnung finden.

Der Konflikt um die orale Konkurrenz von seiten des Kindes kann also mit den verschiedensten Reaktionen beantwortet werden. Es hängt von den Akzentsetzungen der im Grundsätzlichen immer gleichartigen Persönlichkeitsstruktur ab, wie die Frau mit diesem Konflikt umgeht.

Die so typische Persönlichkeitsstruktur wird weiter hinten als Bestandteil des Bildes archaischer Mütterlichkeit beschrieben werden. Wenn die eigene archaische Mütterlichkeit von der betreffenden Frau bejaht wird – was in unserem Kulturkreis nur schwer konfliktfrei möglich sein dürfte – kommt es zu keinerlei Symptomatik. Trotz aller oraler Konkurrenz hat die Frau eine in psychosomatischer Hinsicht komplikationslose Schwangerschaft und Entbindung. Es kommt also nicht nur auf die vorhandene Persönlichkeitsstruktur beziehungsweise auf das jeweils vorhandene Bild der eigenen Weiblichkeit an, sondern auch auf die Einstellung, die die Frau dazu hat. Die Einstellung dazu hängt weitgehend von sozio-kulturellen Faktoren ab.

Zwar sind in unserer Kultur die Verhältnisse so, daß in der Einstellung zum Kind die orale Konkurrenz immer gewichtiger geworden ist. Eine Frau mag diesem Konflikt sehr wohl ausgesetzt sein, ihm aber dennoch nur eine geringere Bedeutung beimessen; wenn sie zum Beispiel vornehmlich Stolz auf ihr Kind erlebt; wenn sie das Kind als einen kostbaren Besitz erlebt; wenn das Kind ihr also gewichtige andersartige Befriedigung gibt. Das ist einer der Gründe dafür, daß trotz des Vorliegens einer entsprechenden Persönlichkeitsstruktur kein Schwangerschaftserbrechen aufzutreten braucht, beziehungsweise dafür, daß es wohl bei der einen Schwangerschaft, nicht aber bei der nächsten Schwangerschaft derselben Frau auftritt. Anders ausgedrückt, zu der von den Behinderungen der Persönlichkeitsstruktur bedingten inneren Versagung muß noch eine äußere Versagung hinzukommen, damit eine Symptomatik auftritt: eine helfende Mutter mag zum Beispiel in der Schwangerschaft zur Verfügung stehen oder auch nicht. Das Ausmaß der äußeren Versagung kann also bei ein und derselben Frau von Schwangerschaft zu Schwangerschaft variieren.

Wenn die eingetretene Schwangerschaft zu zaghaftem Zaudern führt, beziehungsweise wenn der Konflikt um die orale Konkurrenz mit einer Zweifelsschaukel oder mit dem Gefühl beantwortet wird, daß die Schwangerschaft nicht mit dem eigenen Ich übereinstimmt, kann es zu der Skala von Symptomen zwischen Schwindelgefühlen, Übelkeit oder gar Ekelgefühlen kommen. Per Verschiebung vom Kind auf die Nahrung können Appetitmangel und Aversionen entstehen.

In der Reaktion auf die orale Konkurrenz kann die Erwartung, selbst zu kurz zu kommen, im Vordergrund stehen. Das kann zu einer Überschwemmung von nur mäßig stark abgewehrten oralen Impulsen führen, die in der Form von übermäßigem Speichelfluß, Schwangerschaftsgelüsten, Heißhunger, Fettsucht und Stehlen zum Ausdruck kommen.

Die Antwort der Frau kann hauptsächlich in untergründigem Ärger und untergründiger Rebellion bestehen, die sich im wesentlichen gegen die als versagend erlebte Mutter richten. In diesem Fall kommt es zu Erbrechen von Mageninhalt.

Schließlich kann es auch zu auf das Kind gerichteten Mordimpulsen kommen. Diese äußern sich entweder in entsprechenden Zwangsgedanken, oder sie können auch hinter einer Depression im Wochenbett verborgen sein.

Eine Untergruppe psychotischer Depressionen im Wochenbett

Nicht allzu selten treten einige Tage oder Wochen nach der Entbindung Depressionen auf. Es kann sich dabei um leichtere depressive Reaktionen oder auch um ganz schwere Depressionen handeln. Letztere sind durch tiefste Trauer und Niedergeschlagenheit sowie durch Einfallsarmut, Verlangsamung des Denkens und Gehemmtheit der Bewegungsabläufe gekennzeichnet. Oppressionsgefühle, welkes und gealtertes Aussehen, Appetitverlust, Gewichtsverlust, Schlafstörungen sind andere körperliche Beeinträchtigungen. Depressive Wahnformen können sich in Versündigungs-, Verarmungs- und Minderwertigkeitsideen zeigen. Diese schweren Depressionen werden in der Psychiatrie je nach Schulrichtung mit unterschiedlichen Namen belegt: vitale Depression oder endogene Depression oder in der amerikanischen Psychiatrie psychotische Depression.

Die Depressionen im Wochenbett zeigen sowohl hinsichtlich der zugrundeliegenden Konflikte als auch hinsichtlich der auslösenden Situation viele Variationen. Mit der auslösenden Situation sind die äußeren Umstände gemeint, mit denen die Frau nicht zurechtkommt und in der die Triebkräfte mobilisiert werden, die in das Symptom eingehen. Wenn das Thema der Depressionen im Wochenbett in seiner Gesamtheit zur Diskussion stünde, müßten also die unterschiedlichsten Dinge abgehandelt werden:

Der aus neurotischen Zusammenhängen heraus befürchtete Verlust des Ehemannes; perfektionistische Tendenzen und das Gefühl, den überwertig erlebten Anforderungen, zum Beispiel hinsichtlich Stillen oder Abpumpen der Milch, nicht gewachsen zu sein; die Vorstellung, daß ihr mit der Geburt das seit langem ersehnte nur gute Objekt, das außerdem nur ganz allein ihr gehörte, nämlich das Kind im Mutterleib, wieder verlorengeht; die Geburt als Verlust der innigsten Verbindung mit dem Kind und das Gefühl »allein bin ich unvollständig, nur mit dem Kind bin ich vollständig«; Beendigung des Zustandes der Schwangerschaft, der aus den verschiedensten emotionalen Problemen heraus idealisiert erlebt worden ist. Zum Jammertag im Wochenbett ist schon einiges gesagt worden, und die Bedeutung einer eventuellen symbiotischen Beziehung zur Mutter wird noch abgehandelt werden. Ein besonders häufiges Vorkommnis in dieser Reihe von Möglichkeiten sind depressive Reaktionen bei zwanghaften und perfektionistischen Frauen, die sich mit der ›zuverlässigen und einwandfreien Leistung‹, die das Kind in ihrem Erleben ihnen abverlangt, überfordert fühlen. Der Hausarzt, der diese Zusammenhänge kennt, hat hier die Möglichkeit, durch einen sachgerechten Umgang mit der Patientin recht entlastend wirken zu können.

Bei einer ganzen Reihe von schweren Depressionen im Wochenbett zeigte sich aber, daß sie in den hier erörterten Erlebenszusammenhang oraler Konkurrenz bei gehemmten oralen und aggressiven Trieben gehören. Nachdem die psychodynamischen Zusammenhänge bei Hyperemesis gravidarum schon zuvor aufgedeckt worden waren, kamen nämlich kurz hintereinander drei Fälle von schwerer vitaler Depression in intensiver psychoanalytisch orientierter Kurztherapie zur Beobachtung. Während die Patientinnen in einem anderen Krankenhaus gleichzeitig in stationärer psychiatrischer Behandlung standen, bekamen sie vier bis acht Wochen lang drei bis vier psychotherapeutische Behandlungsstunden pro Woche. Im Gegensatz zu der verbreiteten Auffassung, daß Depressionen psychotischen Ausmaßes keinerlei psychische Verursachung hätten, sondern nur eine Folge körperlicher Vorgänge seien, konnten in diesen drei anfänglichen und in mindestens sechs später untersuchten Fällen die folgenden Zusammenhänge festgestellt werden:

Das Kind war als ein oraler Konkurrent aufgefaßt worden; freilich zutiefst unbewußt nur, so muß betont werden. Dennoch kamen diese Gefühle in den depressiven Selbstanklagen und in unreflektierten Bemerkungen und Träumen deutlich zum Ausdruck. Die depressive Vorstellung zum Beispiel »meine Kinder werden verhungern müssen« ergibt sich aus der Verkehrung der Befürchtung, selbst infolge des Kindes verhungern zu müssen.

Der Konflikt führt auch hier zu einer Mobilisierung aggressiver Impulse. Dabei ergeben sich aber im Vergleich zum Schwangerschaftserbrechen drei Unterschiede:

Erstens spielen Schuldgefühle eine entscheidende Rolle.

Zweitens richtet der Ärger sich nicht nur wie bei der Hyperemesis gravidarum gegen die Mutter beziehungsweise gegen Mutter-Derivate, sondern er richtet sich auch gegen das Kind selber.

Drittens wird diese Wut gegen das eigene Selbst gerichtet.

Bevor diese Punkte eingehender erörtert werden, sei auch diesmal wieder die prämorbide Persönlichkeitsstruktur beschrieben. Dabei wird der Vergleich mit der Hyperemesis gravidarum zeigen, daß es sich beide Male um prinzipiell gleiche, aber unterschiedlich akzentuierte Persönlichkeitsstrukturen handelt. Es wird sich ferner zeigen, daß dieser Unterschied erklärt, warum es das eine Mal zu der einen und das andere Mal zu der anderen Symptomatik kommt.

Bei der Depression im Wochenbett sind sowohl die oralen Hemmungen als auch die Hemmungen im aggressiven Erlebensbereich bedeutend intensiver ausgeprägt als bei den anderen hier erörterten Symptomen und Erkrankungen. Mit anderen Worten, im prämorbiden Erscheinungsbild, also in der Persönlichkeitsstruktur, überwiegen im oralen und aggressiven Erlebensbereich die Ausfälle und Hemmungen bei weitem die Dennoch-Wirksamkeiten der Impulsrudimente. Es handelt sich um eine Hemmungsstruktur nach W. Schwidder (44). Das stellt einen Gegensatz zu den Haltungsstrukturen dar, die für die anderen erwähnten Symptome so typisch sind. Das Entscheidende für die Frage, ob es bei einer bestimmten Frau später zur Hyperemesis gravidarum oder zu einer vitalen Depression im Wochenbett kommen kann, ist das Ausmaß der Hemmungen im aggressiven Erlebensbereich. Bei den Frauen mit Depression ist die Aggressivität praktisch vollkommen gehemmt, und es finden sich kaum Dennoch-Wirksamkeiten dieser Impulse. Bei den Frauen mit Hyperemesis sind die aggressiven Hemmungen nicht ganz so intensiv, und die aggressiven Impulse färben, obgleich sie nicht vollbewußt werden, das manifeste Verhalten; zumindest bis zu einem gewissen Grade.

Von hierher erklären sich einige Fälle, die zur Überraschung des Beobachters keine Hyperemesis aufweisen, obgleich sie die für Schwangerschaftserbrechen so typische Persönlichkeitsstruktur in besonders ausgeprägtem Maße zeigen. In dieser besonderen Ausgeprägtheit liegt gerade der Unterschied. Der Unterschied zur Hyperemesis besteht ja gerade darin, daß bei den zur Depression neigenden Frauen die Aggressivität so sehr gehemmt ist, daß es weder zu aggressiv motivierter Innervation der Willkür-Muskulatur noch zu einer aggressiv motivierten Innervation der Gegend des Duodenums kommt. Diese Frauen können daher gar keine Hyperemesis entwickeln. Sie neigen aber zur Depression im Wochenbett. Da es bei den Frauen mit vitaler Depression im Wochenbett kaum zu Innervationen im Dienste oralen oder aggressiven Erlebens kommt, und da insbesondere auch der motorische Anteil der Impulse und ihr physiologisches Korrelat so stark unterdrückt sind, ist ein weiterer Befund verständlich. Die Anamnesen hatten nämlich ergeben, daß bei Frauen mit vitaler Depression im Wochenbett die hier beschriebenen psychosomatischen Symptome in der Schwangerschaft oder unter der Geburt kaum je vorgekommen sind, obgleich doch die so typische Konflikthaftigkeit vorliegt. Hyperemesis oder die verwandten Symptome kamen kaum vor, und die Geburten verliefen ausgesprochen leicht. Wenn das Kind dann aber tatsächlich geboren ist, wenn die Bedrohung der oralen Ansprüche der Mutter also unübersehbare Realität geworden ist, kommt es im Zusammenhang mit den mobilisierten aggressiven Impulsen zu einer vitalen Depression.

Eine der Frauen mit psychotischer Depression im Wochenbett hatte aber während der Schwangerschaft ununterbrochen essen müssen und eine entsprechende Gewichtszunahme gehabt. Zwar äußerte diese Patientin keine derartigen Phantasien, der Gesamtzusammenhang legte aber eine aggressive Komponente nahe: nämlich den anderen alles schnell wegzufressen, bevor diese dasselbe ihr antun könnten.

Der Umstand, daß die Frauen mit schweren Depressionen im Wochenbett im allgemeinen recht leichte und komplikationslose Geburten haben, ist ebenfalls, wie nebenbei bemerkt werden soll, eine Folge der Intensität der Verdrängungen und Hemmungen. Zu Störungen während der Geburt kommt es nämlich im allgemeinen eher bei weniger starken Hemmungen und bei bewußtseinsnäheren Konflikthaftigkeiten. Viele psychogene Gebärstörungen sind ja nur eine Folge davon, daß es aus Ängsten und Konflikten heraus zu einer unzweckmäßigen Innervation kommt: die vom Nervensystem kontrollierte Körpermuskulatur, Atemmuskulatur und so weiter wird so eingesetzt, daß der Gebärvorgang eher behindert als gefördert wird. Tief unbewußte Konflikte haben aber keine hinreichende Beziehung zu den Innervationen. Wenn jedoch während der Geburt selbst tief unbewußte Konflikte auf einmal relativ deutlich in das Bewußtsein eintreten, kommt es eher zu passageren schizophrenie-ähnlichen Zustandsbildern. Das hat die wiederholte Beobachtung im Kreißsaal gezeigt. Diese für die Psychosomatik der Geburtshilfe interessanten Dinge können hier nur in Abweichung von dem eigentlichen Gedankengang kurz angedeutet werden.

Die große Intensität der Hemmungserscheinungen im oralen und aggressiven Bereich ist also für die zu Depression im Wochenbett neigenden Frauen besonders kennzeichnend. Die durch die orale Konkurrenz mit dem Kind bedingten Konflikte sind übrigens genauso intensiv verdrängt worden. Weiterhin ist die Persönlichkeitsstruktur meist durch ungewöhnlich starke Verpflichtungsgefühle gekennzeichnet. Diese sind noch stärker ausgebildet als beim Schwangerschaftserbrechen. Hier besteht eine Beziehung zu einer Fehlentwicklung des Über-Ichs, die ja auch die Grundlage für die starken Schuldgefühle ist.

Wichtiger als die soeben geschilderte Form der Verarbeitung aggressiver Impulse ist die Richtung ihrer Anwendung und die Beziehung zu Schuldgefühlen.

Die jetzt diskutierte Untergruppe von Frauen mit Depression im Wochenbett war – wie es für alle depressiven Patienten überhaupt zutrifft – durch die Wirksamkeit von starken Schuldgefühlen charakterisiert. Dabei konnten die Schuldgefühle mit zwei unterschiedlichen Aspekten des zugrundeliegenden Konfliktes in Verbindung stehen. Die einen hatten deshalb Schuldgefühle, weil sie so schlecht und so selbstsüchtig seien, das gerade geborene Kind als eine zusätzliche Last, als einen Mitesser zu empfinden. Die anderen hatten deshalb Schuldgefühle, weil sie ihren Trieb nach vielen Kindern schon wieder befriedigt hatten, obgleich sie doch wissen, daß die zur Verfügung stehenden Mittel begrenzt sind. Schuldgefühle äußern sich in gegen das Selbst gerichteter Aggression – das Gewissen beißt – und spielen damit eine wesentliche Rolle im Zustandekommen der Depression.

Umgekehrt kann man diese Fälle auch vom Impuls her formulieren: Bei den zur Depression neigenden Frauen kann die Wut, die aus dem vorliegenden Konflikt heraus im Wochenbett mobilisiert wird, gar nicht erst ins manifeste Erleben eintreten. Sie wird vielmehr sofort reaktiv durch Schuldgefühle ersetzt. Sie richtet sich gleichzeitig gegen das eigene Selbst. Bei den weniger aggressiv gehemmten Frauen mit Hyperemesis gravidarum aber treten statt dessen Trotz und Revoltieren auf, und die Wut äußert sich nach außen hin.

Bei der hier diskutierten Untergruppe von psychotischen Depressionen im Wochenbett war die Aggressivität – ganz im Gegensatz zu den Verhältnissen beim Schwangerschaftserbrechen! – in einer erkennbaren Weise gegen das Kind gerichtet. Hier liegt eine weitere Quelle für die Schuldgefühle. Es ist ja der allgemeinen psychiatrischen Erfahrung hinreichend bekannt, daß man im Wochenbett nicht selten kindsmörderische Impulse antrifft. Bei den hier diskutierten Frauen werden solche Tendenzen zwar nicht bewußt, sie sind aber in Träumen, unreflektierten Bemerkungen und im Inhalt der depressiven Wahngedanken erkennbar. Die hier näher untersuchte Untergruppe von Depressionen im Wochenbett ordnet sich also der alten Erfahrung ein, daß Depressionen oft als Abwehr kannibalistischer, also oral-aggressiver Impulse aufzufassen sind.

In anderen Fällen richtet sich die in der Depression post partum wirksame Aggression primär gegen die Mutter der Patientin und nicht gegen das Kind. Zu den normalen psychologischen Veränderungen während der Schwangerschaft gehört es ja, daß ein besonders intensiver innerer Kontakt mit der Mutterimago eintritt, und unter Umständen auch zur eigenen Mutter. Die Schwangere ahnt, daß dieser intensive Kontakt zur Mutter und zur Mütterlichkeit nicht auf die Dauer erhalten bleiben kann: Sie empfindet die Drohung, daß die so schöne Einheit mit der Mutter, wie sie während der Schwangerschaft erlebt oder zumindest phantasiert worden ist, nun wieder aufhören muß. Das Erlebnis, Mutter zu werden, verbindet die junge Mutter zwar mit der eigenen Mutter, aber da die Schwangerschaft vielleicht noch mehr mit der eigenen Mutter verbindet, hat der Geburtsakt beziehungsweise der Zustand post partum auch die Bedeutung einer partiellen Trennung von der eigenen Mutter.

Orale Impulse und die Mutter als das Objekt der oralen Phase sind aber nur zwei verschiedene Aspekte ein und desselben Erlebnisbereiches, wie schon wiederholt erwähnt worden ist. Diese Frauen bringen im Verlauf einer psychotherapeutischen Behandlung deutlich zum Ausdruck, daß sie sich ja selber noch als ein Säugling erleben. Da sie sich noch als Säugling erleben, wird ihre orale Befriedigung gefährdet, was bei den drei oben erwähnten Fällen im Vordergrund stand. Da sie sich selbst noch als Säugling erleben, müssen sie aber auch, wenn sie mit ihrem realen Säugling im Arm dasitzen, ihre eigene Mutter vermissen. Und entsprechend der zur Diskussion stehenden Persönlichkeitsstruktur führt der Ärger auf die Mutter zur Depression.

Es mag wie ein Widerspruch klingen, wenn erst gesagt worden ist, der Ärger richte sich gegen das Selbst, und wenn dann gesagt worden ist, der Ärger richte sich gegen das Kind beziehungsweise gegen die Mutter. Für das Zustandekommen einer Depression ist es aber geradezu kennzeichnend, daß ein primär auf ein äußeres Objekt gerichteter Ärger nicht ins bewußte Erleben zugelassen wird. Obgleich die äußere Situation eine ärgerliche Reaktion hervorrufen müßte, zeigt sich im bewußten Verhalten und Erleben des Patienten nichts davon. Statt dessen wird die Wut gegen das eigene Selbst ausgetobt: nämlich in der depressiven Symptomatik, die ja bis zum Suizid gehen kann.

Die Beobachtung, daß es sich bei den hier geschilderten Fällen von vitaler Depression im Wochenbett im wesentlichen um die orale Konkurrenz dem Kind gegenüber und um die damit verbundenen Konflikthaftigkeiten handelt, wurde ex iuvantibus bestätigt. In der Medizin wird ja immer wieder einmal gern die Natur einer Erkrankung aus dem Mittel erschlossen, welches sich in der Behandlung als wirksam erwiesen hat. Nachdem die Zusammenhänge erst einmal erkannt waren, wurde nämlich bei einigen dieser Depressionen im Wochenbett im Verlauf einer Kurztherapie ganz zentriert auf die Opferhaltung und die daraus resultierende Konflikthaftigkeit dem Kind gegenüber eingegangen. Angeknüpft wurde dabei an die mannigfaltigen Manifestationen dieser Opferhaltung, wie sie sich in der Behandlungssituation dem Arzt gegenüber und auch auf der Krankenstation zeigten. Obgleich es sich um Fälle ganz schwerer vitaler Depression handelte, bei denen nach allgemeiner klinischer Erfahrung mit einer viel längeren stationären psychiatrischen Behandlung zu rechnen gewesen wäre, wurden mehrere derartiger Fälle in vier bis acht Wochen sehr gebessert, zum Teil bei ambulanter Behandlung.

Mitunter kann ein entsprechender Konflikt auch schon während der Schwangerschaft zu einer Depression führen. Eine Frau zum Beispiel verhütete anfangs in der Ehe die Empfängnis nach Knaus-Ogino. Sie war glücklich, daß diese Methode, an die sie sich aus Gewissensgründen gebunden fühlte, gut klappte. Schließlich wurde ein Kind geplant, und das Ehepaar war über die Geburt des Kindes sehr glücklich. Als danach wiederum nach Knaus-Ogino verhütet wurde, wurde die Frau, ohne daß es beabsichtigt war, erneut schwanger. Es trat alsbald eine schwere Depression auf. Auch hier handelte es sich um einen der bewußten Reflektion nicht zugängigen Konflikt, der etwa so zusammengefaßt werden kann: »Mein Gewissen erlaubt mir keine andere Verhütungsmethode. Da Knaus-Ogino aber nicht mehr zuverlässig funktioniert, muß ich entweder enthaltsam leben, oder aber es wird sich eine endlose Kinderschar einstellen. Dem aber bin ich aus meinen oralen Verunsicherungen heraus nicht gewachsen: die Kinder werden mich ganz auffressen.« Auch bei dieser Frau lagen orale Gehemmtheit, Verpflichtungsgefühle und eine vollständige Hemmung der Aggressivität vor.

Zum Zeitpunkt der Niederschrift dieses Kapitels wird eine Frau mit einer leichteren, neurotischen Depression im Wochenbett behandelt. Nach wenigen Behandlungsstunden verbalisierte sie eine ärgerliche Befindlichkeit, die sie zuvor nicht als solche erkannt hatte, unter der sie aber nach der Entbindung vom Tage der Entlassung aus dem Krankenhaus an gelitten hatte: »Das wurmt mich so, daß für den Mann das Leben weitergeht, für den ändert sich das nicht. Ich aber mußte meinen Beruf aufgeben! Daß der Mann andere Dinge nebenher der Familie vorziehen kann: seinen Beruf zum Beispiel; daß, wenn er sich für irgendeine Sache engagierte, die Familie hintenan steht ... Ich sorge für das Kind, und er hat es so schön in seinem Beruf! Und er hat Bekannte im Beruf, und ich habe das Gefühl, das geht von meiner ursprünglichen Vorstellung ab, daß man zusammenlebt und zusammenwächst in der Liebe und in der partnerschaftlichen Beziehung.« Der Fall steht zwischen den eingangs erwähnten andersartigen Konflikten, die zur Depression im Wochenbett führen können – hier der aus neurotischen Zusammenhängen heraus befürchtete Verlust des Ehemannes – und den oralen Konflikten. Zwar fürchtet diese Frau nicht um ihre orale Befriedigung im eigentlichen Sinn des Wortes, sie mußte aber doch etwas hergeben, nämlich ihren Beruf.

Bei der hier diskutierten Untergruppe von vitalen Depressionen im Wochenbett wird das Kind aber als ein oraler Konkurrent im engeren Sinne des Wortes aufgefaßt. In Zusammenhang damit kommt es zur Mobilisierung oral-aggressiver Impulse, die so stark gehemmt sind, daß sie erst durch das sichtbare Vorhandensein des Kindes so weit mobilisiert werden können, daß es zu einer Symptomatik kommt.

Dieser Befund war eine Überraschung. Er stellte den ersten Schritt zu der Erkenntnis dar, daß die Konflikthaftigkeit und die Strukturverhältnisse, die zuvor bei der Hyperemesis gravidarum beobachtet worden waren, sich auch bei einem ganzen Bündel verwandter Symptome in der Schwangerschaft und während der Geburt finden. Erst danach wurden die schon mitgeteilten Beobachtungen über das Stehlen und die noch mitzuteilenden Beobachtungen über die zervikale Dystokie gemacht. Während es sich bei der Hyperemesis gravidarum und bei der zervikalen Dystokie um lang ausgedehnte systematische Untersuchungen handelte, kamen alle anderen Krankheitsbilder mehr zufällig im Verlauf der klinischen Arbeit zur Beobachtung.

Ärger während der Geburt und Rigidität des Muttermundes

Nachdem die geschilderten Zusammenhänge erkannt worden waren, galten diese Beobachtungen zunächst als abgeschlossen und die Hyperemesis gravidarum stand nicht mehr im Mittelpunkt des Interesses. Die systematische Beobachtung und Untersuchung wandte sich einem – wie es zunächst schien – ganz anderen Thema zu. Es wurden jetzt nämlich die psychogenen Gebärstörungen untersucht. Die meisten psychogenen Gebärstörungen haben in der Tat einen ganz anderen Hintergrund und sind auf den verschiedensten Wegen die Folge von Angst, die aus recht unterschiedlichen Quellen stammen kann. Während dieser neuen Untersuchungen hat sich aber die in der Literatur unbekannte Tatsache ergeben, daß nicht nur Angst, sondern auch Ärger zu gestörten Geburtsverläufen führen kann. Und es hat sich weiterhin ergeben, daß Angst einerseits und Ärger andererseits zu voneinander unterschiedenen Gebärstörungen führen (32).

Der Einwand ist berechtigt, daß bei Vorhandensein von Ärger untergründig auch immer eine Angst besteht, daß also letztlich alle psychogenen Gebärstörungen auf Angst zurückzuführen seien. Dieser Einwand läßt aber unberücksichtigt, daß in der unmittelbaren Kausalkette ein Teil der Gebärstörungen direkter Ausdruck von Angst ist, während ein anderer Teil direkter Ausdruck von Ärger ist. Die auf Ärger beruhenden Gebärstörungen müssen also deshalb von den auf Angst beruhenden getrennt werden, weil die Gebärstörungen mit dem jeweils relativ bewußtseinsnahen Affekt in Zusammenhang stehen.

Ärger während der Geburt führt – allerdings nur unter den noch zu schildernden Voraussetzungen – zu einer Rigidität des Muttermundes. Dabei finden sich zwei Untergruppen. Die eine Untergruppe zeigt eine ganz ähnliche Persönlichkeitsstruktur und auch eine verwandte – wenn auch nicht identische Konflikthaftigkeit wie Hyperemesis gravidarum. In der anderen Untergruppe ist die Rigidität nicht nur auf eine unterschiedliche Persönlichkeitsstruktur und Konflikthaftigkeit zurückzuführen, vielmehr ist auch die Entwicklung der Weiblichkeit einen Schritt über die archaische Mütterlichkeit hinaus gegangen.

Physiologisch ist der Muttermund – also der in die Scheide führende Ausgang der Gebärmutter – in der Eröffnungsperiode der Geburt weich. Er kann aber zu Beginn der Eröffnungsperiode rigide, also fest und starr, ja sogar steinhart sein, oder er kann es im Verlauf der Eröffnungsperiode werden. Leichtere Fälle von Rigidität des Muttermundes haben keine praktische Bedeutung. Wenn es aber infolge des damit erhöhten Widerstandes zu sehr schmerzhaften Wehen, zu einer Erhöhung der Grundspannung des Uterus und zu einer erheblichen Verlängerung der Eröffnungszeit kommt, spricht man von einer zervikalen Dystokie. Denn das Wort Dystokie bedeutet erschwerte Geburt und das Wort zervikal deutet auf den in die Scheide weisenden Teil der Gebärmutter, also auf den Gebärmutterhals und den Muttermund hin. Der Muttermund kann bei Vorliegen eines mechanischen Geburtshindernisses rigide sein oder auch nach eingeleiteter Geburt, wenn der Organismus also noch nicht zu spontanem Geburtsbeginn reif ist. Solche organisch bedingte Rigidität des Muttermundes fällt nicht in den Rahmen der vorliegenden Untersuchung. Hier ist nur von der funktionellen Rigidität des Muttermundes die Rede, die auf keine organische Ursache zurückzuführen ist.

Persönlichkeitsstruktur

Die Beobachtung von weit über fünfzig Fällen zeigt, daß die Frauen mit funktioneller Rigidität des Muttermundes regelmäßig unter der Einwirkung einer ärgerlichen Befindlichkeit stehen. Diese wird aber wegen Hemmungen im aggressiven Erlebensbereich im reflektierenden Bewußtsein nicht als deutlich erkennbarer Ärger erlebt. Dieser unbewußte, aber dennoch recht wirksame Ärger hat ein so typisches Erscheinungsbild, daß die Vermutungsdiagnose auf Stationsvisiten vor oder nach der Geburt, hier müsse es sich um eine Rigidität handeln, oft bestätigt wurde.

Das äußere Erscheinungsbild wird meistens mehr von den aggressiven Hemmungserscheinungen und den leisen Dennoch-Wirksamkeiten des Ärgers gekennzeichnet. Deutlicher erkennbare ärgerliche Verhaltensweisen sind weniger typisch. Zu Hause sind diese Frauen oft dominierend, haben, wie man so sagt, die Hosen an. Die Ehemänner dagegen erscheinen nicht selten sanft, weich und gefügig. Besonders charakteristisch ist die häufige Beschwerde dieser Frauen, daß die Schwestern im Krankenhaus oder sonst jemand dieses oder jenes falsch gemacht hätten. Während der Geburt findet man oft ein leises, unwilliges Stöhnen, wobei die Frauen aber meist völlig ruhig bleiben und während der ganzen Entbindung mitunter kaum einen Ton sagen. Es bietet sich das Bild eines stillen, aber dennoch irgendwie vorwurfsvollen und anklagenden Leidens. Wer aber nach dem im Ausdrucksverhalten sich widerspiegelnden Affekt forscht wird, wenn er nicht direkt von Ärger sprechen will, Worte gebrauchen wie mürrisch, verdrießlich, grämlich, schmollend, düster, übel gelaunt, trotzig, eigensinnig, widerspenstig. Mitunter wird dieser Stimmung ein etwas direkterer Ausdruck verliehen. Dann werfen diese Patientinnen sich unwillig hin und her; das Stöhnen bekommt mehr den Charakter eines den Schmerz nicht hinnehmenden Sichaufbäumens, oder es wird zu einem ärgerlich-hilflosen Winseln. Manchmal treten Ansprüche und Vorwürfe mehr in den Vordergrund wie bei jener Patientin, die alle paar Minuten, auch in recht unpassenden Momenten, die Hebamme zu irgendwelchen an sich kaum sinnvollen Dienstleistungen rief. Eine andere Frau bittet um eine Spritze, um unmittelbar hinterher vorwurfsvoll zu beanstanden, erst jetzt fühle sie sich infolge der Spritze richtig schlecht. Andere versuchen, die Hebamme in allen kleinen Details zu dirigieren. Die Führungsrolle der Hebamme wird mitunter als Nötigung empfunden: »Wenn einer sagt, wie ich es machen muß, reagiere ich direkt anders... Obgleich mir die Hebamme sehr sympathisch war.«

Nur selten wird aus der erschwerten Lenkbarkeit ein geradezu antagonistisches Verhalten, und noch seltener werden diese Frauen in ihrer Not gegen das Kreißsaalpersonal motorisch und verbal aggressiv. Denn die aggressiven Hemmungserscheinungen und die mehr indirekten Dennoch-Wirksamkeiten des Ärgers überwiegen ja bei weitem das direkte Ausdrucksverleihen dieser Gefühlsbefindlichkeit. Daher bleibt das Verhalten meist geordnet und kooperativ. Die Unbewußtheit des Ärgers ist geradezu eine notwendige Voraussetzung für das Zustandekommen der Rigidität, und die Frage nach ärgerlichen Gefühlen wird von diesen Frauen immer verneint: paradoxerweise oft genug mit einem unwilligen Gesichtsausdruck. Daß der Ärger aber dennoch dem eigenen Bewußtsein nicht allzu fern ist, wird deutlich, wenn die Frau der Verneinung sofort hinzufügt: »Aber nur, weil ich keine Spritze bekomme!« Bei einer rückblickenden Besprechung nach der Entbindung erkennen die Frauen auch im allgemeinen die ärgerliche Gefühlsstimmung während der Geburt leicht wieder. Die Verneinung des Ärgers mag mitunter auch mit der Gefügigkeit dieser Frauen zu tun haben, weil sie befürchten, sie könnten den Arzt kränken, wenn sie Ärger ausdrücken. Menschen mit den hier geschilderten aggressiven Hemmungen besitzen ja immer eine Gefügigkeitshaltung. Weil es sich um eine unbewußte Art von Ärger handelt, die Frauen selber also gar nicht sagen können, daß sie Ärger spüren, und weil die Ärzte und Hebammen infolge der Lehre vom Angst-Spannungs-Schmerz-Syndrom lediglich erwarten, Angst zu sehen, hat der psychologisch ungeschulte Beobachter zunächst Schwierigkeiten, diesen Ärger als solchen zu erkennen. Er erkennt die ärgerliche Natur der Affektlage aber sofort, wenn er darauf aufmerksam gemacht wird. Die Hebammen bezeichnen solche Frauen mitunter fälschlicherweise als apathisch; wohl, weil sie ein Gefühl dafür haben, daß bei diesen Patientinnen affektiv irgend etwas in Gang ist, das sich aber im Ausdrucksverhalten nur ungenügend niedergeschlagen hat, das also gehemmt und unterdrückt ist.

Bewußter Ärger, der in Maßen bleibt, verursacht keine Rigidität, sondern übt eher auf den Geburtsverlauf einen fördernden Einfluß aus. Eine Frau, die sowohl zu Hause als auch im Krankenhaus durch zielstrebiges, aktives und selbstsicheres Verhalten gekennzeichnet war und die in ihren psychomotorischen Äußerungen nicht behindert war, fühlte sich von der unerwarteten Heftigkeit der Wehen überrascht, wehrte sich, schob die Hand der Hebamme energisch von sich und rief ärgerlich: »Nein, ich will das nicht!« Sie war also während der Geburt teilweise ärgerlich und aggressiv, aber in einer voll bewußten und kaum gehemmten Art und Weise. Entsprechend lag keinerlei Rigidität des Muttermundes vor.

Die hier beschriebene Gebärstörung kommt häufig als reiner Typ vor. Nicht wenige Frauen aber stehen während der Geburt gleichzeitig unter dem Einfluß von Ärger und unter dem Einfluß von Angst. Wenn im psychischen Befund ein derartiges Mischbild vorliegt, hat man immer – und zwar mit einer erstaunlichen Sicherheit – im somatischen Befund gleichfalls ein Mischbild, nämlich sowohl eine Rigidität des Muttermundes als auch gleichzeitig Gebärstörungen, die ein direkter Ausdruck von Angst sind: etwa unkoordiniertes Gesamtverhalten wie Schreien und Strampeln oder einen unkoordinierten planlosen und unzweckmäßigen Einsatz der oft verkrampften Muskulatur oder zielgerichtet retentives Gebärverhalten.

Während der Arbeit im Kreißsaal wurden drei Entbindungen beobachtet, die mit psychogenen tetanischen Anfällen einhergingen. In zwei dieser Fälle lag eine erhebliche Rigidität des Muttermundes vor. Auch das unterstützt den Zusammenhang zwischen Rigidität und Ärger, denn bei der psychogenen Tetanie ist ja immer wieder zu beobachten, daß es sich dabei weitgehend um mörderische Wut bei unentwickelter, undifferenzierter Aggressivität und gleichzeitiger Gefügigkeit handelt.

Gebären und Arbeitsdrang

Dieser Befund legt die Frage nahe, wie es kommt, daß Ärger während der Geburt zu einer Störung der Gebärmutterfunktion führen kann. Der Umstand, daß nicht jeglicher Ärger, sondern nur gehemmter und unentfalteter Ärger zu einer derartigen Störung führt, weist schon darauf hin, daß obige Frage falsch gestellt ist und in die Irre führt.

Der Geburtshelfer Luschinsky aus New York machte zu den hier mitgeteilten Beobachtungen die überraschende und zunächst befremdlich klingende Bemerkung, die aber etwas an sich ganz Selbstverständliches ausdrückt, daß nämlich Gebären eine Tätigkeit sei, die physiologisch eine aggressive Tönung habe (vgl. 27). Obgleich die Schwangerschaft normalerweise von beschützenden und umsorgenden Gefühlen dem Kind gegenüber gekennzeichnet ist, wird in der Tat der Zustand gegen Ende, wenn die Frau sich zum Beispiel nicht mehr richtig bücken kann, recht beschwerlich; und praktisch alle Frauen sagen mit mehr oder weniger ungeduldigen oder ärgerlichen Worten: »Jetzt ist es genug. Ich habe es satt ... Ich will das jetzt 'raus haben.« Die aggressiven Gefühle richten sich aber auf den Zustand und allenfalls auf das Geburts-›Objekt‹, nicht jedoch auf das Kind. Und dennoch hört man mancherlei – wenn auch nur scherzhaft vorgebrachte – Vorwürfe gegen den lästigen Einwohner; und nicht selten wechseln Gebärende und Hebamme Drohungen und Beschimpfungen aus über den »Lümmel«, über den »Faulpelz« und so weiter, der da nicht 'raus wolle: »Dem wollen wir es jetzt mal geben!« Sobald die schwere Geburtsarbeit aber beendet ist, hört man nur noch zärtliche und keine ärgerlichen Worte mehr. Wie sollte die Frau auch das Geburtsobjekt in schwerer Arbeit und ungeachtet ihrer Schmerzen herauspressen und ausstoßen können, ohne in gewisser Weise ›aggressiv‹ zu werden und entsprechende Gefühle zu entwickeln? Körperliche Arbeit gegen einen Widerstand – und darum handelt es sich ja bei der Geburt – muß mit ›aggressivem‹ Verhalten und Erleben einhergehen, ja ist eigentlich dasselbe. Bis zu einem gewissen Grad ist also Ärger während der Geburt rein physiologisch zu verstehen, und es wäre falsch, nach psychologischen Quellen zu suchen.

Das genaue Erfassen der Dinge wird aber durch einen Mangel der Sprache erschwert. Denn Aggressivität ist für das hier Gemeinte eigentlich ein unzureichender Ausdruck, weil immer der Beigeschmack des Sadismus beziehungsweise der Vernichtung mitschwingt. Die Verbindung einer auf konstruktive Aktivität eingestellten Stimmung mit einem nicht destruktiven ›Ärger‹, für den uns ein zutreffendes deutsches Wort fehlt, zeigt sich in bildhaften Ausdrücken, die aus dem aggressiven Bereich stammen: etwa ›Arbeitswut‹, ›heiliger Zorn‹, ›'ranklotzen‹, ›Berserker‹. Der lateinische Wortstamm für Aggression ist ja ad-gredi, wörtlich 'rangehen.

Zum richtigen Gebären ist also eine Art von physiologischer Ärgerlichkeit, von Arbeitswut oder Arbeitsdrang notwendig. Wenn die Frau aber im Erleben ärgerlicher Befindlichkeiten gehemmt ist – und das trifft ja für die Frauen mit Rigidität des Muttermundes zu –, ist auch der physiologische Fortgang der Geburt behindert. Der Befund zeigt: Nur bei einem ungehinderten aggressiven Erleben im hier erörterten Sinne öffnet sich der Muttermund ohne das Auftreten einer Rigidität. Ja, selbst wenn eine darüber hinausgehende Ärgerlichkeit vorhanden ist, werden, wenn nur der Ärger nicht gehemmt ist, der Gebärvorgang und die Öffnung des Muttermundes eher gefördert. Bei den Frauen mit Rigidität des Muttermundes dagegen bleibt der Ärger im Ansatz stecken. Gleichzeitig bleibt aber auch der der Arbeitswut korrelierte physiologische Vorgang, der zur Eröffnung führen soll, gewissermaßen im Ansatz stecken, wird nicht richtig zu Ende geführt, so daß es zu einer Rigidität kommt. Die Rigidität ist also nicht ein Korrelat zu dem tatsächlich vorhandenen Ärger, wie es in der anfangs gestellten Frage unterstellt ist, sondern die Rigidität ist Korrelat dazu, daß die Aggressivität und der Ärger im Ansatz steckenbleiben.

Psychische Quellen des Ärgers

Wenn man sich auch fragen mag, ob das Wort ›aggressiv‹ für das gesunde Gebärverhalten wirklich der günstigste Ausdruck ist, kann kein Zweifel daran bestehen, daß es sich bei den Frauen mit Rigidität um Ärger im üblichen Sinne des Wortes bei aggressiv Gehemmten handelt. Die Erfahrung zeigt nun, daß bei Rigidität immer noch andere Quellen des Ärgers wirksam sind, nämlich psychologisch bedingter Ärger.

Aggressive Gestautheit

Der Umstand des Vorliegens einer aggressiven Gehemmtheit allein bedingt schon, daß die Frauen ständig unter der Einwirkung aufgestauten Ärgers stehen, auch während der Geburt. Während die aggressive Gehemmtheit aus der persönlichen Genese heraus zu erklären ist, finden die folgenden Quellen von Ärger während der Geburt – ähnlich wie die erwähnte Arbeitswut – nur bedingt ihre Erklärung in der persönlichen Genese. Um diese weiteren Quellen des Ärgers während der Geburt verständlich werden zu lassen, müssen einige Bemerkungen zur Frage des normalen Erlebens während der Geburt eingeschaltet werden.

Hilflosigkeit, Mutterimago und reduzierte Bewußtseinslage

Zum normalen Erleben während der Geburt gehört nicht nur das Auftreten eines gewissen Arbeitsdranges, sondern auch das Gefühl der Hilflosigkeit, das Auftauchen einer Mutterimago und eine Reduktion der Bewußtseinslage. Diese vier Veränderungen im Erleben treten notwendigerweise auf.

Die Frau fühlt sich während der Geburt allein und hilflos. Sie ist ja auch tatsächlich wie ein Kind auf Hilfe von außen angewiesen und einem übermächtigen und gefahrvollen Naturgeschehen ausgeliefert, das sie letztlich nicht kontrollieren kann. So rufen fast alle Frauen während der Geburt nach Hilfe, zumindest bis zu einem gewissen Grade insbesondere nach Hilfe von einer als mütterlich erlebten Person. Wenn dieser Wunsch nicht direkt ausgesprochen wird, so wird er zumindest durch die Art und Weise ausgedrückt, wie die Hand der Hebamme oder des Arztes hilfesuchend ergriffen wird. Mit diesem Gefühl der Hilflosigkeit hat sich gleichzeitig eine Mutterimago konstelliert. Von der gesunden Patientin wird die Hebamme dann auch bei der Erfüllung dieses vertrauensvollen Wunsches als eine gute Mutterimago erlebt. Der Wunsch der Gebärenden und die damit konstellierte Mutterimago betreffen nicht das orale Verhältnis zwischen Mutter und kleinem Kind; es handelt sich vielmehr um all das, was die Mutter für das Kind abgesehen vom Ernähren tut. Die Frauen wollen Hautkontakt und mütterliche Zärtlichkeit sowie Zuwendung, Verständnis, Trost und Führung.

Es wäre falsch, das Auftauchen der Mutterimago lediglich auf die Hilfsbedürftigkeit während der Geburt zurückzuführen. Wenn Patientinnen im Verlauf einer psychoanalytischen Behandlung schwanger werden, kann man regelmäßig beobachten, wie sich von Anfang der Schwangerschaft an immer mehr die Auseinandersetzung mit der Mütterlichkeit anbahnt und wie sich eine Mutterimago konstelliert. Verständlicherweise, man möchte sagen selbstverständlicherweise, konstelliert sich also schon zu Beginn der Schwangerschaft eine für die betreffende Frau spezifische Mutterimago.

Das Auftauchen einer Mutterimago und insbesondere der Umstand, daß diese Mutterimago so mächtig wird, hängen auch damit zusammen, daß während der Geburt eine Reduktion der Bewußtseinslage auftritt. Die Ichveränderungen während der Geburt haben verschiedene Aspekte und können hier nicht im einzelnen diskutiert werden. Es soll aber gesagt sein, daß die Reduzierung des Bewußtseins während der Geburt mit dem Begriff der Regression nicht hinreichend erfaßt wäre. Wenn das Ich und das Bewußtsein aber kleiner werden, wird die Macht der inneren Bilder um so größer.

Nebenbei sei gesagt: Nicht nur die Geburt selbst, sondern die Ausübung des Geschäftes, Mutter zu sein, geht ganz allgemein mit einer gewissen Reduktion der Bewußtseinslage einher. In einem übertriebenen Ausmaß kann man das an jenen Großmüttern und manchmal auch Müttern sehen, die im Umgang mit den kleinen Kindern so weit aufgehen, daß der geistige Kontakt zu den anderen erwachsenen Familienmitgliedern Einbuße leidet. Sie gehen so sehr in der primitiv-unbewußten Welt des Kleinkindes auf, daß sie ganz in deren Gefühlen, Vorstellungen, Begriffen und Sprechweise leben. Die Frau versinkt mit der Schwangerschaft, mit der Geburt und auch in der Aufzucht des Kindes bis zu einem gewissen Grade in das mehr Unbewußte. Eine gesunde Frau tut das nur zeitweilig und partiell, solange sie nämlich einen direkten Umgang mit dem Kind hat. Die von dem Bild der großen Mutter besessenen Frauen dagegen werden in einem größeren Umfang unbewußter.

Die persönliche Genese bedingt dabei die inhaltliche Ausgestaltung der auftauchenden Mutterimago, ob es sich um eine in dieser oder jener Tönung gute oder böse Mutter handelt.

Auseinandersetzung mit dem Bild der eigenen Weiblichkeit

Bevor mit der Aufzählung der Quellen des Ärgers unter der Geburt fortgefahren wird, soll ein weiterer Zusammenhang hervorgehoben werden. Die Arbeit im Kreißsaal hat zu der Beobachtung geführt, daß die Einstellung der jeweiligen Frau zu den verschiedenen Aspekten der Weiblichkeit beziehungsweise zu dem Bild, zu der Vorstellung, die sie von ihrer eigenen Weiblichkeit hat, von Bedeutung dafür ist, ob es zu psychogenen Gebärstörungen kommt.

Mit dem Bild der eigenen Weiblichkeit ist die Vorstellung gemeint: »Da ich eine Frau bin, bin ich das und das; bin ich so und so.« Das Ich-Ideal in bezug auf die eigene Weiblichkeit spielt dabei ebenfalls eine Rolle. Schwangerschaft und Gebären rufen immer und zwangsläufig eine Auseinandersetzung mit dem Bild der eigenen Weiblichkeit hervor. Auch der Umgang mit dem, was sich, wie geschildert, naturnotwendigerweise während der Geburt konstelliert, ist abhängig von dem jeweils vorliegenden Bild der eigenen Weiblichkeit. Damit sind wir aber wieder bei dem Thema der psychischen Quellen des Ärgers bei Vorliegen einer Rigidität des Muttermundes.

Ärger der Nur-Tochter auf das Bild der bösen Mutter

Eine bestimmte Gruppe von Frauen erlebt sich unter dem Bild der Nur-Tochter. Diese Frauen sind ebenso wie die Frauen, die zur Hyperemesis gravidarum neigen, durch orale Gehemmtheiten gekennzeichnet. Insbesondere neigen sie zu einer passiven Erwartungshaltung. Der Zusammenhang zwischen dieser so typischen Persönlichkeitsstruktur und dem Bild der eigenen Weiblichkeit wird noch eingehend diskutiert werden. Diese Nur-Töchter nun stellt die eine Untergruppe von Rigidität des Muttermundes während der Geburt dar.

Während der Geburt konstelliert sich also eigentlich immer eine Mutterimago. Bei der Nur-Tochter bestehen drei Besonderheiten: das Bild der eigenen Weiblichkeit besteht in der Vorstellung, nichts anderes als Mutters Tochter zu sein; während der Geburt ist die Frau von der Sehnsucht nach der helfenden Mutter beherrscht; sie projiziert auf ihre Umgebung, insbesondere auf Hebamme und Ärzte, aber das Bild einer versagenden und somit bösen Mutter.

Der folgende Traum zum Beispiel, den die Patientin mehrmals in der Schwangerschaft und auch in der Nacht vor der Entbindung hatte, drückt, wie die Einfälle zu ihm zeigten, zweierlei aus: sowohl die genannte Sehnsucht, sich einer beschützenden Mutter anvertrauen zu dürfen, als auch die Furcht vor einer Mutter, die die erwähnte Eigenschaft eben gerade nicht hat. »Ich falle in ein tiefes Loch. Dabei schrecke ich zusammen und werde hellwach.« Eine andere Patientin träumte in der Schwangerschaft wiederholt »von der Kindheit« und »von der Landschaft von damals«, wozu sie ein spielendes Kind assoziierte, das sich augenscheinlich geborgen fühlt. Aus ihrer Enttäuschung heraus konnte sie diese gefährlichen Traumbilder nur ganz diffus erinnern, und schon gar nicht hätte sie es wagen können, eine deutlich erkennbare mütterliche Figur zu träumen. Die Vorwürfe dieser Frauen, daß ihnen nicht richtig geholfen werde, daß sie nicht richtig versorgt würden, daß sie nicht das bekämen, was ihnen zusteht, wurde schon erwähnt. So werden typischerweise die Universitätsklinik oder die Privatstation überwertig erlebt, weil dort besser vorgesorgt sei. Eine Frau, die stundenlang mit rigidem Muttermund gelitten hatte, warf der Hebamme vor: »Nur weil ich die Spritze nicht bekommen habe«; oder eine andere Frau: »Nur, weil ich den Kaiserschnitt nicht bekommen habe.« Eine Frau mit äußerst rigidem Muttermund bewirkte durch ihr stummes, vorwurfsvolles Leiden, daß der Ehemann, der bei der Entbindung dabei war, ihr ein solches Übermaß von Händehalten, Trost und Zärtlichkeit zukommen ließ, daß es auf den Zuschauer geradezu anstößig wirkte. In einem Gespräch nach der Entbindung sagte diese Frau, daß der Ehemann besser zu ihr sei als die eigene Mutter.

Die Mehrzahl dieser Frauen drückt im unwilligen Ausdrucksverhalten mehr die Enttäuschung über die Nichterfüllung dieser Wünsche als die Wünsche selbst aus. Die negativ getönte Mutterimago ist diesen Frauen relativ bewußtseinsnahe; zumindest in den mannigfaltigen Projektionen auf Hebammen, Ärzte, Krankenhaus, Ehemann und so weiter. Wie häufig während der Geburt das Bild der negativ getönten großen Mutter auftaucht, kann man aus dem so weit verbreiteten ungerechtfertigten Ruf entnehmen, den die Hebammen in Kauf nehmen müssen. Die Hebamme ahnt im allgemeinen die unrealistische Quelle und nimmt der Patientin das Vorurteil nicht übel.

Die persönliche Genese dieser Frauen macht es in zweifacher Hinsicht verständlich, warum die während der Geburt auftauchende Mutterimago diese negative Tönung annimmt. Oft zeigt die Anamnese, daß diese Frauen durch versagende oder mächtige oder durch recht verwöhnende Mütter gefügig gemacht worden sind. Dadurch sind die Aggressivität und das Herangehen an die Dinge im Sinne einer aktiven Selbstentfaltung unentwickelt geblieben. Das untergründige Erleben während der Geburt kann man dann etwa folgendermaßen formulieren: »Wenn ich schon der Mutter gegenüber immer eine so brave Tochter war, dann muß diese jetzt auch helfend einspringen. Ich fühle mich ihr ausgeliefert, aber ich weiß genau, ich werde doch nicht kriegen, worauf ich einen Anspruch habe.«

Zwar waren die realen Mütter nur selten so versagend und böse, wie es der auftauchenden Mutterimago entsprechen würde, wohl aber hat die Beziehung zur realen Mutter immer zu einem Mangel an Eigenständigkeit und individueller Ausgestaltung des Lebens geführt, so daß diese Frauen relativ unbewußt geblieben sind und von ihrer eigenen weiblichen Rolle das Bild haben, nichts anderes als lediglich Tochter zu sein. Spuren davon finden sich häufig in der Beziehung zum Ehemann. Bei einem so kleinen und unentwickelten Ich-Bewußtsein muß ja die Mutterimago nicht nur einen bösen Charakter annehmen, sondern auch besonders mächtig werden. Diese Frauen stehen zwar unter dem Einfluß der Mutterimago, aber sie identifizieren sich nicht mit der Mütterlichkeit. Sie können sich nicht selbst als mütterlich erleben, sondern sie appellieren an eine Mutterfigur in der Außenwelt. Das heißt aber, diese Frauen, die so stark unter dem Einfluß der Mutterimago stehen, sind weit davon entfernt, die eigene Weiblichkeit als Mütterlichkeit zu erleben. Auch erleben sie sich kaum als die Gefährtin des Mannes. Sie sind vielmehr in der Tochterrolle steckengeblieben. Von keiner dieser Frauen – im Gegensatz zu den Frauen der folgenden Gruppe – hat der Verfasser Träume oder Phantasien erhalten, in denen sie selber eine Mutterrolle spielen würden. Dagegen hatten viele Träume oder Phantasien die Beziehung zu einer außen erlebten Mutterimago zum Inhalt.

Das kann so weit gehen, daß eine dieser Frauen während der Geburt in einem fast psychotischen Zustand stundenlang die eigene Geburt träumte; womit sie natürlich auch ihre Mutter und sich selbst als Tochter geträumt hat. Ihr Bewußtsein war stark reduziert, und immer, wenn sie zu einer Wehe aufwachte, sagte sie, sie habe schon wieder mit Entsetzen durch eine lange Röhre kriechen müssen, aus der sie nicht 'rauskam; oder sie habe schon wieder unter Büschen gelegen. Zum Verständnis dieses Traumes sei an die vielen Fallberichte in der psychoanalytischen Literatur erinnert, in denen das weibliche Genitale als eine hügelige, mit Bäumen oder Büschen besetzte Landschaft geträumt wird. Daß sie selber schwanger ist und gebären soll, löste bei dieser Frau das angstgetönte Erleben aus: »Ich bin ja selber noch nicht ganz da, muß eigentlich erst selbst noch geboren werden und soll doch nun selber Mutter werden!«

Das Auftauchen des Bildes einer versagenden Mutter aber erklärt den während der Geburt wirksamen Ärger. Während der Ärger bei Hyperemesis, Stehlen und Depression im Wochenbett mit der erwarteten oralen Versagung zusammenhängt, weil das Kind als oraler Konkurrent erlebt wird, handelt es sich hier um Ärger über die versagende Mutter. Übrigens ist während der Geburt das Bild der versagenden Mutter deutlicher konstelliert und bewußtseinsnäher als das Bild der Nur-Tochter.

Ähnlich wie die letzte Patientin boten auch verschiedene andere Frauen dieser Gruppe während der Geburt ein psychoseähnliches Bild. Das entspricht der Tatsache, daß die hier diskutierten Frauen durch Ich-Schwäche und relative Dominanz des Unbewußten charakterisiert sind. Dabei handelt es sich um eine Zwischenstufe zu manchen Fällen echter schizophrener Symptomatik während oder nach der Geburt. Wenn nämlich bei der Geburt Ärger auftritt, der auf die Mutter als individuelles Objekt gerichtet ist, wenn also an die Stelle einer mehr diffusen und unterdrückten ärgerlichen Stimmung zielgerichtete aggressive Impulse treten, ist mitunter eine Symptomatik zu beobachten, die zwar passagere, aber doch psychoseähnlich ist. Bei Frauen mit Rigidität des Muttermundes sind keine aggressiven Impulse zu beobachten, die auf die Person der Mutter gerichtet wären, sondern es findet sich ein mehr diffus erlebter Ärger.

Das folgende Beispiel zeigt nicht nur, daß gerade die Nur-Tochter zur Rigidität des Muttermundes neigt. Es zeigt auch, daß keine Rigidität mehr auftritt, wenn dieselbe Frau sich über ihre bisherige Auffassung der eigenen Weiblichkeit hinaus weiterentwickelt:

Um ihre Tochter nicht als ständig verfügbaren Begleiter aller eigenen Schritte und Gedanken zu verlieren, hatte die Mutter einer Patientin trotz Reichtum und guter sozialer Stellung eine Berufsausbildung nicht gestattet. Obgleich die Patientin froh darüber war, durch die Eheschließung der Mutter räumlich entronnen zu sein, blieb sie dennoch Nur-Tochter, indem sie zum eigenen Schaden und zum Schaden ihres Mannes nichts ohne Mutters Teilnahme fühlen oder tun konnte. In dieser Entwicklungsphase hatte sie bei der Geburt des ersten Kindes eine ganz schwere zervikale Dystokie und während der zweiten Schwangerschaft eine Hyperemesis. In den folgenden Jahren erlebte sie sich nicht mehr als Nur-Tochter, sondern sie identifizierte sich mit dem mütterlichen Aspekt der Mutter und hatte damit, wie noch zu schildern sein wird, eine weitere Entwicklungsstufe erreicht. Sie erlebte den Mann lediglich als Versorger und Erzeuger, bemutterte ihre inzwischen hilfsbedürftige alte Mutter und behütete die Kinder in einer so einengenden Weise, daß diese allerschwerste Schulstörungen entwickelten. Wegen dieser Art von Mütterlichkeit, der jegliche echte Partnerschaft zum Mann fremd ist, entfremdete sich ihr Mann von ihr. Während dieser Phase der Identifikation mit dem mütterlichen Aspekt der Mutter hatte die Patientin eine weitere Geburt, die nach ungestörter Schwangerschaft ausgesprochen leicht verlief. Der Mangel an Symptomatik ist darauf zurückzuführen, daß sie in diesem Abschnitt ihres Lebens die Identifizierung mit dem mütterlichen Aspekt der Mutter innerlich bejahte: die Vorstellung, infolge des Kindes leer auszugehen, hat sie als ein vermeintlich unausweichliches Frauenschicksal hingenommen, sie hat nicht innerlich dagegen protestiert.

Der weitere Verlauf dieses Falles wird nur deshalb geschildert, weil einige typische Phantasiebilder erwähnt werden sollen. In einer späteren psychoanalytischen Behandlung überwand die Patientin auch diese Entwicklungsstufe und wurde zu einer echten Gefährtin des Mannes, wobei sowohl die Kinder als auch ihre Ehe gesundeten. Zur Einleitung dieser neuen Phase ihrer Entwicklung des eigenen Bildes der Weiblichkeit hatte sie nach einer Reihe von Träumen, in denen sie selbst lediglich ›Muttertier‹ gewesen war, den folgenden Traum: »Ich lebe in einem Land, wo viele Erdbeben sind. Meine Kinder sind in Sicherheit. Die Gegend ist still und verlassen. Jedoch stöhnt die Erde und wird von immer neuen Erschütterungen durchwühlt. Mit einem kleinen Flugzeug fliege ich mit einem Bekannten immer weiter. Wir entgehen langsam der Vernichtung, aber nicht der Gefahr. Die Kinder sind nicht in Gefahr. Mal steuere ich das Flugzeug und mal mein Bekannter.« Die voraufgegangene Traumsymbolik und die Einfälle weisen darauf hin, daß sich hinter der bebenden Erde das Bild ihrer Mutter verbirgt.

Die Erde als Symbol einer ärgerlichen Mutter kommt öfter vor, insbesondere auch als der bildhafte Ausdruck für das Gebären. Hierbei ist es interessant, auch einmal die Stimme eines Mannes zu hören. Ein Patient hatte zunächst lediglich die Absicht, ein Erdbeben zu malen. Während des Malens aber entstand ein feuerspeiender Vulkan, der die Vulva einer in Wehen liegenden Frau war. Der Sturmwind, die Blitze und die Fetzen düsterer Wolken, die sich als Gewitteratmosphäre über die vulkanische Erdbebenlandschaft hinzogen, kamen aus dem Mund der Gebärenden und wurden über deren Bauch hinweg ausgeatmet: Ärger während der Geburt. Es handelt sich um den als Fall 6 beschriebenen Verwaltungsbeamten und um die Abbildung 16. In dem »Die Freundin des Zeus« genannten Fall hält Homer uns ein ähnliches Symbol vor Augen (vgl. die Seiten 178 und 179).

Es ist nicht überraschend, daß dieses Bild von einem männlichen Patienten kommt. Zu Ärger während der Geburt neigt ja sowohl die Nur-Tochter als gerade auch das männlich-determinierte Bewußtsein, wie gleich darzustellen ist.

Es wäre ein Irrtum anzunehmen, daß jegliches Rufen nach der Mutter während der Geburt zu einer Rigidität führen würde. Auch die folgende Patientin ruft bei der Geburt nach ihrer Mutter. Sie hat aber nicht sofort die Vorstellung von Versagung, und es kommt nicht zu Ärger, der gehemmt ist, und damit zu Rigidität. Diese unverheiratete 20jährige Patientin war eine recht differenzierte Person und stammte aus guten und geordneten Verhältnissen. Während der Geburt zeigte sie zunächst ein etwas unkoordiniertes Verhalten, weigerte sich zeitweise rundweg, mitzuarbeiten und rief: »Mutti, Mutti! Ich will kein Kind, ich will kein Kind haben!« Dann auf einmal preßte sie recht ordentlich mit. Die Voraussetzungen für das Auftreten einer Rigidität des Muttermundes waren nicht gegeben.

Ärger auf das Schicksal bei männlich-determiniertem Bild der eigenen Weiblichkeit

Funktionelle Rigidität des Muttermundes während der Geburt tritt nicht nur bei oral und aggressiv gehemmten Frauen auf, die die eigene Weiblichkeit unter dem Bild der Nur-Tochter erleben. Rigidität tritt auch bei solchen Frauen auf, die ein männlich determiniertes Bild der eigenen Weiblichkeit haben. Frisur, Kleidung und Gebaren zielen weniger darauf ab, dem Mann zu gefallen und ihn anzuziehen, sondern sind betont sachlich gehalten. So haben diese Frauen typischerweise kein Gefallen am Tanzen, Flirt liegt ihrem Wesen fern, und in ihren Zeichnungen haben die Frauenfiguren herbe und männliche Züge, kaum je wellige Haare oder eine Betonung der Hüft- und Brustpartien. Die Frauen dieser Gruppe geben sich oft den Anschein, besonders modern und aufgeschlossen zu sein, sie haben häufig einen Beruf und treiben meist Sport, beides allerdings in einer männlich determinierten Weise. Eine Frau verwaltete ein Sortiment technischer Artikel, und obgleich sie in der Behandlung immer klagte, kein rechtes Verhältnis zu technischen Dingen zu haben, erschien sie doch als die tüchtigste Kraft im Geschäft. Der Sport, den diese Frauen treiben, ist oft ein ausgesprochener Leistungssport. Intellektuelle Interessen spielen häufig eine Rolle, und diese Frauen operieren vom Willen und Verstand her, wogegen sie keine rechte Beziehung zum leiblichen Erleben haben. Dieser letzte Zug ist besonders augenfällig. Während die Frauen der vorigen Gruppe relativ undifferenziert und unbewußt, nämlich durch die Mutter, leben und erleben, leben und erleben die Frauen dieser Gruppe ausgesprochen bewußt, allerdings auf einer fehlentwickelten Bewußtseinsebene. Denn sie haben ja nicht eine volle Entfaltung der weiblichen Möglichkeiten erreicht, sondern sind in einer männlichen Identifikation steckengeblieben. Damit hängt es zusammen, daß der Mann als Objekt einer direkten Auseinandersetzung keine Rolle spielt: Sie sind der gleichartige – im Unterschied zum gleichberechtigten – Kamerad des Ehemannes, nicht aber diejenige, die sich über ihre Weiblichkeit auf ihn bezieht. Nicht selten findet sich auch eine maskuline Tendenz im Körperbau. Erfahrene Hebammen rechnen schon von vornherein mit einer Rigidität, wenn eine sogenannte maskuline Frau mit straffer Muskulatur und starker Oberschenkelbehaarung in den Kreißsaal kommt.

Hinter dem so globalen, aber oft gebrauchten Begriff einer sogenannten phallischen Frau verbergen sich übrigens zwei Frauentypen. Beide

Frauentypen sind so unterschiedlich, daß man sich um eine sorgfältige Abgrenzung bemühen sollte. Die Berücksichtigung des Bildes der eigenen Weiblichkeit schützt vor der Verwechslung mit der durch Penisneid gekennzeichneten hysterischen Frau. Es wird noch hervorgehoben, daß letztere nicht zur Rigidität des Muttermundes, sondern zu ganz andersartigen Gebärstörungen neigt. Neid auf denjenigen, der im Gegensatz zu ihr, wie sie es erlebt, ein Mann sein darf, und die ständige Notwendigkeit, ihn zu übertreffen, kann nur diejenige Frau haben, die ein auf den Mann ausgerichtetes Bild der eigenen Weiblichkeit erreicht hat. Bei der Frau mit männlich determiniertem Bild der eigenen Weiblichkeit ist es aber nicht zu dem Bedürfnis gekommen, den Mann durch den Einsatz der eigenen Weiblichkeit zu übertrumpfen, weil sie sich von Anfang an mit dem Vater identifiziert hat, ohne über diese Identifikation in späteren Jahren hinauszuwachsen. In ihrer eben beschriebenen Art sticht sie nicht den Mann aus, sondern sie spielt die Rolle des Vaters.

Recht verschiedene Umstände in der Genese können ein Steckenbleiben in der Identifikation mit dem Vater bewirkt haben.

In Fall Nr. 2, »Die Couragierte«, war der Vater eine in jener Landschaft hoch angesehene Richterpersönlichkeit von hoher geistiger Kultur, während die Mutter durch dramatische Szenen und unverantwortliches Verhalten gekennzeichnet war. Wichtiger noch als der Umstand, daß die Patientin die Identifikation mit dieser Mutter nicht erstrebenswert finden konnte, war der Umstand, daß der Vater alles Weibliche verachtete. Sie hatte das Gefühl, nur wenn sie Vaters Ebenbild wäre, könnte sie seine Liebe und Anerkennung finden (vgl. S. 170).

Auch wenn eine Mutter sehr einengend ist und ihre eigene wenig anziehende Art des Frauseins als verbindlich darstellt, kann die Tochter sich mitunter nur dadurch von dem Bild der Weiblichkeit ihrer Mutter freimachen, daß sie sich männlich identifiziert. Das trifft insbesondere für jene Mütter zu, die Frausein nur unter dem Bild der noch zu beschreibenden archaischen Mütterlichkeit erleben können und die bei ihrer Tochter geistige Interessen durch die Warnung vor dem Blaustrumpf sowie erotisches Interesse durch entsprechende andere Warnbilder unterdrücken.

Das Schicksal von Schwangerschaft und Geburt trägt an die Frau das Thema heran: »Warum sind wir Frauen damit belastet? Warum ist die Weltordnung so?« Für die Frauen mit dem männlich determinierten Bild der eigenen Weiblichkeit ist Gebärenmüssen ein demütigendes Erlebnis. Denn damit wird ja endgültig dekouvriert, daß die männliche Identifikation doch nicht zur Identität mit dem Mann geführt hat. Es tritt ein ärgerlicher und beleidigter Protest dagegen auf, daß man nicht so männlich sein kann, wie es dem Bild der eigenen männlich determinierten Weiblichkeit entsprechen würde.

Eine dieser Frauen, die bereits vor Beginn der Schwangerschaft in psychoanalytischer Behandlung stand, schilderte schon im voraus mit ärgerlichem Entsetzen, wie erniedrigend es sein werde, daß sie sich im Kreißsaal vor all den Männern entblößen müsse.

Während bei der ersten Untergruppe von funktioneller Rigidität des Muttermundes die Macht der Mutterimago mit Ich-Schwäche und relativer Unbewußtheit zusammenhängt, haben die Frauen dieser Gruppe eine besonders ausgeprägte Bewußtheit entwickelt. Sie erleben die Reduktion des Bewußtseins während der Geburt als kränkend. Während die Frauen der ersten Gruppe mitunter Ärger über die Führungsrolle der Hebamme als Repräsentantin der Mutterimago verspüren, wird von den Frauen der jetzigen Gruppe die Natur selber, die Dauer der Geburt, das Überwältigtwerden durch die Autonomie der Preßwehen, als ein demütigendes Muß erlebt. Eine Frau sagte nach der Entbindung: »Etwas verkrampft war ich ja schon, als ich in den Kreißsaal 'rein mußte; aber richtig erst, als es immer länger dauerte. Das machte mich ärgerlich; ich dachte, in ein paar Stunden ist alles vorbei.« Man kann das ärgerliche Erleben dieser Frauen etwa so zusammenfassen: »Während der Geburt bin ich ein Stück Natur, Kollektiv; ich bin kein Individuum mehr.« Und nach dem Motto »Ich will nicht diesem Schicksal ausgesetzt sein« verlangen die Frauen dieser Gruppe häufiger nach Narkose.

Wie schon angedeutet, können Angst und Ärger kombiniert vorkommen. Angst zu haben, ist für diese maskulin orientierten Frauen aber ein ehrenrühriges Problem. Angst nicht zugeben zu können oder sogar leugnen zu müssen, macht aber ärgerlich und rigide. Zur Rigidität des Muttermundes kann sich hier eine Rigidität der quergestreiften Muskulatur des Beckenbodens gesellen. Diese Frauen versuchen, durch ärgerlich-dominierendes Verhalten Angst unbewußt zu halten. Während bei reiner Angst Geburtsstörungen in Form von Zukneifen und Zurückhalten vorkommen können, handelt es sich bei diesen körperlich und psychisch unelastischen Frauen um eine Unfähigkeit, sich gehen zu lassen. Bestimmte Frauen sind während der Geburt zu schlaff; eine Gebärstörung, die in dieser Abhandlung nicht diskutiert wird. Die jetzt diskutierten Frauen aber sind zu starr. Das gesunde Lebendige ist dagegen elastisch, mal auf der schlaffen und mal auf der angespannten Seite. Sich nicht gehen lassen können und sich nicht dehnen können, also Rigidität der quergestreiften Muskulatur, ist aber weitgehend dasselbe. Bei denjenigen Frauen, die mit Ärger eine gleichzeitig vorhandene Angst unterdrücken, bestehen also Beziehungen zur Rigidität des Beckenbodens, die ja bisweilen mit einer Rigidität des Muttermundes vergesellschaftet vorkommt.

Es gibt Fälle, in denen sich die Patientin nicht mit der von der Mutter praktizierten Weiblichkeit identifizieren kann, obgleich die Aussage der

Mutter, daß ihre Art der Weiblichkeit verbindlich, natürlich, von Gott gewollt sei, dennoch geglaubt wird. Dann ist der Umgang mit dem Ärger zusätzlich erschwert. Denn dann ist die ärgerliche Auflehnung der Patientin ja Auflehnung gegen Gott. Wo ein kreatürlicher Ärger noch gewagt werden könnte, muß aber Ärger auf Gott doch verdrängt werden. Die psychodynamischen Verhältnisse bei diesen so bewußt lebenden Frauen mit einem männlich determinierten Bild der eigenen Weiblichkeit erinnert an die Verhältnisse bei manchen Fällen von Dysmenorrhoe. In der Tat haben diese Frauen in der Vorgeschichte häufig Dysmenorrhoe.

Reaktiver Ärger

Als Quellen der ärgerlichen Gestimmtheit während der Geburt wurden Arbeitswut, der wegen der Hemmungen im aggressiven Erlebensbereich aufgestaute Ärger und der in verschiedenen Bildern der eigenen Weiblichkeit begründete Ärger aufgezählt. Aber auch die Auseinandersetzung mit der realen Umgebung kann zu einer zusätzlichen Quelle von Ärger werden. Es wurde schon geschildert, wie das Bild der bösen Mutter auf die verschiedenen Beziehungspersonen projiziert wird. Wenn diese Beziehungspersonen aber erst einmal als böse und versagend oder als dominierend erlebt werden, hat die Patientin mit diesen so verzerrt erlebten Personen in der Realsituation die verschiedenartigsten Verwicklungen, die zu weiterem Ärger führen müssen.

Außerdem kann Ärger nicht nur die Ursache, sondern auch die Folge von zervikaler Dystokie sein. Wenn nämlich die Wehen gegen einen erheblichen Widerstand anarbeiten müssen und immer kräftiger und schmerzhafter werden und wenn die Geburt verlängert ist, kann verständlicherweise Ärger auf diesen Zustand auftreten; aber wie aller Ärger dieser Frauen lediglich in einer unentwickelten Form. All dieser mit der Realsituation zusammenhängende Ärger wirkt im Sinne eines Circulus vitiosus: Wie schon beim übermäßigen Schwangerschaftserbrechen beschrieben wurde, so stellt auch hier die Folge eine Verstärkung der Ursache dar. Die Bedeutung solcher Zirkel wird nur allzuleicht unterschätzt.

Statistischer Beleg für die Verwandtschaft von Schwangerschaftserbrechen und Rigidität des Muttermundes

Es sei noch einmal zusammengefaßt: die Untersuchung des übermäßigen Schwangerschaftserbrechens hatte ergeben, daß alle diese Frauen eine grundsätzlich gleiche Persönlichkeitsstruktur zeigen, die um Gehemmtheiten im oralen und aggressiven Erleben zentriert und durch Genußunfähigkeit, Bescheidenheitshaltung, Opferhaltung, Anspruchshaltung und Vorwurfshaltung charakterisiert ist. Die Untersuchung der funktionellen Rigidität des Muttermundes hatte zwei Untergruppen ergeben. Bei der einen Untergruppe besteht hinsichtlich der Persönlichkeitsstruktur kein Unterschied zum übermäßigen Schwangerschaftserbrechen. Die andere Untergruppe zeigt keine wesentlichen Gehemmtheiten im oralen Erleben, wohl aber wieder die so typischen Gehemmtheiten im aggressiven Erlebensbereich und in der Selbstbehauptung. In beiden Krankheitsbildern geht unterdrückter, nicht voll bewußt erlebter Ärger in die Symptomatik ein. In allen Fällen von Hyperemesis gravidarum und in einem Teil der Fälle von Rigidität des Muttermundes finden sich außerdem Befürchtungen und Konflikte aus dem oralen Erlebensbereich.

Unerwarteterweise waren also in zwei scheinbar völlig verschiedenartigen Krankheitsbildern ähnliche psychiatrische Gegebenheiten zur Beobachtung gekommen. Diese Beobachtung führte einerseits zu der Frage, ob es sich nicht etwa um falsche Ergebnisse handeln könnte, ob nicht etwa der Untersucher selbst in das Ergebnis eingegangen ist, indem er vielleicht aus persönlichen Gegebenheiten heraus immer dasselbe in die Dinge hineingelesen hat. Andererseits aber führte die Ähnlichkeit der Befunde zur Aufstellung der Hypothese, daß diejenige Frau, die in der Schwangerschaft eine Hyperemesis hat, mit gewisser Wahrscheinlichkeit während der Geburt eine Rigidität des Muttermundes entwickeln wird.

In der Absicht, diese Annahme zu prüfen, wurde zunächst eine Voruntersuchung angestellt. In 21 aufeinanderfolgenden Fällen von funktioneller Rigidität des Muttermundes wurden die Frauen noch im Kreißsaal beiläufig gefragt, ob sie in derselben Schwangerschaft Erbrechen gehabt hätten. Von 15 Frauen, also in 71 Prozent der Fälle, wurde eine bejahende Antwort erhalten. Dabei bekam man den Eindruck, daß es sich in fast allen Fällen um schweres Erbrechen, also um eine Hyperemesis gehandelt hatte.

Daraufhin wurde der Frage in einer statistischen Auswertung von Krankenblättern aus zurückliegenden Jahren nachgegangen. Etwa 500 hintereinander abgeheftete Krankenblätter wurden daraufhin ausgewertet, ob bei der Krankenhausaufnahme Schwangerschaftserbrechen angegeben worden war und ob während des Verlaufes der Entbindung Eintragungen über das Vorliegen einer funktionellen Rigidität des Muttermundes gemacht worden waren. Alle Fälle von organisch bedingten Gebärstörungen und damit natürlich auch von organisch bedingter Rigidität des Muttermundes wurden von der Serie ausgeschaltet. Alle Fälle von abnormer Lage oder Einstellung des Kindes, also von Mißverhältnis zwischen der Größe des kindlichen Kopfes und der Weite des kleinen Beckens sowie alle Fälle von künstlicher Geburtseinleitung oder von vorausgegangener Shirodkar-Operation wurden von der Untersuchungsserie ausgeschlossen. Ebenfalls ausgeschlossen wurden alle Fälle, bei denen der Muttermund bei Krankenhausaufnahme bereits fünf Zentimeter oder weiter geöffnet war sowie alle Fälle, in denen eine Kaiserschnittsentbindung durchgeführt worden war, bevor der Muttermund vier Zentimeter weit war. Auf diese Weise wurden 165 Fälle ohne die Eintragung von Erbrechen und 208 Fälle mit Erbrechen gesammelt. Die 208 Fälle mit Erbrechen wurden in zwei Untergruppen aufgeteilt: 155 Fälle mit einfachem Erbrechen und 53 Fälle mit Hyperemesis gravidarum.

Es stellte sich heraus, daß eine Rigidität des Muttermundes in diesen drei Gruppen tatsächlich mit einer unterschiedlichen Häufigkeit aufgetreten war. Von den 165 Frauen ohne Erbrechen hatten 41, also 26,3 Prozent, eine Rigidität. Von den 208 Fällen mit Erbrechen hatten 67, also 32,2 Prozent, eine Rigidität. Dabei war bei den 155 Fällen mit einfachem Erbrechen 42mal eine Rigidität eingetragen worden, also in 27,1 Prozent, und in den 53 Fällen von Hyperemesis gravidarum 25mal, also in 47,2 Prozent der Fälle. In den 208 Fällen von Erbrechen insgesamt und erst recht in den 53 Fällen von Hyperemesis gravidarum war eine funktionelle Rigidität des Muttermundes signifikant häufiger aufgetreten als in den 165 Fällen ohne Erbrechen; und zwar signifikant auf der Fünf-Prozent-Ebene (33).

Krankenblatteintragungen können uns in dieser Frage nur annäherungsweise eine Antwort geben. Hebammen und Ärzte werden nicht jegliches Vorliegen einer Rigidität mit großer Sorgfalt eintragen. Leichtere Fälle haben ja keine große praktische Bedeutung. Auch ist es für die Geburtshilfe selbst ohne praktische Bedeutung, ob der Aufnahmearzt in jedem Fall sorgfältig vermerkt, ob die Patientin während der Schwangerschaft an Erbrechen gelitten hat. Wenn man abschätzt, welchen Effekt diese Ungenauigkeiten auf die Beantwortung unserer Frage haben werden, muß man annehmen, daß der angegebene signifikante Unterschied eher noch größer wird. Hinter den Fällen ohne Eintragung von Erbrechen, aber mit der Eintragung von Rigidität werden sich manche Fälle verbergen, bei denen tatsächlich doch Erbrechen oder gar Hyperemesis vorgelegen hatten. Kaum je aber dürfte eine Hyperemesis eingetragen worden sein, wo tatsächlich keine vorgelegen hat. Wir dürfen annehmen, daß das Vorliegen von Rigidität sorgfältiger eingetragen worden ist als das vorherige Vorliegen von Erbrechen.

Die zunächst lediglich aufgrund des psychiatrischen Befundes formulierte Annahme, daß Frauen mit Hyperemesis gravidarum dazu neigen, während der Geburt eine Rigidität des Muttermundes zu bekommen, wird also durch das Ergebnis der statistischen Untersuchung bestätigt. Das darf auch als ein Hinweis dafür gewertet werden, daß das Herausarbeiten einer so ähnlichen Persönlichkeitsstruktur der Realität entspricht.

Das Ergebnis zeigt aber noch zwei weitere Dinge. Rigidität des Muttermundes kann auch ohne vorherige Hyperemesis auftreten: 26,3 Prozent der Frauen ohne Erbrechen hatten dennoch eine Rigidität. Hinter dieser Zahl verbergen sich die Frauen mit Rigidität, die ein männlich determiniertes Bild der eigenen Weiblichkeit haben. Hier sind ja – wie beschrieben – nur die Voraussetzungen für das Auftreten von Rigidität, nicht aber für das Auftreten von Hyperemesis gravidarum gegeben.

Weiterhin zeigt das Ergebnis, daß es Hyperemesis gravidarum geben kann, ohne daß es später zur Rigidität des Muttermundes kommt: nur bei 47,2 Prozent der Fälle von Hyperemesis war das Auftreten von Rigidität des Muttermundes vermerkt. Auch dieses Ergebnis erscheint plausibel. Zu Anfang des Abschnittes über Schwangerschaftserbrechen wurde ja ausgeführt, daß die Frau sich im Verlaufe der Schwangerschaft mit dem Konflikt um die orale Konkurrenz auseinandersetzt und daß es nicht selten zu einer gewissen Lösung des Problemes kommt. Darum hört ja das Erbrechen nach einer gewissen Zeit im allgemeinen wieder auf.

Entwicklungsstufen des Bildes der Weiblichkeit

In dem bisherigen Teil der Abhandlung ist in der Hauptsache beschrieben worden, welche Impulse während der diskutierten Erkrankungen aktuell wirksam sind und in die Symptomatik eingehen. Dabei wurde deutlich, daß die abgehandelten Symptome in triebdynamischer Hinsicht und auch hinsichtlich der zugrundeliegenden Konflikte enge Zusammenhänge aufweisen. Erst nachdem diese Zusammenhänge deutlich geworden waren, ist es während der praktischen Arbeit im Kreißsaal aufgefallen, daß Frau zu sein und Mutter zu werden für die verschiedenen Gebärenden recht unterschiedliche Bedeutung haben kann. Dabei wurde festgestellt, daß der Verlauf von Schwangerschaft und Geburt davon beeinflußt ist, welches Bild, welche Vorstellung eine Frau von ihrer eigenen Weiblichkeit hat.

Im Kreißsaal und in psychotherapeutischen Behandlungsverläufen wurde deshalb das beobachtende Interesse lange Zeit auf das Bild der eigenen Weiblichkeit gelenkt, das in dem jeweiligen Fall zum Ausdruck kam. Es wurde also ein anderer Standpunkt der Betrachtung eingenommen. Wo sich Gelegenheit bot, wurden wörtliche Aussagen und Bildmaterial zu diesem Thema gesammelt.

Wenn von Bildern der Weiblichkeit die Rede ist, geht es nicht um die Frage, was das Wesen der Weiblichkeit ›in Wirklichkeit‹ sei. Vielmehr wird, wie in der Einleitung betont worden ist, rein empirisch festgestellt, welche subjektive Vorstellung von der eigenen Weiblichkeit bei der betreffenden Frau wirksam ist.

Die Beschäftigung mit diesen bei unterschiedlichen Frauen so unterschiedlichen Bildern der eigenen Weiblichkeit hat zu zwei Erkenntnissen geführt.

Bei der praktischen Arbeit im Kreißsaal wurde nämlich zunächst einmal rein empirisch festgestellt, daß unterschiedliche psychogene Gebärstörungen mit jeweils typischen Bildern und Vorstellungen von der eigenen Weiblichkeit einhergehen. Man kann genauso gut sagen, daß unterschiedliches Gebärverhalten mit jeweils typischen Bildern und Vorstellungen der eigenen Weiblichkeit einhergeht. Denn wie in einer gesonderten Abhandlung gezeigt werden könnte, sind psychogene Gebärstörungen im allgemeinen nichts anderes als ein unzweckmäßiges und damit pathologisches Gebärverhalten.

Die Beobachtung einer Beziehung zwischen Bild der Weiblichkeit und Gebärstörung erweist sich bei näherem Hinblicken als verständlich. Denn es ist notwendigerweise so, daß eine Frau auf Schwangerschaft und Geburt mit ganz anderen Vorstellungen, Gefühlen und Impulsen reagiert, je nachdem welches Bild sie von ihrer Weiblichkeit hat. Gestörtes Verhalten und Symptome sind aber nichts anderes als spezielle Impulse, die sich wegen der Ängste und Hemmungen nur in einer pathologischen Form äußern können.

Die eingehendere Beobachtung der bei den verschiedenen Frauen so unterschiedlichen Bilder der eigenen Weiblichkeit hat in einem weiteren Schritt zu der Erkenntnis geführt, daß ein bestimmtes Bild der eigenen Weiblichkeit jeweils einer bestimmten Entwicklungsstufe zugeordnet ist, die normalerweise im Werdegang einer Frau durchschritten wird. Es gibt also gesetzmäßig ablaufende Entwicklungsstufen des Bildes der eigenen Weiblichkeit. Rückblickend muß diese zweite Erkenntnis als selbstverständlich erscheinen. Denn eine Frau, die zum Beispiel von ihrer Weiblichkeit die Vorstellung hat, daß sie in ihrer Eigenschaft als Frau natürlich nichts anderes als nur die Tochter ihrer Mutter ist, hat in der Tat eine bestimmte Entwicklungsstufe des Tochterseins nicht überschritten. Nur die Bilder der Weiblichkeit haben dabei den Wert einer direkten Beobachtung. Die gleich zu schildernden Entwicklungsstufen des Bildes der Weiblichkeit sind aus diesen Bildern gedanklich abgeleitet.

Bei der Beschäftigung mit diesen Dingen ergab sich unter anderem ein Zusammenhang mit dem in dieser Abhandlung diskutierten Bündel von zusammengehörigen Störungen. Die Frauen mit diesen Symptomen haben nämlich weitgehende Gemeinsamkeiten in bezug auf das bei ihnen wirksame Bild der eigenen Weiblichkeit beziehungsweise in bezug auf die Entwicklungsstufe des Bildes der eigenen Weiblichkeit, auf der sie stehengeblieben sind. Um das näher aufzuzeigen, sollen zunächst die Entwicklungsstufen des Bildes der Weiblichkeit beschrieben werden.

Dabei wird es um die Entwicklung zweier verschiedener Aspekte des Bildes der Weiblichkeit gehen. C. G. Jung (23) unterscheidet Eros und Mütterlichkeit. Der Begriff Eros ist zwar anschaulich, er ist aber durch Vieldeutigkeit belastet. Daher soll hier lieber neben dem Aspekt der Mütterlichkeit vom Aspekt der Liebesbeziehung zum Mann beziehungsweise vom heterosexuellen Aspekt der Weiblichkeit gesprochen werden.

Erste Phase: Symbiose mit der Mutter

Von Symbiose wird in der Biologie gesprochen, wenn eine Beziehung zwischen zwei verschiedenen Pflanzen- oder Tierarten so beschaffen ist, daß beide Arten nicht ohne die biologische Wechselwirkung mit der anderen Art überleben können. Eine Wirtspflanze mag ohne den einwohnenden Pilz nicht leben können und der Pilz kann ohne die Wirtspflanze nicht leben. In einem wie weiten Ausmaß der mütterliche Organismus und der Fötus durch Wechselwirkungen der verschiedensten Art eine Einheit darstellen, in der das Wohlergehen jeder Seite von den biologischen Abläufen der anderen Seite abhängig ist, wird insbesondere durch endokrinologische Untersuchungen immer deutlicher herausgestellt. Der Vergleich mit einer symbiotischen Beziehung besteht also zu Recht.

Diese biologische Symbiose hört aber mit der Geburt nicht vollständig auf. Beim Stillen gibt die Mutter dem Kind Nahrung und das Kind gibt der Mutter die notwendige Befreiung von der Spannung in der Brust. Beiden ist physiologisch gedient. Psychologisch gesehen finden beide Befriedigung. Dieses Beispiel zeigt schon, daß die biologische Symbiose auch mit einer psychologischen Symbiose einhergeht. Weitere Aspekte dieser psychologischen Symbiose haben insbesondere von Harry S. Sullivan eine Betonung gefunden (46). Er beschreibt zum Beispiel, wie die Angst bei der Mutter unausweichlich Angst beim Säugling induziert, und er belegt den nicht zu definierenden Weg, auf dem das geschieht, mit dem Ausdruck *empathy*. Ein anderes Beispiel psychologischer Symbiose ist das, was Sullivan als Zärtlichkeit bezeichnet. Die Bedürfnisse des Kindes, zum Beispiel trockengelegt, genährt oder gewärmt zu werden, rufen in der Mutter das Bedürfnis hervor, das zu tun, was zur Befriedigung des Kindes notwendig ist. Das nennt er die Zärtlichkeit der Mutter. Die psychologische Symbiose ist darin zu sehen, daß das Bedürfnis der Mutter, zärtlich werden zu können, nur dann eine Befriedigung finden kann, wenn das Kind Bedürfnisse hat; und daß andererseits das Kind nur deshalb eine Befriedigung seiner Bedürfnisse finden kann, weil die Mutter ein Bedürfnis hat, zärtlich zu sein. Die Frühstufe der Symbiose hat in der Psychoanalyse erst relativ spät Beachtung gefunden, weil das Interesse zunächst bei den frühen Objektbeziehungen lag. Eine Objektbeziehung im Sinne der Psychoanalyse ist aber nicht sofort nach der Geburt möglich, sondern erst, nachdem das Ich eine gewisse Entwicklung erfahren hat und es zu einer hinreichenden Trennung von Ich und Objekt gekommen ist (R. Spitz [45]. Ausdrücke wie »Physiologische Korrespondenz« zwischen Mutter und Kind (Spitz), »emotionale Symbiose« (Th. Benedek [3]), »basic unity« (M. Little [25]) oder »symbiotisch-parasitäre Beziehung« (M. S. Mahler [28]) beziehen sich auf diese symbiotische Stufe. Besonders geglückt erscheint der Ausdruck »Dualunion« zwischen Mutter und Kind (E. Kutter [24]). Fritz Künkel spricht von einem Ur-Wir, dem ein normaler Wir-Bruch und schließlich das reifende Wir folgen. Ohne all diese wissenschaftliche Literatur weiß jedermann, daß eine Mutter zum Säugling häufig in der Wir-Form spricht: »Wir gehen jetzt schlafen.«

Auf der ursprünglichen Stufe der Symbiose mit der Mutter ist das Erleben des kleinen Kindes noch diffus. Es kennt keine Individualität und keinen Unterschied zwischen männlich und weiblich. Wohl aber kennt es das Erleben naturhaft-körperlicher Vorgänge und das Erleben mütterlicher pflegerischer Zuwendung.

Eine Frau kann nun bis ins Erwachsenenalter hinein weitgehend in einer symbiotischen Beziehung mit der Mutter verharren, das heißt, sie kann auf die Entwicklungsstufe der Symbiose fixiert sein. Das ist meist nach außen hin nicht auf den ersten Blick erkennbar. Selbst in psychoanalytischen Behandlungsverläufen erkennt man solche symbiotische Beziehung zur Mutter mitunter erst nach einiger Zeit. Auch für die erwachsene Frau, deren Erleben sich nicht hinreichend über diese Stufe hinaus entwickelt hat, ist Unsicherheit über die eigene Geschlechtsrolle besonders charakteristisch und der Bereich des heterosexuellen Erlebens bleibt unentfaltet. Auch hat die auf dieser Stufe stehengebliebene Frau kaum den Ansatz zur Entwicklung einer eigenen Individualität vollzogen. Diese Frauen sagen, denken, tun und erleben nichts, ohne daß die Mutter daran teilhaben muß, aber nicht als eine Partnerin oder als eine Gefährtin, vielmehr so, als wenn die Patientin überhaupt nicht imstande wäre, irgend etwas zu tun oder zu erleben, ohne dabei Erlebensgemeinschaft mit der Mutter zu haben. Es ist, als wenn sie die unerschütterliche Prämisse hätte: »Ich bin noch eins mit der Mutter, eigentlich ununterschieden von ihr.«

Da es erfahrungsgemäß schwerfällt, sich eine solche symbiotische Beziehung konkret vorzustellen, seien einige Beispiele angedeutet. Die Mutter einer schizophrenen Patientin wollte für ihre Tochter einen Pullover kaufen. Bei der Ankunft im Krankenhaus war sie überrascht, daß sie den Pullover zwei Nummern zu groß gekauft hatte, so daß er ihr selbst, nicht aber der Tochter paßte. Man würde dieser Frau Unrecht tun, wenn man meinte, hinter dem Irrtum stände die geheime Absicht, den Pullover lieber selbst haben zu wollen. Diese in der Symbiose verharrende Frau kann einfach nicht hinreichend zwischen sich selber und der Tochter unterscheiden. So etwas ist, nebenbei bemerkt, für Mütter schizophrener Patienten recht typisch. Eine andere Patientin stand zwar noch innerhalb dieser engen Erlebnisgemeinschaft mit der Mutter, aber indem sie diese Erlebnisgemeinschaft innerhalb eines Behandlungsverlaufes auszusprechen und zu erkennen lernte, war der erste Schritt zur Überwindung getan. Sie erlebte diese Einheit mit der Mutter als ein körperliches Unbehagen, und sie nahm oft ein kleines Bruchstück einer Tablette Cyclopal, des Schlafmittels also, das die Mutter regelmäßig nimmt. Sie sagte dazu: »Wenn ich dieses kleine Stückchen Cyclopal nehme, dann schläft die Mutter in mir ein und dann fühle ich mich freier.« Sie erlebte die Mutter aber nicht etwa als ein in sich hineingenommenes Objekt, das eine von ihr selber unabhängige Eigenständigkeit habe. In ihrem Erleben sind vielmehr Mutter und sie selbst ununterscheidbar. Eine andere Patientin wiederum meinte, während sie ebenfalls innerhalb einer psychotherapeutischen Behandlung anfing zu entdecken, daß mit ihrer Beziehung zur Mutter irgend etwas eigentümlich sei, sie würde sehr oft ahnen und auch träumen, was die Mutter ihr erst einige Tage später bei den regelmäßigen Wochenendbesuchen sagen würde. Und sie sagte dazu: »Ich habe ein so unheimliches Gespür für die Regungen meiner Mutter. Mutter und ich waren ja auch immer eins. Ich mußte immer ihre Meinung vor den anderen Geschwistern vertreten.« Die Mutter hatte ihren Tadel an den anderen Geschwistern oft nicht ausgedrückt. Die Patientin selbst aber empfand, was die Mutter sagen wollte, und schimpfte mit den jüngeren Geschwistern so, als wenn sie selber die Mutter wäre. Das tat sie deshalb, weil es ihr irgendwie unerträglich war, daß die Mutter eigentlich mit den Geschwistern schimpfen wollte, es aber doch nicht tat. Noch heute könne sie gar nicht anders, als mit starker Gefühlsbeteiligung alle Urteile und Vorurteile der Mutter zu übernehmen, obgleich der eigene Verstand ihr oft ganz anderes sage. Ein Kennzeichen dieser Frauen ist, daß sie von einer dauernden Sehnsucht nach der Wiederherstellung der Symbiose mit der Mutter geprägt sind.

Die stufenweise Entfaltung des Bildes der Weiblichkeit fängt also mit einem recht unpersönlichen mütterlichen Erleben an. Die auf dieser Entwicklungsstufe stehengebliebene Frau agiert diese Mütterlichkeit in einer unreflektierten, naturhaft und triebhaft anmutenden Form ihren Kindern gegenüber, das heißt, sie geht auf im Zustand und in der Funktion der Mutterschaft. Sie geht auf in der Reaktion auf die infantilen Bedürfnisse des Kindes, wobei in ihrem Erleben weder die Individualität des Kindes noch die eigene Individualität eine Rolle spielen. Das Bild der eigenen Weiblichkeit bleibt für sie selber vage und schwer definierbar.

Die Frauen, die in der Symbiose mit der Mutter verharren, kommen häufig wegen verschiedenartigster Symptome zum Psychotherapeuten. Die daher stammende klinische Erfahrung zeigt, daß ein großer Teil dieser Frauen nicht heiratet. Wenn sie doch heiraten, bleibt die Ehe häufig kinderlos. Klinische Erfahrung zeigt außerdem, wie sehr das Mutterwerden gestört ist, wenn der anfängliche Hautkontakt mit der eigenen Mutter, der ja in der Symbiose eine so große Rolle spielt, unzureichend war. Das trifft insbesondere für die unentfaltete Mütterlichkeit schizoider Frauen zu. Harlows experimentelle Ergebnisse an Rhesus-Affen, denen als Baby anstelle des Kontaktes mit der Mutter eine Drahtmutter angeboten worden ist, stellen eine Parallele zu diesen klinischen Beobachtungen dar. Makakus-Affen, die unter experimentellen Bedingungen ohne Kontakt mit einer Affenmutter aufgewachsen waren und die darüber hinaus nur begrenzten körperlichen Kontakt mit anderen Affen gehabt hatten, erwiesen sich später den eigenen Jungen gegenüber als inadäquate Mütter. Keines ihrer Jungen konnte ohne künstliche Hilfe überleben. Auch zeigten diese sogenannten »mutterlosen Mütter« eine Tendenz zu Infertilität. Denn sie wurden lediglich dank einer besonderen Anstrengung von seiten der Zuchtmännchen trächtig (vgl. dazu H. L. Rheingold [39] und I. de Vore [48]). Klinische Erfahrung und Tierexperiment zeigen also gleichermaßen, daß Fertilität und mütterliches Verhalten stark beeinträchtigt sind, wenn die Stufe der Symbiose nicht richtig durchlaufen wird.

Nicht immer jedoch bleibt bei Frauen, die in der Symbiose mit der Mutter verharren, die Mütterlichkeit so weitgehend unentfaltet. Ein naturhafter Drang nach Mutterschaft kann sehr wohl vorhanden sein. Allerdings muß die Frau hinsichtlich dieses naturhaften Dranges nach Mutterschaft äußerst konflikthaft sein. Wenn sie dem Drang, Mutter zu werden, nachgäbe, würde ja die für ihre Lebensfähigkeit notwendige Symbiose mit der eigenen Mutter gefährdet werden. Der naturhafte Drang, Mutter zu werden, steht in Konflikt mit der Notwendigkeit, in der Symbiose zu verharren. Der naturhafte Drang nach Mutterschaft findet daher bei diesen Frauen oft nicht einmal einen archaischen Ausdruck. Er wird vielmehr unterdrückt.

Wenn bei diesen Frauen aber die eigene Mütterlichkeit nicht ganz so weitgehend unentfaltet bleibt beziehungsweise unterdrückt wird, kommt eine Mütterlichkeit zum Vorschein, die so naturhaft und unreflektiert ist, wie es gerade geschildert worden ist. Diese Art von Mütterlichkeit ist so wenig auf die Individualität des heranwachsenden Kindes ausgerichtet, daß man hier am ehesten von einem Mutterinstinkt statt von einem Muttertrieb reden möchte. Die menschlichen Triebe unterscheiden sich ja, wie anfangs gesagt worden ist, von den Instinkten, die angeborene, vererbbare Verhaltensmechanismen sind, durch die Formbarkeit hinsichtlich des Weges, auf dem die Befriedigung erreicht werden soll, und hinsichtlich des Objektes, das zur Erreichung der Befriedigung notwendig ist.

Es wurde schon gesagt, daß die verbleibende symbiotische Beziehung mit der Mutter dem Beobachter meist verborgen bleibt, weil sie sich nicht im manifesten Verhalten der Patientin deutlich erkennbar äußert. Während Schwangerschaft und Geburt aber wird die symbiotische Beziehung mit der Mutter oft intensiver: Es findet eine Regression statt. In der Schwangerschaft und nach der Geburt neigen diese Frauen dazu, depressiv zu werden. Denn die Geburt eines Kindes bedroht ja ihre eigene Bindung an die Mutter. Es droht also ein Verlust der Mutter einzutreten. Aus den ausführlichen Fallberichten einer bislang unveröffentlichten Arbeit von H. L. Luschinsky und S. Markham über hypotone Wehenschwäche (26) kann man folgern, daß die Verfasser bei dieser Gebärstörung Frauen beobachtet haben, die in der Symbiose mit der Mutter fixiert sind. Dadurch, daß diese Frauen so unreife Mütter sind, verursachen sie fernerhin mannigfaltige Pathologie bei den heranwachsenden Kindern. Insbesondere können sie dem Kind emotional nicht gerecht werden.

Das Bild, das diese Frauen von ihrer eigenen Weiblichkeit haben, ist so vage und vor allem so unreflektiert, daß es kaum ausgemalt werden kann. Wenn sie die Mutterschaft nicht ganz abwehren, agieren sie die geschilderte naturhafte Mütterlichkeit, ohne daß sie mit sich selbst oder mit ihrer eigenen Mutter ein definierbares Bild der Mutterschaft verbinden würden. Alles wird ja noch mehr oder weniger als eines erlebt. So ist diese Frau auch von der eigenen naturhaft-dranghaften Mütterlichkeit, die sie agiert, nicht durch Selbstreflektion distanziert, sie ist vielmehr mit dieser Mütterlichkeit identisch, geht in ihr auf. Genauer gesagt: Sie geht auf im Zustand und in der Funktion der Mutterschaft, und sie geht auf in der Reaktion auf die infantilen Bedürfnisse des Kindes, ohne dabei das Kind als Individuum zu erkennen oder seine Individualität berücksichtigen zu können. Weder in bezug auf sich selbst noch in bezug auf das Kind handelt es sich um eine auf die Person bezogene Mütterlichkeit.

Zweite Phase: Die nach außen verlegte Mütterlichkeit der Nur-Tochter

Der erste Entwicklungsschritt besteht in einer zunächst einmal partiellen Auflösung der Dualunion. Das Kind fängt an, sich als eine zumindest teilweise von der Mutter gesonderte Person zu erleben. Mit anderen Worten, die Mutter wird als ein Objekt erkannt. Dabei ist die Beziehung zur Mutter so, als wenn das Kind keine andere Funktion hätte, als nur Mutters Tochter zu sein. Soweit der Vater eine Rolle spielt, macht das kaum einen Unterschied aus. Denn er wird unter denselben Aspekten erlebt, und das Kind ist auch ihm gegenüber Nur-Tochter. Die Nur-Tochter ist noch frei von den Komplikationen des Ödipuskomplexes. Bei dem kleinen Mädchen dieser Entwicklungsstufe finden sich in Spiel und Wort die ersten deutlich erkennbaren Manifestationen einer Mütterlichkeit.

Mit der Auflösung der Dualunion, wenn das Kind anfängt, sich wenigstens teilweise als ein von der Mutter unterschiedenes Wesen zu erleben, erlebt das kleine Mädchen sich also unter dem Bild der Nur-Tochter. Mit der Mutter verbindet es dagegen das Bild einer Mütterlichkeit, die durch orale und destruktive Züge gekennzeichnet ist. In seinem Hunger phantasiert das kleine Mädchen Mutter und Mütterlichkeit unter dem Bild spendender Fülle. Sie erlebt die Mütterlichkeit der Mutter unter dem Primat der Oralität als spendend und mit Üppigkeit ausgestattet. In seiner physiologisch bedingten Schwäche phantasiert das kleine Kind die Mutter als übermächtig, um sich ihrer Führungsrolle anvertrauen zu können. Da die Nur-Tochter sich nicht vorstellen kann, wie sie ohne die Mutter existieren könnte, muß sie die Erfüllung des Wunsches phantasieren, daß die Mutter sie nie hergeben werde. Sie erlebt Mutter und Mütterlichkeit als lebenspendend, gleichzeitig aber auch als einengend, nicht freigebend, zurücknehmend, mit anderen Worten als destruktiv. Die Oralität der Mutter wird also als verschlingend-aggressiv erlebt; vergleichbar der Mutter Erde, die Leben spendet und wieder zurücknimmt. Die Aggressivität, die die Mutter in der Phantasie der Nur-Tochter und oft genug auch in der Realität hat, ist in der mütterlichen Funktion selbst begründet und hat nichts mit einer Ablehnung des Kindes zu tun. Stallhasen, die unter Wassermangel leiden, fressen einen Teil der Jungen auf; nicht weil sie destruktive Tendenzen im Sinne hätten, sondern dieser Instinkt dient der Ernährung der restlichen Jungen, dient der Erhaltung der Art. Die Nur-Tochter phantasiert also eine einengende Art von Mütterlichkeit, die das Kind nicht hergibt, auch wenn die Zeit dazu reif wäre. Obgleich es die Nur-Tochter selbst ist, die diese Phantasie entwickelt, oder richtiger gesagt, gerade weil sie diese aggressiven Züge der Mütterlichkeit phantasiert, ist sie einer von diesem Bild ausgehenden Rückwirkung ausgesetzt. Dieses aggressiv getönte Bild der Mütterlichkeit neigt nämlich dazu, bei der Tochter Protest, also reaktive aggressive Impulse zu konstellieren.

Während das Kind auf der vorigen Entwicklungsstufe noch keine persönlichen Züge am Bild der Mutter erkennen konnte, wird auf dieser Entwicklungsstufe der Unterschied zwischen Mutter und Kind erkannt und bejaht; freilich auf einer Stufe, die noch keine Individualität kennt. Ferner wird die Mütterlichkeit der Mutter als hypertrophiert erlebt. Auch das ist wiederum eine existenzsichernde Wunscherfüllung dieser so abhängigen Nur-Tochter. Im Zusammenhang damit wird die Mütterlichkeit als starr und unplastisch erlebt. Die Mütterlichkeit, die die Nur-Tochter in der geschilderten Form an der Mutter erlebt, weist darüber hinaus noch viele Züge der ursprünglich-dranghaften Mütterlichkeit der vorigen Stufe auf.

Diese archaische Mütterlichkeit wird zwar an der Mutter erlebt, das heißt aber nicht, daß die Mutter in jedem Fall tatsächlich so gewesen sein muß. Insofern die Nur-Tochter nämlich gar keine andere Art von Mütterlichkeit erleben kann, muß sie auch die reale Mutter so erleben. Es handelt sich also um eine Projektion. Freilich gibt es auch Fälle, in denen die reale Mutter der Nur-Tochter tatsächlich auf dieser Stufe der archaischen Mütterlichkeit stehengeblieben ist. Eine Mutter, die so oral spendend und so fürsorglich ist, hat tatsächlich – und zwar notwendigerweise – aggressive Züge, indem sie die Entwicklung der Eigenständigkeit des Kindes verhindert. Wer ein Kind verwöhnt – was etwas ganz anderes als die kindgemäße und sachgerechte Befriedigung der Wünsche des Kindes ist –, hat immer untergründig im Sinn, beim Kind Verpflichtungsgefühle zu erzeugen. Gerade von aufopfernden Müttern hört man, wie sie ausphantasieren, daß sie ja den kinderärmeren Frauen gegenüber im Vorteil sein werden, wenn sie in ihrem Alter von der großen ihnen dienenden Kinderschar umringt sein werden. Und die Erziehungspraxis dieser Mütter beruht auf der Prämisse: »Du kannst dich nicht von mir wegentwickeln, frei von mir sein.« Die ätiologischen Zusammenhänge werden noch eingehend erörtert werden.

Es ist eine der Mutterschaft unausweichlich innewohnende und gleichzeitig schicksalsbestimmende Problematik, daß die Mutter erst dem Kind das Leben gibt und daß sie dann das Kind dem Leben hergeben muß. Diese Aufgabe ist so schwer, daß sie bei manchen Völkern durch gewisse, jährlich zu wiederholende Zeremonien im symbolischen Vollzug immer wieder geübt wird. Man denke nur an manche Träne der Mütter am ersten Schultag. Wie erwähnt, findet sich dieses Thema in manchen Depressionen im Wochenbett wieder. Das Thema der Hergabe des Kindes an das Leben klingt bei der Entbindung an, muß in kleinen Schritten immer wieder geübt und schließlich vollzogen werden. Manche Frauen bringen das nicht fertig und begünstigen damit bei ihrer Tochter das Stehenbleiben auf der Entwicklungsstufe der Nur-Tochter.

Die Nur-Tochter erlebt diese Art von Mütterlichkeit also an der eigenen Mutter; weitgehend infolge von Projektionen, teilweise aber auch, weil die reale Mutter tatsächlich so war.

Die stufenweise Entfaltung des Bildes der Weiblichkeit fängt also mit einem recht unpersönlichen mütterlichen Erleben an. Die erwachsenen Frauen, die auf der Entwicklungsstufe der Nur-Tochter stehengeblieben sind, machen in einer ganz typischen Weise einen unreifen Eindruck. Sie hängen an ihrer Mutter und erscheinen untrennbar von ihr. Auch sie tauschen alles mit der Mutter aus. Sie tun das aber nicht mehr, weil sie nur durch das Teilnehmen am Erleben der Mutter zu eigenem Erleben kommen würden, sondern weil sie aus einem Gefühl der Unsicherheit und Unselbständigkeit heraus die Führung der Mutter brauchen. Ihnen fehlt das Selbstvertrauen der reifen Persönlichkeit und die Selbständigkeit. Sie ersetzen das durch Anklammern an die Mutter, wie sich ein Kind an die Führungsrolle der Mutter anklammert. Sie sind hilflos und unentschieden. Insbesondere können sie keine Verantwortung tragen. Sie vermeiden jede Situation, die ein Sich-Durchsetzen, Aggressivität oder Ärger mit sich bringen könnte. Das heißt, sie sind im äußeren Erscheinungsbild passiv, während ihr unbewußtes, unreflektiertes Erleben durch Reizbarkeit und destruktive Tendenzen, vor allem auch in Reaktion auf Frustrationen, gekennzeichnet ist. Sie haben den pathologischen Wunsch nach Abhängigkeit und Passivität. Die amerikanische Nomenklatur (47) spricht von *passiv-aggressiv personality* und insbesondere von der Unterabteilung *passiv-dependent type*. Passivität und Abhängigkeit der Mutter gegenüber muß aber immer mit oralen Fixierungen einhergehen. Damit haben wir uns der typischen Trieborganisation angenähert, die bei der hier beschriebenen Krankheitsgruppe zu beobachten ist: die aggressiven und oralen Hemmungen, von denen in allen möglichen Schattierungen die Rede war, ordnen sich dem Bild der passiv-abhängigen Persönlichkeit unter.

Bei den Frauen, die auf der Entwicklungsstufe der Nur-Tochter stehengeblieben sind, ist die Entwicklung der eigenen Mütterlichkeit zwar auch noch angsterregend, aber nicht mehr so angsterregend wie bei den Frauen der vorigen Gruppe. Sie können es nicht wagen, sich zu einer eigenständigen Mutterschaft durchzuringen. H. Deutsch befaßt sich zwar nicht mit dem Problem der Entwicklungsstufen der Mütterlichkeit, sie beschreibt aber an einer Stelle (8) den Typus einer jungen Frau, der hier einzuordnen wäre: Der Schwangerschaft würde Ernst und Würde fehlen und sie würde der jungen Mutter eher Spaß machen. Statt dessen würde die Mutter der Patientin den ganzen Ernst der Situation für das ›arme Kind‹ übernehmen. Die Patientin sei das Opfer der Partizipation der Mutter, die die Schwangerschaft der Tochter in der Identifizierung mit ihr genießen würde. Die Schwangerschaft dieser Frauen würde symptomfrei und normal verlaufen.

Die klinische Erfahrung im Kreißsaal bestätigt, daß dieser komplikationslose Verlauf von Schwangerschaft und Geburt für einen Teil der Nur-Töchter durchaus typisch ist. Dabei handelt es sich um jene Frauen, die nicht einmal Unzufriedenheit mit der Rolle der Nur-Tochter wagen können.

Es kommt nämlich nicht nur darauf an, welche Stufe der Mütterlichkeit eine Frau erreicht hat, sondern auch darauf, welche Einstellung die inzwischen erwachsene Frau zu ihrer Entwicklungsstufe einnimmt; ob sie diese Entwicklungsstufe bejaht, sich damit abfindet, oder ob sie sie als eine Einengung erlebt und ablehnt, wenngleich sie diese Fixierung dennoch nicht überwinden kann.

Wenn nun die Frau einen inneren Protest gegen ihre Rolle der Nur-Tochter entwickelt hat, verlaufen Schwangerschaft und Geburt nicht so komplikationslos, wie H. Deutsch es beschreibt, sondern es kann zu den hier abgehandelten auf Ärger beruhenden Symptomen kommen. Die Wahrscheinlichkeit, daß es dabei zu einem untergründigen Protest kommt, ist groß. Denn, da sie eine Nur-Tochter geblieben ist, die nicht erwachsen und nicht eigenständig sein darf, muß die Mutterimago, die sich während der Schwangerschaft und während der Geburt konstelliert, Züge einer bösen Mutter tragen. Es kommt zu Ärger und zu den auf Ärger beruhenden beschriebenen Symptomen. Gerade weil die Schwangerschaft scheinbar so glücklich und harmlos verlief, wird es um so wahrscheinlicher zu Enttäuschung und Ärger kommen, wenn es ernst wird und die Hilfe der Mutter während der Geburt in dem ersehnten Ausmaß gar nicht erfolgen kann.

Wenn die Nur-Tochter selbst Mutter wird, mag sie ihre Mutterschaft in der angedeuteten unwirklich-spielerischen Weise ignorieren. Sie mag aber auch die beschriebene archaische Mütterlichkeit agieren, ohne sich selbst unter dem Bild dieser Mütterlichkeit zu erleben. Gleichzeitig mag sie dazu neigen, Protest gegen die archaische Mütterlichkeit zu erleben. Dann kann es zu Symptomen wie Hyperemesis gravidarum kommen. Denn, mit dem Entstehen eines Bildes der Nur-Tochter und eines Bildes der gleichzeitig spendenden und destruktiven Mutter ist einerseits der ursprüngliche Mangel an Individualität ansatzweise überwunden, anderseits ist aber auch die Grundlage für Konkurrenz und Konflikt gegeben, was bei den so fixierten Frauen zu den erwähnten mannigfachen psychosomatischen Störungen während Schwangerschaft und Geburt führen kann.

Die beiden beschriebenen Formen der Mütterlichkeit sowie die folgende Entwicklungsstufe sollen aus verschiedenen Gründen archaisch genannt werden. Dieser Ausdruck wird vor allem deshalb gewählt, weil es sich um Bilder der Mütterlichkeit handelt, die in der individuellen Genese jeder Frau als Frühform zu beobachten sind. Ferner bringt das Wort archaisch zum Ausdruck, daß diese Mütterlichkeit noch weitgehend einen naturhaft-dranghaften und instinktnahen Charakter hat. Das Wort archaisch soll auch daran erinnern, daß die biologische Hilflosigkeit des Kindes für dieses Frühbild der Mütterlichkeit viel entscheidender ist, als Gegebenheiten unserer heutigen Kultur.

Ein ärztlicher Beobachter kann natürlich nichts darüber sagen, ob die Entwicklung der Mütterlichkeit bei den archaischen Volksstämmen auf dieser Stufe stehengeblieben ist oder darüber hinausging. In dem Buch ›Die große Mutter‹ von Erich Neumann (37) wird jedoch eindringlich dargestellt und an zahlreichem Bildmaterial belegt, daß die Mutter bei alten und auch nicht so alten Völkern auf einer bestimmten Stufe gesetzmäßig unter dem Aspekt der oralen Fülle und unter dem Aspekt der Aggressivität erlebt wird. In den Bildern und Skulpturen vorhistorischer Zeiten und ursprünglicher Völkerschaften hat sie einen dicken, fülligen Leib; sie hat reichlich gefüllte Brüste; sie ist vielarmig spendend oder vielarmig verschlingend; sie zeigt Übergänge zur Todesgöttin, hockt auf dem toten Kind oder frißt die eigenen Kinder auf; das winzige Kind ist gewissermaßen nichts neben ihr, sie aber ist groß und alles. Kurzum, sie ist identisch mit Oralität und Aggressivität.

Man darf die Frage aufwerfen, ob es sich bei diesen Gestaltungen archaischer Völker um ein Bild der Mütterlichkeit handelt, das der Ausdruck einer noch wenig differenzierten Bewußtseinslage ist, oder ob es sich um ein Wunschbild handelt. Es soll hier die Vermutung ausgesprochen werden, daß es sich weitgehend um dieselbe Wunscherfüllungsphantasie handelt, von der auch heute noch ein kleines Mädchen auf der Entwicklungsstufe der Nur-Tochter beherrscht ist. Wo nämlich Ernährung und Landwirtschaft noch erbärmlich sind und eine Existenzfrage darstellen, mag die Mutter um so mehr als füllig-lebenspendend und mit Üppigkeit versehen phantasiert werden. Die biologische Abhängigkeit des kleinen Kindes findet hier eine Parallele in der Abhängigkeit der Existenzgrundlage von der spendenden oder vielleicht auch versagenden *Mutter Natur*. Die Mutter möge, soll so dick und übergroß sein, damit man nicht verhungert. Der Preis aber ist, daß sie aggressive Züge annimmt; daß sie nämlich durch ihre Übergröße den Wünschenden abhängig macht und daß dieser dann eventuell willkürliche Versagungen ihrerseits befürchten muß. In manchen Ländern sterben die Kinder ja heute noch, wenn die Mütter nicht stillen können. In Afrika soll eine Todesursache den Namen ›die Krankheit der Ankunft eines jüngeren Geschwisters‹ tragen.

Für das ganz kleine Kind, nicht aber mehr für die auf dieser Stufe stehengebliebene erwachsene Frau, ist dieses Bild der Mütterlichkeit realistisch und damit angepaßt und nützlich. Bei der erwachsenen Frau kommt es dagegen zu den in dieser Abhandlung beschriebenen Konflikten.

Dritte Phase: Identifizierung mit dem mütterlichen Aspekt der Mutter

Das kleine Mädchen identifiziert sich nun mit der Mutter, aber nicht mit der Mutter schlechthin, sondern zunächst nur mit dem mütterlichen Aspekt der Mutter. Sie behandelt zum Beispiel ihre Puppen so, wie sie sich selbst von der Mutter behandelt fühlt.

Wenn man die Entwicklungsstufen der Mütterlichkeit nur auf das begründen wollte, was man am kleinen Mädchen beobachtet, würde man die Stufe der Nur-Tochter kaum von der Stufe der Identifizierung mit dem mütterlichen Aspekt der Mutter absetzen. Es handelt sich weniger darum, daß diese beiden Stufen zeitlich voneinander abzutrennen wären, sondern es handelt sich um zwei unterschiedliche Leistungen, die das Mädchen in seiner Entwicklung vollbringen muß. Diese zwei verschiedenen Leistungen werden aber deshalb als verschiedene Entwicklungsstufen herausgestellt, weil es einmal erwachsene Frauen gibt, die auf der Stufe der Nur-Tochter fixiert geblieben sind, ohne daß sie die Leistung der Identifizierung mit der Mutter vollbracht hätten, und weil es weiterhin im Unterschied dazu auch erwachsene Frauen gibt, die in der Identifizierung mit der Mutter steckengeblieben sind.

Dieser weitere Entwicklungsschritt der Identifizierung mit dem mütterlichen Aspekt der Mutter stellt eine gewisse innere Verselbständigung von der Mutter dar. Während das Kind sich zunächst lediglich als das Objekt einer archaischen Mütterlichkeit erlebt hatte, fängt es nun an, diese Art von Mütterlichkeit ihren Puppen gegenüber zu praktizieren. Zumindest teilweise und innerhalb der Phantasie des Spieles erlebt das Kind sich nun selbst unter dem Bild archaischer Mütterlichkeit. Das aber bedeutet eine beginnende Ablösung von dem Ausgeliefertsein an die Mutter und von dem Bild der Nur-Tochter.

Es wäre ein Irrtum zu meinen, daß das Mutter-Spielen des kleinen Mädchens lediglich durch Identifizierung zu erklären sei. Wie sollte denn der so mächtige Bereich mütterlichen Erlebens lediglich aus Identifizierung stammen können? Es ist vielmehr genau umgekehrt: die Identifizierung mit dem mütterlichen Aspekt der Mutter ist nur möglich, weil naturhaft schon etwas Mütterlichkeit vorhanden ist. Zumindest als Anlage, als Keim ist sie ja ständig da, auch in den beiden voraufgegangenen Stufen. Und dieser Drang nach Mutterschaft macht es überhaupt erst möglich, daß das Mädchen sich in dieser Art mit der Mutter identifiziert und mit Puppen spielt.

Bei der erwachsenen Frau, die auf einer der ersten beiden zuvor geschilderten Stufen stehengeblieben ist, stellt der Drang nach Mutterschaft, wenn er dennoch angefangen hat, sein Recht zu fordern, eine Bedrohung der Symbiose beziehungsweise des Zustandes der Nur-Tochter dar. Die eigene Mütterlichkeit muß also stark konflikthaft erlebt werden. Daher bleibt ja, wie im vorhergehenden geschildert, die Mütterlichkeit bei den auf den ersten beiden Stufen fixierten Frauen so weitgehend unentfaltet.

Dadurch, daß die Identifizierung mit der Mutter eine gewisse Unabhängigkeit von der Mutter einleitet, ist es für die Frauen, die auf die Identifizierung mit der Mutter fixiert geblieben sind, nicht mehr so gefährlich, selbst Mutter zu werden. Das ist der Grund dafür, warum der naturhaft angelegte Drang nach Mutterschaft auf dieser Stufe leichter manifest werden kann, sowohl beim kleinen Mädchen als auch bei der auf dieser Stufe fixierten Frau. Ja, die erwachsene Frau dieser Entwicklungsstufe ist typischerweise sogar geradezu besessen von dem Wunsch nach einem Kind und von dem Wunsch, selbst Mutter zu sein.

Die letzte Bemerkung stellt die Verbindung zu den Frauen mit Hyperemesis wieder her. Dort wurde ja ausgeführt, wie falsch es ist, zu meinen, Erbrechen sei ein symbolischer Versuch, die Schwangerschaft wieder rückgängig zu machen. Es wurde ausgeführt, daß diese Frauen viel eher durch einen unrealistischen Drang nach immer mehr Kindern charakterisiert sind.

Das Bild der eigenen Weiblichkeit ist bei der auf dieser Stufe stehengebliebenen Frau dadurch charakterisiert, daß sie die Züge der archaischen Mütterlichkeit als mit sich selber identisch erlebt. Wenn die Nur-Tochter ihr Gegenüber als oral-spendend, aber auch als übermächtig, aggressiv und destruktiv erlebt, so nimmt die Frau auf der Stufe der Identifikation mit dem mütterlichen Aspekt der Mutter diese Züge selber an.

Wenn eine solche Frau schwanger wird, zeigt sie eine schon differenziertere und weniger unreflektierte Art der Mütterlichkeit. Denn sie erlebt sich ja schon etwas bewußter als mütterlich, statt Mütterlichkeit lediglich zu agieren. Ihre Mütterlichkeit bleibt aber weitgehend narzißtisch, selbstbezogen und verschlingend. Denn der heterosexuelle Aspekt der Weiblichkeit und das Erosprinzip sind noch nicht entwickelt.

An dieser Stelle sei eine Bemerkung über die Natur der hier beschriebenen Bilder der eigenen Weiblichkeit eingefügt. Es handelt sich um Bilder und Vorstellungen, die eine notwendige Reaktion auf sich wandelnde biologische Gegebenheiten darstellen. In diesem Sinne sind die beschriebenen Entwicklungsstufen des Bildes der eigenen Weiblichkeit biologisch bedingt. Dennoch verlaufen sie nicht mit absoluter Gesetzmäßigkeit. Vielmehr können auch andere Faktoren einen zusätzlichen und modifizierenden Einfluß ausüben.

Wenn zum Beispiel das kleine Mädchen der gegenwärtig diskutierten Entwicklungsstufe sich mit den an der Mutter phantasierten Zügen archaischer Mütterlichkeit identifiziert, kann es entweder zutreffen, daß auch die realen Züge der Mutter dem Bild archaischer Mütterlichkeit entsprechen. Oder es kann sein, daß die realen Züge der Mutter einem Bild der Weiblichkeit entsprechen, das über die archaische Mütterlichkeit hinaus entwickelt ist. Im ersten Fall wird die Tochter um so ausgeprägter in Richtung auf archaische Mütterlichkeit gedrängt. Im zweiten Fall wird sich außerdem noch zusätzlich ein gewisses Gegengewicht bemerkbar machen.

Nicht nur die realen Züge der Mutter, sondern auch soziokulturelle Faktoren, Rollenerwartungen etwa, können auf die biologisch grundgelegten Entwicklungsschritte des Bildes der Weiblichkeit einen zusätzlichen und modifizierenden Einfluß ausüben. Kulturell bedingt ist dabei vor allem auch die Reaktion auf das Bild der eigenen Weiblichkeit; ob die betreffende Frau zum Beispiel die Züge archaischer Mütterlichkeit, auf der sie in ihrer Entwicklung stehengeblieben sein mag, bejaht oder ablehnt. In beiden Fällen ist das manifeste Erscheinungsbild der Frau natürlich merklich unterschiedlich.

Erst nachdem im folgenden die Schilderung der Entwicklungsstufen des Bildes der Weiblichkeit abgeschlossen wird, soll eingehender dargestellt werden, wie die oralen und aggressiven Symptome während Schwangerschaft und Geburt mit einer Fixierung der Patientin auf die Stufe der Nur-Tochter oder auf die Stufe der Identifizierung mit dem mütterlichen Aspekt der Mutter zusammenhängen.

Vierte Phase: Identifizierung mit dem heterosexuellen Aspekt der Mutter

Nachdem die Absetzung von der Mutter durch die Identifizierung mit dem mütterlichen Aspekt der Mutter eingeleitet worden ist, müssen in der folgenden Phase vier verschiedene Leistungen vollbracht werden, die im Fall der normalen Entwicklung nicht voneinander abgetrennt werden können. Sie müssen aber dennoch gesondert betrachtet werden, da die Nichtbewältigung dieser verschiedenen Aspekte zu unterschiedlichen Fixierungen und zu unterschiedlichen Typen der Mütterlichkeit führt.

a) Das kleine Mädchen fängt jetzt an, sich aus der Identifizierung mit dem mütterlichen Aspekt der Mutter teilweise zu lösen. Mit zunehmender Reife aller Funktionen wird sie objektiv unabhängiger. Sie kann daher schrittweise an der mit einengenden Zügen einhergehenden Urmütterlichkeit Anstoß nehmen; an den Zügen archaischer Mütterlichkeit also, mit denen sie sich bislang identifiziert hatte. Der für die ödipale Phase so typische Protest gegen die Mutter beruht, so sei betont, demnach nur zum Teil auf der Konkurrenz um den Vater, den das kleine Mädchen der Mutter gegenüber erlebt.

Schon durch die Identifizierung mit dem mütterlichen Aspekt der Mutter hatte die Abhängigkeit von der Urmütterlichkeit abgenommen. Die jetzt eintretende Ablösung von der Identifizierung mit dem mütterlichen Aspekt der Mutter macht das kleine Mädchen noch unabhängiger von der archaischen Mütterlichkeit. Die weiterhin verbleibende Identifikation mit dem mütterlichen Aspekt der Mutter bezieht sich fortan mehr auf die bei der Mutter vorhandenen Züge einer reiferen Entwicklungsstufe der Mütterlichkeit. Auch ist jetzt eine Vorbedingung für erste Ansätze einer Beziehung zur Mutter von der Art der Partnerschaft zwischen zwei Individuen gegeben. Bei der erwachsenen Frau, die diese Entwicklungsstufe erreicht hat, nehmen die Manifestationen der archaischen Mütterlichkeit ab.

b) Die noch verbleibende Identifizierung mit dem mütterlichen Aspekt der Mutter steht aber fortan nicht mehr so ausschließlich im Vordergrund. Wenn gleichzeitig der Geschlechtsunterschied zwischen Vater und Mutter eine größere Bedeutung annimmt, bezieht sich vielmehr die weitere Identifizierung mit der Mutter zunehmend auf das Verhalten der Mutter dem Vater gegenüber, also auf den heterosexuellen Aspekt beziehungsweise auf den Eros-Aspekt der Weiblichkeit. Damit ist der Bereich der liebevollen und partnerschaftlichen Beziehungen gemeint. Diese wichtige Unterscheidung zwischen Identifikation mit dem mütterlichen oder mit dem heterosexuellen Aspekt der Mutter wird in der Literatur meist nicht beachtet.

Das Bild der eigenen Weiblichkeit wird jedoch fortan nicht mehr ausschließlich von der Beziehung zur Mutter her gestaltet. Vielmehr wird jetzt auch der Vater mit einbezogen. Das kann folgende beide Formen annehmen:

c) Das kleine Mädchen identifiziert sich jetzt mit dem Vater. Wenn die Entwicklung bei dieser Identifikation mit dem Vater stehenbleibt, hat die erwachsene Frau ein männlich determiniertes Bild der eigenen Weiblichkeit. Das daraus resultierende manifeste Erscheinungsbild wurde ausführlich geschildert. Die Frau erlebt sich dann nicht etwa unter dem Bild einer auf den Mann bezogenen Weiblichkeit. Vielmehr erlebt sie sich als ein gleichartiger Kamerad des Mannes. Die eine Untergruppe der Rigidität des Muttermundes ist die dieser Entwicklungsstufe entsprechende Gebärstörung.

d) Das kleine Mädchen entwickelt in der Auseinandersetzung mit dem Vater nicht nur per Identifikation gewisse männliche Züge, sondern sie erprobt dem Vater gegenüber auch weibliche Verhaltensweisen; zum Teil, wie gesagt, in Identifikation mit der Mutter. Darüber hinaus ist für die Bejahung der eigenen Weiblichkeit und für die Entwicklung des heterosexuellen Aspektes im Bild der eigenen Weiblichkeit auch die eroshafte

Zuwendung des Vaters zu ihr als Mädchen notwendig: wie der Vater das kleine Mädchen zum Beispiel anlächelt, wie er zu ihr spricht. Das Entscheidende dieser Phase ist, daß die eigene Weiblichkeit, die bis zu dieser Stufe hin lediglich die Bereiche der Mütterlichkeit beziehungsweise des Tochter-Daseins umfaßte, jetzt um die Entfaltung des Eros-Bereiches erweitert wird. Damit ist gleichzeitig, wie noch zu schildern ist, der Grundstein dafür gelegt, daß sich die Mütterlichkeit über die archaische Stufe hinaus entwickeln kann.

Nur wenn diese Entwicklungsstufe zwar erreicht, dann aber nicht hinreichend bewältigt wird, kann es zur Ausbildung einer durch Penisneid gekennzeichneten phallisch-hysterischen Persönlichkeitsstruktur kommen. Denn, wie in dem Kapitel »Ärger auf das Schicksal bei männlich determiniertem Bild der eigenen Weiblichkeit« gesagt worden ist, Neid auf den Mann und die ständige Notwendigkeit, ihn zu übertreffen, kann nur diejenige haben, die sich selber als vom Mann unterschieden erlebt, die ein auf den Mann ausgerichtetes Bild der eigenen Weiblichkeit erreicht hat. Während die Frau mit dem männlich determinierten Bild der eigenen Weiblichkeit nur männlich aussehende Figuren malen kann – selbst dann, wenn eigentlich Frauenfiguren beabsichtigt sind –, weil nämlich in ihrer Vorstellung einfach kein weibliches Bild vorhanden ist, malt die echte Phallika typischerweise Frauenfiguren mit fliegendem, welligen Haar und aufreizendem Busen. Sie hat nicht nur ein auf den Mann ausgerichtetes Bild der Weiblichkeit, sondern sie trägt sogar ein Bild einseitig erhöhter Weiblichkeit in sich. Allerdings kann sie ihre weibliche Rolle nicht akzeptieren; sie kann die weibliche Rolle nicht vollziehen, und sie hat üble Gefühle hinsichtlich ihrer eigenen weiblichen Körperteile. Sie reizt den Mann auf, um ihn dann abzuweisen und leer ausgehen zu lassen. Sie konkurriert mit den Männern und will sie übertrumpfen. Sie will den Mann erniedrigen und selber größer dastehen als er. All das kann sie aber nur tun, weil sie ein auf den Mann ausgerichtetes Bild der eigenen Weiblichkeit erreicht hat. Diese Unterscheidung zwischen der männlich identifizierten Frau, deren Bild der eigenen Weiblichkeit fast eine Identität mit dem Mann darstellt, und der phallischen Frau im engeren Sinne des Wortes, die ein auf den Mann als Beziehungsperson ausgerichtetes Bild der eigenen Weiblichkeit ausgebildet hat, wird in der Literatur nicht gemacht.

Daß zwischen beiden Frauentypen ein wesentlicher Unterschied besteht, wird auch deutlich, wenn man deren unterschiedliche Gebärstörungen studiert. Gerade beim Studium der Gebärstörungen ist dieser Unterschied ja aufgefallen. Zwar wollen diese Frauen typischerweise dem Mann Schmerz zufügen. Sie selber aber können keinen Schmerz ertragen und neigen während der Geburt zu lautem und vor allem auch zu planlosem und unkoordiniertem Verhalten. Planloses Handeln ist auch sonst eines der Hauptkennzeichen dieser Frauen. Dieses laute, unkoordinierte Gebärverhalten ist ein Ausdruck von Angst. Während die Frau mit männlich determiniertem Bild der eigenen Weiblichkeit während der Geburt zu Ärger und Rigidität des Muttermundes neigt, neigt die phallisch-hysterische Frau im engeren Sinne des Wortes zu Angst während der Geburt.

Zu dem Erleben, das dieser Art von gestörtem Gebärverhalten zugrunde liegt, kann mangels einer größeren Beobachtungsserie nur gesagt werden, daß zumindest manche dieser Frauen positiver zu Geburt und Kind stehen als die Frauen mit männlicher Identität. Diese Beobachtung erscheint verständlich. Für die phallische Frau im engeren Sinne des Wortes trifft ja die alte psychoanalytische Erfahrung zu, daß ein Kind als ein Penisersatz erlebt wird. Dementsprechend erleben diese Frauen in der Phantasie durch die Geburt einen Machtzuwachs. Ob alle phallischen Frauen im engeren Sinne des Wortes eine relativ positive Beziehung zu Geburt und Kind haben, kann nicht entschieden werden. Vereinzelte Stellen der Literatur meinen, daß diese Frauen dazu neigen würden, ihr Kind zu hassen. Ein bestimmter Konflikt wäre vorstellbar: nämlich Neid auf die Geltung, die das Kind davontragen wird. Wenn aber in der Literatur die Rede davon ist, daß die phallische Frau Geburt und Kind als eine narzißtische Kränkung erlebt, stellt sich die Frage, ob nicht ein Fall von männlich determiniertem Bild der eigenen Weiblichkeit zur Beobachtung gekommen ist.

Hinsichtlich der Frage der sogenannten phallischen Frau ist noch eine dritte Möglichkeit zu nennen. Im ersten Schritt mag das Erleben lauten: »Ich bin ein Mädchen, aber ich beneide den Jungen.« Daraufhin mag – gewissermaßen als Lösungsversuch – der zweite Schritt folgen: »Ich brauche den Jungen gar nicht zu beneiden, denn ich bin ja ein Junge.« Eine solche Frau, die ihre Weiblichkeit lediglich leugnet, ist ebenfalls eine Phallika, und sie gehört nicht zur Gruppe des männlich determinierten Bildes der eigenen Weiblichkeit. Denn leugnen kann sie ja nur, wenn sie sich zutiefst doch weiblich erlebt. Es gibt aber auch im Unterschied dazu die beschriebene Gruppe von Frauen, die weder im detaillierten anamnestischen Material noch im tiefenpsychologischen Material zu erkennen geben, daß sie über die Identifizierung mit dem Mann hinausgekommen sind.

Je nachdem welcher dieser vier Aspekte eventuell unerledigt bleibt und zu Fixierungen führt, resultieren im Erwachsenenalter vier unterschiedliche Bilder der eigenen Weiblichkeit. Das Entscheidende dieser Phase aber ist, daß die Vorstellung von der eigenen Weiblichkeit, die bis zu dieser Stufe hin lediglich die Bereiche der Mütterlichkeit und des Tochter-

Daseins umfaßte, jetzt um die beginnende Entfaltung des heterosexuellen Erlebens erweitert worden ist.

Im ungestörten Entwicklungsverlauf, wenn es also an keiner der vier Aufgaben zu Fixierungen kommt, werden im Verlauf der weiteren Entwicklung zwei Leistungen vollbracht:

Der Penisneid wird durch die positive Einstellung zum Vater, durch die Hinwendung zum Vater, überwunden, die mit dem Wunsch nach einem Kind vom Vater verbunden ist. »Ich brauche den Penis nicht, wenn ich vom Vater ein Kind kriege.« Auch Verzicht kann eine Lösungsmöglichkeit für den Penisneid sein.

Ferner ist es zu einer gesunden Entwicklung notwendig, daß die Identifikation mit der Person des Vaters und mit der Person der Mutter abgebaut wird. Die Identifikation darf nicht an den Personen hängenbleiben. Dieser Prozeß erstreckt sich bis weit in die folgenden Entwicklungsstufen des Bildes der Weiblichkeit hinein.

Fünfte Phase: Entwertung der Weiblichkeit und Latenz der Mütterlichkeit

In den Jahren der Vorpubertät treten normalerweise sowohl die mütterlichen Aspekte der Weiblichkeit als auch der Eros-Aspekt im äußeren Erscheinungsbild wieder weitgehend in den Hintergrund. Weibliche und mütterlich anmutende Verhaltensweisen interessieren das Mädchen nicht mehr, ja werden zeitweilig, wenn auch nicht durchgehend, als entwertet erlebt oder sogar bewußt abgelehnt. Turnen und Sport mögen im Vordergrund stehen, und die Beziehung zu Jungen mag von der bangen Frage gefärbt sein, ob sie akzeptiert wird.

Und dennoch entwickelt sich die Mütterlichkeit in dieser und der folgenden Phase, die man als Latenzperiode der Mütterlichkeit zusammenfassen könnte, in einer dem Auge mehr verdeckten Weise weiter. Es dauert Jahre, bis sich all das, was zu wachsen angefangen hat, richtig konsolidiert hat. Die Abwertung des Weiblichen im manifesten Bild ist eine Schutzfunktion, vergleichbar den Deckblättern der Knospe. Wie könnte es auch sein, daß ein Entwicklungsvorgang, der in Gang gekommen ist, wieder völlig aufhört?

Die pflegerische Zuwendung Sachen und Anliegen gegenüber, die sich unter anderem auch in Schönschrift und Handarbeiten äußern mag, ist eine postödipale Weiterentwicklung der Mütterlichkeit. Indem Eigenbelange und Eigeninteressen des Objektes, dem die pflegerische Zuwendung gilt, mit berücksichtigt werden, handelt es sich schon um eine über die naturhaft-verschlingende Art hinausentwickelte Mütterlichkeit. Es wird deutlich, wie in diese Art der pflegerischen Zuwendung schon Aspekte des Eros eingehen. Obgleich die Entwicklung des Eros schon angefangen hat, handelt es sich dabei aber doch um eine Mütterlichkeit, in der die Beziehung zum Mann noch keine größere Rolle spielt; vielleicht abgesehen davon, daß sie in ihrer Phantasie manche Dinge dem Vater zuliebe tut. Es handelt sich also um eine verdeckte Mütterlichkeit, die mehr im Bereich der Sachen praktiziert wird, die schon eine Beziehung zum Eros, aber noch kaum eine Beziehung zum Mann hat.

Sechste Phase: Weiterentwicklung des heterosexuellen Aspektes der Weiblichkeit in der Partnersuche bei weiterer Latenz der Mütterlichkeit

Vor der Pubertät ging die Entwicklung des Bildes der eigenen Weiblichkeit von den mütterlichen Zügen aus und nahm vorläufig abschließend die Identifikation mit dem heterosexuellen Aspekt der Mutter mit in das Bild der Weiblichkeit ein. Nach der Latenzphase treten Entwicklungsschritte in umgekehrter Reihenfolge auf. Diesmal geht der Anstoß nicht vom mütterlichen, sondern vom heterosexuellen Erlebensbereich aus. In den Jahren der Pubertät wird das Bild der eigenen Weiblichkeit für das heranwachsende Mädchen wieder hochaktuell. Es geht ihr dabei aber mehr um den heterosexuellen Aspekt der Weiblichkeit. Sie interessiert sich für den Unterschied zwischen den Geschlechtern und fängt an, ihr Erscheinungsbild, Kleidung und Verhalten, auf einen zukünftigen Partner zu beziehen. Den Kinderwagen der jüngeren Geschwister zu schieben oder im Haushalt hausmütterliche Funktionen zu übernehmen, wird sie dagegen zumindest zeitweise empört ablehnen. Die Mütterlichkeit bleibt weiterhin weitgehend in der Latenz.

Frauen, die in ihrer Entwicklung auf dieser Stufe stehengeblieben sind, neigen zu dem ausschließlich um die Sexualität im engeren Sinne kreisenden Zerrbild der Weiblichkeit, das in Illustrierten so weitverbreitet ist.

Siebente Phase: a) Die den Partner mit einbeziehende Mütterlichkeit

Der Erosaspekt der Weiblichkeit tritt erst auf, nachdem die Überwindung der archaischen Mütterlichkeit eingeleitet ist. Die weithin anerkannte Angabe, daß sich bei der Frau die Beziehungsfunktion aus dem Bild der großen Mutter herausdifferenziert, ist also richtig. Es ist aber auch richtig, und das wird in der Literatur nicht erwähnt, daß sich eine reifere, über das Archaische hinausreichende Mütterlichkeit erst in einem weiteren Schritt aus der Beziehungsfunktion heraus entwickeln kann.

Dieser weitere Entwicklungsschritt geht von der Partnersuche aus und führt dann zu dem Bild der den Partner mit einbeziehenden Mütterlichkeit. Erst wenn es zur Abwendung vom Vater und zur Hinwendung zum Partner gekommen ist, und erst, wenn außerdem Eros seine volle Entfaltung und auch seine Erfüllung gefunden hat, wird ein weiterer Entwicklungsschritt der Mütterlichkeit vollzogen. Wer diese Entwicklungsstufe erreicht hat, wird dem geliebten Mann ein Kind geben wollen beziehungsweise von diesem ein Kind haben wollen. Wer aus dem Verlangen, die partnerschaftliche Beziehung mit dem Mann fortzusetzen, schwanger wird und gebiert, hat zu dem Kind eine von der archaischen Mütterlichkeit unterschiedene Einstellung. Die Mütterlichkeit dieser Entwicklungsstufe ist bewußter und reflektierter, kennt die Partnerschaft mit dem Mann und bezieht den Vater in die Beziehung zum Kind mit ein; respektiert die eigene Individualität und auch die Individualität des Kindes; sie ist realistischer, anerkennt und akzeptiert einen Interessenkonflikt zwischen Mutter und Kind. Auf der präödipalen Entwicklungsstufe kommt es der Frau lediglich darauf an, Mutter eines Kindes zu sein, um es in einer ursprünglichen und naturhaften Mütterlichkeit aufziehen zu können. Sie ist zwar Mutter, aber gewissermaßen ohne Mann. Psychologisch gesehen, handelt es sich lediglich um eine Zweierbeziehung. Die Frau der jetzt diskutierten Entwicklungsstufe will dagegen nicht lediglich ein Kind überhaupt haben, sozusagen der Natur des Ehezweckes gehorchend, sondern sie will ein Kind mit dem geliebten Mann haben. Es ist eine Dreierbeziehung.

Es ist eine eindrucksvolle Beobachtung aus dem Kreißsaal, daß diese Frauen keine psychischen Störungen in der Schwangerschaft oder während der Geburt haben. Diese Frauen mögen Schmerzen haben, aber sie gehen damit in einer gesunden Weise um: Sie leiden unter den Schmerzen, sie verbergen ihr Leiden auch nicht, sie mögen zeitweilig sogar etwas ungeduldig werden; aber das alles in einer kontrollierten Art und Weise und ohne demonstratives Verhalten. Die psychisch ausgereifte Frau, die eine Gefährtin des Mannes geworden ist und eine positive Einstellung zu allen Aspekten der Weiblichkeit erreicht hat, protestiert nicht gegen das Schicksal, sondern sie wird das Schicksal von Schwangerschaft und Geburt hinnehmen, ja, es sogar bejahen. Und sie wird in der Lage sein, in bezug auf ihre anderen Bedürfnisse – zum Beispiel in bezug auf die oralen Bedürfnisse, die bei den hier diskutierten Erkrankungen eine so große Rolle spielen – vernünftige Kompromisse zu schließen. In unserem Zeitalter, das der Frau viel mehr Möglichkeiten gibt als früher, ist die Frau, eben da sie diese Kompromisse fertigbringen muß, stärker darauf angewiesen, eine reifere Stufe der Weiblichkeit zu erreichen, um all der Konflikthaftigkeit, die hier geschildert worden ist, zu entgehen. Diese Frauen, deren eigenes Bild der Weiblichkeit die Beziehung zum Mann mit einschließt, stehen während der Geburt nicht ausschließlich unter der Wirkung einer Mutterimago, sondern es hat sich während der Geburt auch das Bild des Mannes konstelliert. Er ist im Erleben der Frau mit dabei, und zwar in der Form eines Partners. Sie machen nach Austreten des Kindes oft als erstes eine Bemerkung, die den Mann mit einschließt, wie zum Beispiel: »Oh, es ist ein Mädchen geworden! Da wird mein Mann sich aber tüchtig freuen.« Ferner zeigen diese Frauen oft unmittelbar nach dem Austreten des Kindes Mitgefühl mit dem Befinden des Kindes; allerdings in einer nicht sonderlich beängstigten Art und Weise. Eine Frau zum Beispiel sagte sofort: »Der schreit so. Er hat sich aber auch so angestrengt«, wobei keineswegs Sorge, sondern eher ein Gefühl der Zufriedenheit über das prompte Schreien mitschwang. Es ist keineswegs selbstverständlich, daß die erste Reaktion nach dem Austreten des Kindes das Befinden des Ehemannes oder des Kindes mit einbezieht. Gerade die präödipal fixierte Mutter mag als erstes in einer überschwenglichen Art und Weise von dem Kind für sich selbst Besitz ergreifen, oder sie mag mit ihrer eigenen Erschöpfung oder auch mit ihrem eigenen Glück beschäftigt sein: sie ist mehr mit der eigenen Befindlichkeit beschäftigt oder damit, was das Kind für sie selbst bedeutet.

Die Frauen, die die Entwicklungsstufe der den Partner miteinbeziehenden Mütterlichkeit erreicht haben, haben nicht nur keine Störungen während Schwangerschaft und Geburt. Sie sind auch später die besseren Mütter. Sie sind zum Beispiel bereit, der Individualität des Kindes Raum zu geben. Das heißt, nicht diejenige Frau ist die bessere Mutter, die eine Hypertrophie der Mütterlichkeit zeigt, sondern die Frau, die Eros und Mütterlichkeit gleichzeitig entwickelt und integriert hat, die Frau, die diese beiden Aspekte der Weiblichkeit ganz lebt und nicht nur einseitig das eine oder das andere. Diejenigen Frauen aber, die auf einer der vorausgehenden Stufen stehengeblieben sind, haben, wie nur für die Stufe der archaischen Mütterlichkeit näher ausgeführt worden ist, unterschiedliche Störungen bei Schwangerschaft und Geburt.

Siebente Phase: b) Reife Partnerschaft mit dem Mann aus dem Eros-Aspekt heraus

Die Überschriften »Weiterentwicklung des heterosexuellen Aspektes der Weiblichkeit in der Partnersuche bei weiterer Latenz der Mütterlichkeit« und »Die den Partner mit einbeziehende Mütterlichkeit« verdanken ihre Formulierung dem Umstand, daß die zur Diskussion stehenden Störungen von Schwangerschaft und Geburt eine Darstellung des mütterlichen Aspektes der Weiblichkeit erfordern. Mit der letzteren Überschrift sollte aber nicht etwa der Eindruck erweckt werden, der wesentliche Aspekt einer reifen Partnerschaft sei unter allen Umständen, daß die Mütterlichkeit eine besonders betonte Entfaltung erfahren haben müsse. Es wurde soeben gesagt, erst wenn Eros seine volle Entfaltung und auch Erfüllung gefunden habe und ein Verhältnis echter Partnerschaft hergestellt sei, würde in einem weiteren Entwicklungsschritt des Bildes der Weiblichkeit die Mütterlichkeit eine Weiterentwicklung erfahren. Damit ist schon angedeutet worden, daß es sehr wohl eine reife Partnerschaft mit dem Mann aus dem Eros-Bereich heraus geben kann, in der die Mütterlichkeit nicht die entscheidende Rolle spielt. Die reifere Beziehung zum Mann und die reifere Beziehung zum Kind entwickeln sich parallel, und beide Entwicklungen können und sollten eigentlich ineinander übergreifen. Die Herausarbeitung der Stufe der den Partner mit einbeziehenden Mütterlichkeit beschrieb dabei in erster Linie die Beziehung zum Kind und nur einen Teil der Beziehung zum Mann.

Die Möglichkeit einer vornehmlich im Eros-Bereich wurzelnden Beziehung zwischen Mann und Frau sollte also in der Schilderung der Entwicklungsstufen des Bildes der Weiblichkeit weder ausgelassen noch unterbewertet werden. Ganz im Gegenteil sei daran erinnert, daß viele Ehen gerade aus dem Grund scheitern, weil eine Partnerschaft im Eros-Bereich infolge eines Überwucherns der Mütterlichkeit nicht zustande kommt.

Achte Phase: Spätere Fortentwicklung der Mütterlichkeit

Wenn in dieser Abhandlung von der Existenz eines ›Muttertriebes‹ ausgegangen worden wäre, müßte die Überschrift zu diesem Abschnitt »Sublimierung der Mütterlichkeit« lauten. Die Frage, ob man in einem wissenschaftlichen Sinn von einem eigenständigen Muttertrieb sprechen soll, ist aber so komplex, daß ihre Abhandlung eine gesonderte Monographie erfordern würde. Nur zwei der mannigfaltigen Problemkreise seien angedeutet. Manche würden zu der Meinung neigen, der Drang nach Mütterlichkeit sei lediglich der Ausdruck einer Kombination der verschiedensten prägenitalen und genitalen Triebe. Manche würden zu der Meinung neigen, reife Mütterlichkeit sei nichts anderes als die Art der Objektbeziehung auf der genitalen Stufe. Insofern in dieser Abhandlung Bilder der eigenen Weiblichkeit, Manifestationsformen der Mütterlichkeit und ein dranghafter Wunsch nach Mutterschaft beschrieben worden sind, ist die Diskussion innerhalb der zu beobachtenden Phänomene geblieben, und die Frage der Annahme eines gesonderten Muttertriebes ist ausgeklammert geblieben. Daher wird an dieser Stelle nicht von einer Sublimierung des Muttertriebes, sondern von einer Fortentwicklung der Mütterlichkeit gesprochen. Die biologischen Gegebenheiten bringen es mit sich, daß eines Tages die herangewachsenen und unabhängig gewordenen Kinder der Mutter kaum noch bedürfen. Die Frau hat aber weiterhin das Bedürfnis, mütterliche Zuwendung zu geben. Dabei wird die Lage der Frau um so mißlicher sein, wenn in ihrer Mütterlichkeit die zärtliche Befriedigung infantiler Bedürfnisse eines kleinkindlichen Objektes im Vordergrund steht. Die Aufgabe an den eigenen Kindern ist also eines Tages weitgehend erfüllt, das Bedürfnis nach mütterlicher Betätigung hält aber an. Der Ausgang dieses Konfliktes kann unterschiedlich aussehen. Bei der reifen Frau ist jetzt ein Wandel der Mütterlichkeit zu beobachten. Indem die fürsorgliche Tätigkeit sich jetzt Vereinen, Institutionen, Aufgaben, Sachen oder Tieren und Pflanzen zuwendet, findet eine Erweiterung des Objektes statt. Indem die Frau jetzt vielleicht in Weisheit und Güte eine Gemeinschaft zusammenhält oder einer andersartigen Aufgabe gerecht wird, finden ihre mütterlichen Tendenzen in einer neuen Art der Betätigung eine Befriedigung. Wenn aber das Ziel der Befriedigung infantiler Bedürfnisse nicht umgewandelt werden kann, mag die Frau sich bestimmten sozialen Berufen zuwenden. Ein typischer Wandel besteht auch darin, daß Eros und Mütterlichkeit sich jetzt mehr überschneiden als zuvor. Beide Bereiche sind jetzt weniger stark voneinander unterschieden.

Je nachdem, ob der heterosexuelle Aspekt beziehungsweise das Eros-Prinzip und das mütterliche Prinzip voneinander isoliert sind, sich wechselseitig ausschließen oder mehr oder weniger weitgehend miteinander kontaminiert sind, resultieren nämlich recht unterschiedliche Formen der Weiblichkeit, insbesondere unter Umständen auch Zerrformen der Weiblichkeit.

Es ist etwas ganz Geläufiges, daß manche Frauen, die nicht heiraten können oder nicht heiraten wollen beziehungsweise die keine Kinder haben können oder haben wollen, ihre Mütterlichkeit schon in einem früheren Lebensabschnitt in sozialen Berufen und dergleichen unterbringen können.

Manche Frauen können aber Anpassung und Wandel der Mütterlichkeit nicht fertigbringen, obgleich die Kinder inzwischen erwachsen sind und in biologischer und wirtschaftlicher Hinsicht Unabhängigkeit erreicht haben. Diese Frauen leiden unter sich selbst und klagen die Wechseljahre, das Schicksal und die Undankbarkeit der Kinder an. Sie lassen aber auch die Kinder leiden. Es sei zum Beispiel an die Mutter eines Mannes mit außerordentlicher beruflicher Karriere erinnert, der aber mit seinen fünfzig Jahren die Wohngemeinschaft mit der Mutter noch nicht aufgeben konnte und der wiederholt Verhältnisse zum Abbruch gebracht hatte, sobald Eheschließung drohte. In dem Zustandekommen seiner Sucht-Symptomatik spielte die Unfähigkeit der Mutter, den diskutierten Wandel der Mütterlichkeit fertigzubringen, eine wesentliche Rolle. In anderen Fällen wird der Sohn nicht süchtig, sondern homosexuell.

Mit der Menopause fällt bei manchen Frauen der heterosexuelle Aspekt der Weiblichkeit wieder weitgehend aus. Das gilt sowohl im körperlichen wie auch im psychischen Sinn. Oft spielt dabei die Erwartung, die Natur wolle es so, eine Rolle, vielleicht nicht die primäre, wohl aber eine zusätzliche Rolle. Der ärztlichen Wissenschaft und Erfahrung ist gerade in den letzten Jahrzehnten immer deutlicher geworden, wie falsch und schädlich eine solche Annahme ist. Solche älteren Frauen kehren nicht selten wieder zu einer Art der Mütterlichkeit zurück, die den Entwicklungsstufen der archaischen Mütterlichkeit vergleichbar ist. Zumindest mögen sie es partiell tun. Eine solche Regression zur Urmütterlichkeit tritt aber keineswegs immer und normalerweise auf. Es sei an die schon erwähnten Großmütter erinnert, die geradezu die Mentalität kleiner Kinder annehmen. Sie leben und erleben mitunter nur noch in der Partizipation mit den heranwachsenden kleinen Kindern.

Die Darstellung dieser Entwicklungsstufen hat nach mehreren Seiten hin eine Einschränkung erfahren. Zum Beispiel haben die verschiedenen Entwicklungsstufen und Aspekte der Weiblichkeit eine ungleiche Betonung und Ausarbeitung erfahren. Das geschah, um das Thema dieser Abhandlung nicht allzuweit zu überschreiten. Bei dem geschilderten Bündel von untereinander verwandten Symptomen während Schwangerschaft und Geburt ist es ja gerade entscheidend, daß das Bild der eigenen Weiblichkeit ganz auf den mütterlichen Aspekt beschränkt bleibt. Von der Entwicklung des heterosexuellen Aspekts im Bild der eigenen Weiblichkeit war daher nur insoweit die Rede, als es zum Verständnis des Bildes der Mütterlichkeit notwendig ist. Die Frage, ob es auch in diesem Bereich typische Wandlungen gibt, ist nicht angeschnitten worden, und Fehlentwicklungen, die durchaus im Bereich des möglichen liegen, wurden nur angedeutet.

Eine zweite Einschränkung besteht darin, daß hauptsächlich die Zuordnung der hier zur Diskussion stehenden Symptome zum Bild archaischer Mütterlichkeit dargestellt wurde. Die Zuordnung anderer Gebärstörungen zu den entsprechenden Entwicklungsstufen des Bildes der Weiblichkeit ist nur angedeutet worden.

Zu wünschen wäre nicht nur eine Darstellung des Bildes, das die Frau selbst von ihrer Weiblichkeit hat, sondern auch eine Darstellung des Bildes, das der Mann von der Weiblichkeit hat. Ferner wäre eine Darstellung der Entwicklung des Bildes der eigenen Männlichkeit sowie auch des Bildes, das die Frau von der Männlichkeit hat, erwünscht.

Die Beziehung zwischen archaischer Mütterlichkeit und Störungen während der Schwangerschaft und Geburt

Es ist schon an verschiedenen Stellen angedeutet worden, daß die hier diskutierten Symptome und Erkrankungen einem bestimmten Entwicklungsabschnitt der Mütterlichkeit zugeordnet sind. In der Tat muß es als ein durch regelmäßig wiederholte Beobachtung belegter Befund angesehen werden, daß die Frauen mit den hier diskutierten Symptomen in der Entwicklung ihrer Weiblichkeit auf der Stufe der Nur-Tochter oder auf der Stufe der Identifikation mit dem mütterlichen Aspekt der Mutter stehengeblieben sind.

Archaische Mütterlichkeit als Erklärung für das Zustandekommen der durch orale und aggressive Hemmungen gekennzeichneten Persönlichkeitsstruktur

Man würde es sich zu einfach machen, wenn man in der Ätiologie dieser Erkrankungen nur auf eine direkte Beeinträchtigung der Oralität und der Aggressivität achten würde, um von daher das Zustandekommen der Persönlichkeitsstruktur zu erklären. Es geht in einem sehr weitgehenden Ausmaß um die Entwicklungsstufen des Bildes der eigenen Weiblichkeit.

Das Zustandekommen der zur Diskussion stehenden Persönlichkeitsstruktur ist zwar zum Teil durchaus dadurch zu erklären, daß es infolge von Angst erzeugender Umwelteinflüsse – etwa in Form von Versagung oder Verwöhnung – zu Verformungen des oralen und des aggressiven Erlebens gekommen ist. Die sekundäre Auseinandersetzung mit diesen Gehemmtheiten hat dann zu den geschilderten Zügen wie Opferhaltung, Bescheidenheitshaltung und so weiter geführt. Ätiologisch können dabei, wie immer wieder angedeutet worden ist, frühkindliche umweltbedingte Störungen eine Rolle spielen, die primär die Entwicklung der oralen Triebe beeinträchtigen. Dem Kind mögen zum Beispiel Schuldgefühle eingeimpft worden sein, wenn es sich etwas wünscht. Oder es mag dem Kind jedes Mal, wenn der appetitanregende Eiswagen in Sicht kommt, verboten werden, sich vom eigenen Taschengeld Eis zu kaufen; man wisse nicht, ob das Eis hygienisch einwandfrei sei. Dieselbe Mutter aber mag dem Kind häufig hygienisch einwandfreies Eis bester Qualität aus der Konditorei kaufen, sobald sie – nämlich die Mutter selbst (!) – an Eis denkt. Bei solchen oder ähnlichen erzieherischen Maßnahmen werden die oralen Impulse durch die Erfahrung geschädigt: »Ich darf für meine Appetenz nichts selbst tun, aber ich kriege alles, wenn ich die Aktivität den anderen überlasse. Appetit führt zu nichts, wenn es der eigene Appetit ist; Appetit führt nur zu etwas, wenn der andere daran denkt.« Wenn ein Kind beim Stillen wochenlang fünf- oder sechsmal zwischendurch von der Brust genommen und gewogen wird, damit das Soll nicht überschritten wird, wird die Entwicklung oralen Erlebens direkt und primär geschädigt. Derartige Störungen der Oralität und Aggressivität können in der Entwicklung der hier diskutierten Persönlichkeitsstruktur in der Tat eine Rolle spielen. Außerdem wurde erwähnt, daß die Identifizierung mit entsprechend strukturierten Müttern die Entwicklung der hier geschilderten Persönlichkeitsstruktur begünstigen kann.

Es ist aber gar nicht gesagt, daß in der Vorgeschichte derartige ätiologische Einflüsse immer eine grobe Rolle gespielt haben. Vielmehr gilt oft ein andersgerichteter Kausalzusammenhang, daß nämlich die Hemmungen im Bereich der Oralität und Aggressivität Folge einer Störung der Entwicklung der eigenen Weiblichkeit ist. Das Stehenbleiben auf einer Stufe des Bildes archaischer Mütterlichkeit macht das Zustandekommen dieser Triebkonstellation oft erst verständlich: selbst die erwachsene Frau phantasiert dann noch Mutter und Mütterlichkeit als übermäßig oral spendend und als übermächtig, aggressiv und destruktiv. Es ist dann durchaus nicht immer so, daß die Mutter all die Züge, die die Patientin an ihr schildern mag, in der Realität wirklich gehabt hat.

Diejenige Frau, die sich mit dieser archaischen Mütterlichkeit identifiziert und sie agiert, muß aber selber riesige oral-verschlingende Tendenzen entwickeln, insbesondere wenn sie schwanger ist. Weil sie aber so ungeheuer starke oral-verschlingende Tendenzen entwickelt, muß sie diese abwehren. Eine so ungeheure Oralität kann in unserer Kultur nicht konfliktfrei erlebt werden. Sie muß also orale Hemmungen entwickeln, was in sekundären Entwicklungsschritten zu den beschriebenen Zügen wie Opferhaltung und so weiter führt. Die Antwort auf die Frage, warum diese Frauen überhaupt oral gehemmt sind, muß also oft lauten: weil sie in der Entwicklung ihrer Weiblichkeit auf der Stufe archaischer oral-verschlingender Mütterlichkeit stehengeblieben sind, müssen sie die Oralität abwehren und orale Hemmungen entwickeln.

Diese Hypertrophie archaischer Mütterlichkeit zeigt sich bei den Frauen mit Hyperemesis auch darin, daß sie selbst dann einen triebhaften Wunsch nach Schwangerschaft haben, wenn andere Frauen in Anbetracht der äußeren Umstände eine Schwangerschaft gerade nicht wünschen würden; weil sie zum Beispiel unverheiratet sind.

Archaische Mütterlichkeit hat die geschilderten aggressiven Züge. C. G. Jung schreibt: »Ein unbewußter Eros äußert sich immer als Macht« (23). Die Aggressivität der Frau mit der hier diskutierten Symptomatik ist also nicht nur aus der Erwartung oraler Frustrierungen heraus zu erklären. Wer den archaischen Muttertrieb, bei dem ja Eros noch unentwickelt geblieben ist, agiert oder sich sogar mit ihm identifiziert, übernimmt notwendigerweise einen rücksichtslosen Machtwillen. Solche Machtgelüste aber müssen abgewehrt werden und führen zu den beschriebenen aggressiven Hemmungen. Denn es ist wiederum so, daß eine so ungeheuere Aggressivität in unserer Kultur nicht konfliktfrei erlebt werden kann. Um die Hypertrophie eines archaischen Muttertriebes zu vermeiden, braucht die Frau zusätzlich zu dem Muttertrieb unbedingt kompensatorisch die Weiblichkeit des nichtmütterlichen Bereiches, nämlich die Partnerschaft zum Mann und den Erosbereich. In der Beschreibung der Frauen mit Hyperemesis wurde aber erwähnt, daß die Sexualität dieser Frauen, und damit auch der Erosbereich, weitgehend unentwickelt geblieben ist.

An dieser Stelle sei wiederum eine Nebenbemerkung eingefügt. Für Erkrankungen innerhalb der Frauenheilkunde gilt ganz allgemein, daß psychogene Symptome im Bereich der Gynäkologie im engeren Sinne des Wortes ätiologisch meist mehr mit dem Bereich der Liebesbeziehung zum Mann zusammenhängen. Psychogene Störungen innerhalb der Geburtshilfe zeigen dagegen eher einen Zusammenhang mit dem Entwicklungsstand der Mütterlichkeit. Es stellt sich die Frage, ob bei den in dieser Abhandlung diskutierten Erkrankungen der heterosexuelle Bereich später – also sekundär – verdrängt worden ist, oder ob es sich um eine primäre Verkümmerung beziehungsweise um ein Unterentwickeltbleiben der Liebesbeziehung zum Mann handelt; etwa infolge des Stehenbleibens bei einem archaischen Bild der Mütterlichkeit. Der Umstand, daß die diskutierten Frauen kaum psychogene Erkrankungen im Bereich der Gynäkologie im engeren Sinne des Wortes haben, weist mehr auf eine Unterentwicklung und weniger auf eine Konflikthaftigkeit im Bereich des sexuellen Erlebens hin.

Archaische Mütterlichkeit macht also das Zustandekommen der so typischen Persönlichkeitsstruktur in vielen Fällen erst verständlich. Wie aber kommt es zu einer derartigen Fixierung auf eine Stufe archaischer Mütterlichkeit, wenn frühkindliche, direkt an der Oralität und Aggressivität ansetzende Schädigungen häufig nicht die entscheidende Rolle spielen?

Die Entwicklungsstufe der Weiblichkeit, die die Mutter der Patientin erreicht hat, spielt eine entscheidende Rolle. Es kommt da zu Wechselwirkungen, zu einem Rollenspiel zwischen Mutter und Kind.

Ein Stehenbleiben auf der symbiotischen Stufe kann zum Beispiel die Folge davon sein, daß schon die Mutter auf dieser Stufe stehengeblieben ist und nun aus ihren eigenen Bedürfnissen heraus die normale anfängliche symbiotische Beziehung zur Tochter aufrechterhält; einmal, weil sie andersartige Beziehungen kaum kennt, und dann auch, weil sie vielleicht einen Ersatz für die Symbiose mit der verlorengegangenen eigenen Mutter braucht. Auch wenn es zu einem Verharren auf der Stufe der Nur-Tochter oder auf der Stufe der Identifizierung mit dem mütterlichen Aspekt der Mutter gekommen ist, kann das Bild der Weiblichkeit, das die Mutter hat, und können die Bedürfnisse, die die Mutter hat, ätiologisch die entscheidende Rolle spielen. Es sei an die einengenden und festhaltenden Tendenzen der archaischen Mutter erinnert, die eine eigenständige Entwicklung der Tochter erschweren. Die Identifizierung mit dem heterosexuellen Aspekt der Mutter ist erschwert, wenn die Mutter selbst den Erosbereich der Weiblichkeit nicht entwickelt hat. Wenn die Mutter keine Bezogenheit auf den Mann hat, kann sich die Tochter auch nicht mit den auf den Mann bezogenen Zügen der Mutter identifizieren. So schleppt sich eine mangelhaft entwickelte Weiblichkeit mitunter von Generation zu Generation. Es kann aber auch sein, daß die Tochter einen Protest gegen die Nur-Mütterlichkeit der Mutter entwickelt und daher einseitig den Bereich des Eros entfaltet. Wenn aber aus Protest alle mütterlichen Züge aus dem Bild der eigenen Weiblichkeit verdrängt werden, kann das nicht mit einem gesunden Eros, sondern nur mit einer Zerrform der Liebesbeziehung zum Mann einhergehen. Ferner kann es sein, daß der Vater nur Weiblichkeit in Form von Mütterlichkeit akzeptieren kann und daher weder bei seiner Frau noch bei seiner Tochter Erosverhalten toleriert. Auch kann es sein, daß die Mutter selbst zwar den Erosbereich entwickelt hat, daß sie aber eine negative Einstellung dazu einnimmt und daher keinerlei derartiges Verhalten bei ihrer Tochter akzeptieren kann.

Wenn sich bei der Mutter eine Hypertrophie des Mütterlichen findet, kann das bei der Tochter die verschiedensten Folgen haben. Die Tochter mag zum Beispiel auch in der Hypertrophie des Mütterlichen steckenbleiben. Sie übernimmt wie ihre Mutter die Opferhaltung, ohne zu protestieren. Die Opferhaltung funktioniert dann, und es kommt zu keiner Symptomatik. Es kann aber auch sein, daß die Tochter die archaische Mütterlichkeit und Opferhaltung der Mutter zwar übernimmt, aber innerlich dagegen protestiert. Die Opferhaltung funktioniert nicht mehr, und die Mutter mit Hypertrophie der Mütterlichkeit hat eine Tochter mit einem der hier diskutierten Symptome. Die Mutter mit Hypertrophie der Mütterlichkeit kann aber auch eine Tochter mit einer Übersteigerung einer ungesunden Art von Eros haben. Dabei entsteht zwar nicht Hyperemesis, wohl aber vielleicht eine psychogene Erkrankung im Bereich der Gynäkologie.

In der Frage, ob in der Ätiologie der hier diskutierten Symptome die frühkindlichen Beeinträchtigungen direkt an den prägenitalen Trieben oder aber an der Entwicklung des Bildes der eigenen Weiblichkeit einsetzen, spricht die Erfahrung eher für eine Betonung des letzteren Faktors. Sicherlich koinzidieren aber beide Wege, und es bestehen dabei sogar wechselseitige Rückwirkungen. Eine Mutter, die verhindert, daß die Entwicklung der Tochter über das Bild archaischer Mütterlichkeit hinausgeht, muß ja selber auch auf anderen Gebieten gestört sein, so daß sie sicherlich die Entfaltung und Entwicklung der Triebe des Kindes auch auf einem direkteren Wege beeinträchtigen wird. Eine Wechselwirkung in umgekehrter Richtung liegt vor, wenn eine Fixierung auf die orale Phase Sehnsucht nach und Abhängigkeit von der Mutter und somit archaische Mütterlichkeit verursacht.

Übrigens finden sich auch Fälle, in denen es eine Regression ist, die dazu führt, daß eine erwachsene Frau im manifesten Erscheinungsbild Züge einer archaischen Mütterlichkeit zeigt. Eine Frau hatte zum Beispiel mit zehn Jahren ihren Vater, dessen fröhlicher Liebling sie gewesen war, verloren. Sie konnte sich dem Einfluß der Mutter, die fortan die ganze Person der Tochter für sich beanspruchte, nicht entziehen. Aus Enttäuschung über den Vater und alle Männer und dem Druck der Mutter folgend, flüchtete sie in eine nur weiblich-mütterliche Welt und nahm partiell sogar wieder symbiose-ähnliche Beziehungen mit der Mutter auf. Entsprechend der Tatsache, daß die Entwicklung schon einmal weiter fortgeschritten war, nämlich vor der Enttäuschung am Vater, zeigte sie nur partielle Züge archaischer Mütterlichkeit.

Man könnte die Frage stellen: Kann das Kind einer Mutter, die die Stufe des Bildes einer reiferen Mütterlichkeit erreicht hat, sich nicht gleich mit den Zügen dieser reiferen Mutter identifizieren? Muß es dennoch durch die Stufe der archaischen Mütterlichkeit gehen? Der vorausgehende Text gibt die Antwort. Es ist unausweichlich und biologisch bedingt, daß die Entwicklung mit dem Bild archaischer Mütterlichkeit anfängt. Freilich hat ein solches Kind dennoch eine bessere Chance, wenn es sich in späteren Stufen der Entwicklung mit der reiferen Weiblichkeit der eigenen Mutter identifizieren kann.

Eine Diskussion der Frage der Ätiologie ist dadurch erschwert, daß es sich dabei niemals um das reine Aufzählen von Befunden handeln kann. Zwar ist es ein Befund, daß die hier geschilderten Frauen eine bestimmte Triebkonstellation zeigen und daß sie auf ein bestimmtes Bild der eigenen Weiblichkeit fixiert sind. Aber bei der Behauptung von Kausalzusammenhängen muß man schon sehr viel vorsichtiger sein, und wir können daher nur mit weniger großer Sicherheit sagen, wie diese Fixierungen zustande gekommen sind.

Es soll der Eindruck vermieden werden, daß die psychologische Bedeutung der archaischen Mütterlichkeit mit dem Zustandekommen der geschilderten Persönlichkeitsstruktur und ihren psychosomatischen Folgen für Schwangerschaft und Geburt erschöpft sei. Die mannigfaltigen Folgen archaischer Mütterlichkeit außerhalb von Schwangerschaft und Geburt würden den Rahmen dieser Abhandlung sprengen. Eine Andeutung muß genügen.

Es ist ja ein wesentlicher Zug der archaischen Mütterlichkeit, daß dabei der Mann keine adäquate Rolle spielt. In der Realität ist aber die Funktion von Ehemann und Vater nicht beiseite zu schieben, und eine Weiblichkeit ohne eine hinreichende Beziehung zum Mann kann in unserer Kultur nicht konfliktfrei funktionieren. So kann es zu mancherlei Zwist und Ehestörungen und zu einer Beeinträchtigung der Entwicklung der Kinder kommen, wie alle Mitarbeiter einer Ehe- und Erziehungsberatungsstelle leicht zusammentragen könnten.

Schon in dem Kapitel über Ekelgefühle wurde erwähnt, daß nicht alle Frauen mit archaischer Mütterlichkeit Schwangerschaftserbrechen zu haben brauchen. Eine solche Frau, die dennoch ganz ausgeprägte Züge einer archaischen Mütterlichkeit zeigte, bezog von ihren Kindern eine große narzißtische Befriedigung: nur von ihren Kindern, insbesondere von ihren Söhnen, bezog sie ihr ganzes Selbstwertgefühl. Die Kinder erfüllten sie mit Stolz, und sie nannte ihre Kinder ihren Reichtum, ihren Schatz. Dadurch war die dennoch vorhandene orale Konkurrenz, die sie sehr wohl mittels deutlicher vorwurfsvoller Vorhaltungen zum Ausdruck brachte, so übertönt, daß es zu keinem untergründigen Protest und damit auch zu keinem Schwangerschaftserbrechen kam. Übelkeit und morgendliches Erbrechen waren in den Schwangerschaften vorhanden. Unabhängig von den Schwangerschaften hatte sie Sodbrennen und Magengeschwüre, also eine orale Symptomatik. Wenngleich die in dieser Abhandlung diskutierten Folgeerscheinungen archaischer Mütterlichkeit in der Schwangerschaft nur ganz angedeutet aufgetreten sind, hatte sie dennoch die gesunde Entwicklung ihrer Kinder beeinträchtigt. Denn sie hatte keinen Sinn für die Individualität der Kinder. Es kam ihr auf die Zahl der Kinder an, die die Natur, wie sie es meinte, hervorbringen wollte und sollte. Da die Kinder ihr gehören würden, wie sie betonte, forderte sie bedingungslosen Gehorsam bis zum Tode. »Ihr sollt mir gehorchen und mir untertan sein, so wie ich der Natur gehorcht habe und euch geboren habe!« Das ist der destruktive Aspekt der archaischen Mütterlichkeit. Die Krankengeschichten des Ehemannes und der Kinder darzustellen, wäre ein gesondertes Thema.

Eines aber dürfte deutlich geworden sein. So kann sich eine vielgestaltige Symptomatik von Generation zu Generation schleppen, die deskriptiv gesehen ganz unterschiedlich erscheint, die aber dennoch eines gemeinsam hat, daß nämlich in der Ätiologie archaische Mütterlichkeit eine entscheidende Rolle spielt. Das Problem der Beziehung zwischen elterlichem Konflikt und kindlicher Neurose hat H. E. Richter (41) einer eingehenden Untersuchung unterzogen.

Anhand des letzten Falles sei noch angedeutet, daß die Psychologie der archaischen Mütterlichkeit auch in der Kontrazeptionssprechstunde ein besonderes Problem darstellt. Jene Patientin war, wie so viele archaische Mütter, ein Feind jeglicher Kontrazeption. Viele ähnlich strukturierte Frauen – nicht jedoch diese – äußern allen möglichen kontrazeptiven Methoden gegenüber oral determinierte Befürchtungen: Krebsangst zum Beispiel, also die Angst, von innen her aufgefressen zu werden; Angst vor Gewichtsverlust oder Gewichtszunahme, vor Appetitsteigerung oder Appetitverlust infolge des kontrazeptiven Mittels (34).

Archaische Mütterlichkeit als Erklärung für das Auftreten oraler und aggressiver Impulse während Schwangerschaft und Geburt

Anfangs wurde geschildert, daß während Schwangerschaft und Geburt normalerweise orale beziehungsweise aggressive Impulse mobilisiert werden und daß die Mobilisierung dieser Impulse bei entsprechend gehemmten Frauen um so intensiver wird. Aber erst die Fixierung auf die archaische Stufe der Mütterlichkeit ist die Hauptursache dafür, daß diese Impulse bei den hier diskutierten Frauen dabei in einer so ungewöhnlich starken Form auftreten.

Mit einem lediglich auf die Impulse gerichteten Denken kann nicht hinreichend erklärt werden, warum die betreffenden Impulse gerade jetzt während der Schwangerschaft und während der Geburt mobilisiert werden. Erst die Bilder der eigenen Weiblichkeit erklären, welche Impulse, Ängste und Konflikte sich während Schwangerschaft und Geburt einstellen. Wenn die Frau sich zum Beispiel als Nur-Tochter erlebt, ist es verständlich, daß in der Schwangerschaft und während der Geburt orale Wünsche beziehungsweise Hilferufe mobilisiert werden und daß sie ärgerlich auf das Bild einer als versagend vorgestellten Mutter reagiert. Der Ärger der Frauen mit Rigidität des Muttermundes ist ein anderes Beispiel. Dieser Ärger ist weder durch die Realsituation, nämlich die Entbindung, noch durch die individuelle Vorgeschichte hinreichend zu erklären. Daß dieser Ärger ausgerechnet während der Geburt entsteht, ist erst voll zu verstehen, wenn man berücksichtigt, daß die Entbindung eine Auseinandersetzung mit dem Bild der eigenen Weiblichkeit erzwingt.

Die archaische Mütterlichkeit an sich braucht noch nicht zu einer Symptomatik während Schwangerschaft und Geburt zu führen. Das hängt vielmehr – wie aus obigen Beispielen hervorgeht – auch von der eigenen Einstellung zum Bild der eigenen Weiblichkeit ab. Wenn die Frau an der eigenen archaischen Mütterlichkeit keinen Anstoß nimmt, geht alles glatt und ohne Störungen vonstatten.

Unsere Patientinnen zeigen also nicht nur eine Hypertrophie archaischer Mütterlichkeit, sondern sie haben einen partiellen inneren Widerstand gegen diese Mütterlichkeit entwickelt. Dieser innere Protest geht dennoch nicht so weit, daß es zu einem Abbau der Identifikation mit dem mütterlichen Aspekt der Mutter gekommen wäre. Mit anderen Worten: Die Entwicklungsstufe der archaischen Mütterlichkeit wird zwar nicht mehr kritiklos bejaht, sie wird aber dennoch nicht überwunden. Trotz ihres Protestes haben diese Frauen noch nicht zu einer Eigenständigkeit gefunden, denn sie leben weiterhin dieselben Züge aus, gegen die sie bei der Mutter protestieren. Die Ablösung von der Mutter geht also nicht so weit, daß sie Eigenständiges gegen das setzen können, wogegen sie bei der Mutter protestieren. Wenn die Patientin die Opferhaltung, gegen die sie protestiert, dennoch weiter praktiziert, handelt es sich um eine Opferhaltung, die nicht mehr richtig funktioniert, denn die Frau protestiert ja gegen das, was sie selbst tut.

Der Begriff der Mütterlichkeit enthält sehr viele Aspekte, die einer gesonderten Betrachtung wert wären, zumal die Mütterlichkeit ja auf den verschiedenen Entwicklungsstufen recht unterschiedlich aussieht. Der Protest geht bei den hier diskutierten Frauen vornehmlich gegen den hegenden und pflegenden Aspekt der Mütterlichkeit, da er auf dieser Stufe der Mütterlichkeit mit einer Opferhaltung verbunden ist, aus der heraus die orale Konkurrenz des Kindes zu einem so schweren Problem wird. Die Frau protestiert hier also gegen einen Aspekt der Mütterlichkeit, der im allgemeinen als positiv erlebt wird. Die Hypertrophie des Pflegenden, Versorgenden, Lebensspendenden kann aber nicht mehr als positiv bezeichnet werden, da sie mit der Opferhaltung identisch ist. Die Frau erwartet diese Dinge bei der realen Mutter, und sie ist, wie unter der zervikalen Dystokie beschrieben ist, ärgerlich enttäuscht, wenn die Umgebung dieser Erwartung nicht entspricht. Sie protestiert bei der Hyperemesis gravidarum gegen die Hypertrophie dieses Aspektes der Mütterlichkeit bei sich selbst. Wenn die Frau aber zum Beispiel gegen ein anderes spezifisches Eingeengtsein des weiblichen Daseins, das eine Folge von Mutterschaft ist, protestiert – und zwar wenn sie darauf in einer ganz bestimmten Art und Weise protestiert –, kommt es zu krampfartigen Schmerzen während der Menstruation.

Man drückt dasselbe etwas anders aus, wenn man sagt, daß hinter den hier diskutierten Erkrankungen ein Protest der Frau gegen das weibliche Schicksal steckt. Dieser Schicksalsprotest wird aber erst dann richtig verständlich, wenn man die verschiedenen Stufen der Mütterlichkeit unterscheidet. Denn der Protest geht nicht gegen Mütterlichkeit schlechthin, sondern nur gegen dieses bestimmte Bild der eigenen Mütterlichkeit.

Die in unserer Kultur begünstigte Ideologie, nach der die Frau sich verpflichtet fühlt, eine Opferhaltung einzunehmen, spielt ebenfalls eine Rolle. Diese Ideologie zeigt sich zum Beispiel in der Auffassung mancher Moraltheologen, daß das kindliche Leben über das Leben der Mutter ginge. Vergleiche dazu auch das Wort: »Gottes Segen zeigt sich im Kindersegen«. Die Mutter darf bei der Geburt ›draufgehen‹, das Kind nicht. Derartigen Einflüssen unserer Kultur liegt ebenfalls das Bild einer archaischen Mütterlichkeit zugrunde. Daher muß eine derartige Ideologie in Frage gestellt werden.

S. Freud hat die neurotische Symptomatik als einen Selbstheilungsversuch bezeichnet, weil in dem Symptom ein unterdrückter Trieb dennoch zur Geltung kommt, sei es auch nur in einer verzerrten Form. Ein Ansatz zu einem Selbstheilungsversuch ist auch darin zu erkennen, daß die zur Diskussion stehende Symptomatik diesen Protest gegen die Fixierung auf die Entwicklungsstufe der archaischen Mütterlichkeit enthält.

Erst das Bild der eigenen Weiblichkeit erklärt also, mit welchen Impulsen die Frau auf Schwangerschaft und Geburt reagiert. Es handelt sich um eine Bestätigung der Auffassung, daß die inneren Bilder in mancher Hinsicht das Primäre sind und daß sich viele andere psychische Phänomene erst sekundär daraus erklären und nicht umgekehrt.

Bild der eigenen Weiblichkeit als Erklärung für die Zusammengehörigkeit der Symptomatik

Je nach den im Verlaufe einiger Wochen vielleicht auftretender Akzentverschiebungen bewirkt ein und dasselbe Bild der eigenen Weiblichkeit etwas unterschiedliche Impulse und Reaktionen, die inhaltlich nahe miteinander verwandt sind: etwa Sehnsucht nach der Mutter im Anfang der Schwangerschaft, bei der Geburt aber, wenn die Enttäuschung an der Mutter endgültig geworden ist, Ablehnung der Mutter. Diejenige, die zu Anfang der Schwangerschaft über das erwartete Leerausgehen untergründig ärgerlich ist, klagt während der Geburt durch ihr Verhalten an, daß die Mutter nicht hilft, also versagend und böse ist. Dementsprechend kann in der anfänglichen Hyperemesis ein Rufen nach der Mutter wirksam sein; von der Hebamme aber will die Patientin dann nichts wissen, oder es tritt sogar aus Ärger über die versagende Mutter eine zervikale Dystokie ein.

Erst die Gemeinsamkeit des Vorhandenseins eines Bildes archaischer Mütterlichkeit macht es also hinreichend verständlich, daß die hier diskutierten Symptome ein inhaltlich zusammengehöriges Bündel darstellen, wobei sogar mitunter mehrere Symptome bei ein und derselben Frau auftreten können.

Die Angabe, daß die Entwicklung der Frauen mit den diskutierten Symptomen nicht über die Stufe der Nur-Tochter beziehungsweise über die Stufe der Identifizierung mit dem mütterlichen Aspekt der Mutter hinausgegangen ist, ist zwar im wesentlichen richtig. Bei der Untergruppe der Frauen mit männlich determiniertem Bild der eigenen Weiblichkeit ist die Entwicklung aber, wie geschildert worden ist, einen Schritt weitergegangen; aber wirklich auch nur einen Schritt, denn die Frauen sind ja in der Identität mit dem Vater steckengeblieben.

Auch für die Frauen mit Hyperemesis ist eine zusätzliche Bemerkung notwendig. Bei der Hyperemesis finden sich zwei verschiedene Untergruppen. Bei einem Teil der Frauen mit Hyperemesis überwiegen in Persönlichkeitsstruktur und Vorgeschichte depressive Züge. Bei einem anderen Teil der Frauen zeigen Persönlichkeitsstruktur und Vorgeschichte zusätzlich zu den depressiven Zügen auch gewisse hysterisch-phallische Züge. Zwar sind beide Gruppen hinsichtlich der Mütterlichkeit auf der archaischen Stufe stehengeblieben. Bei den Frauen, bei denen aber zu den ebenfalls vorhandenen depressiven Zügen auch noch hysterische Züge hinzukommen, ist es wenigstens teilweise zu einem weiteren Entwicklungsschritt gekommen. Sie sind nicht restlos in dem Protest gegen die eigene archaische Mütterlichkeit steckengeblieben, sondern sie haben zusätzlich wenigstens partiell eine gewisse Hinwendung zum Männlichen entwickelt, wobei es aber zu der erwähnten hysterischen Entwicklung gekommen ist.

Die Hypertrophie der archaischen Mütterlichkeit trifft nicht für sämtliche Fälle von Überempfindlichkeiten oder Schwangerschaftsgelüsten zu. Bis zu einem gewissen Grad ist ja die Belebung der Oralität in der Schwangerschaft normal, und gewisse orale Hemmungen sind weit verbreitet. So ist es verständlich, daß orale Symptome wie Überempfindlichkeiten und Schwangerschaftsgelüste auch bei Frauen auftreten können, die eine weiterentwickelte Stufe der Mütterlichkeit erreicht haben. Freßsucht und Stehlen dagegen gehören schon viel eindeutiger in den Bereich der Hypertrophie des Mütterlichen.

Ein Vergleich der Erkrankungen untereinander

Die Hyperemesis wurde nur deshalb an erster Stelle dargestellt, weil die Untersuchungen mit diesem Thema anfingen und weil darüber das meiste Beobachtungsmaterial zur Verfügung steht. Wenn man die Erkrankungen und Symptome nach dem Schweregrad der in der Persönlichkeitsstruktur erkennbaren oralen und aggressiven Hemmungen anordnet, müßte man zuerst die Gruppe Geruchsempfindlichkeiten, Geschmacksempfindlichkeiten, Appetitmangel und Sodbrennen nennen. Denn hier handelt es sich um relativ leichte orale Hemmungen, und die aggressiven Hemmungen spielen keine sehr wesentliche Rolle. Als zweites müßte man die Gruppe Schwangerschaftsgelüste, Freß- und Fettsucht sowie Stehlen in der Schwangerschaft nennen. Hier sind die oralen Hemmungen schon stärker, aber noch nicht so stark, wie in den folgenden Gruppen. Die aggressiven Hemmungen sind in dieser Gruppe noch vergleichsweise leicht ausgebildet. An dritter Stelle wären die Hyperemesis und die zervikale Dystokie einzuordnen, bei denen sowohl die oralen als auch die aggressiven Hemmungen stark ausgebildet sind, aber nicht so stark, daß sich die oralen und aggressiven Impulse nicht doch in der Symptomatik und im Übertragungsverhalten deutlich erkennbar äußern würden. Als letztes käme die bestimmte Untergruppe vitaler Depressionen im Wochenbett, bei der sowohl die oralen als auch die aggressiven Impulse sehr stark abgewehrt werden.

Das manifeste Erscheinungsbild der Persönlichkeitsstruktur und die Symptomatik können durch den Mangel oraler und aggressiver Impulse oder durch das unkontrollierte Durchbrechen derartiger Impulse gekennzeichnet sein. So kann es vorkommen, daß die Hemmung bei weitem überwiegt, was insbesondere für die Depressionen, aber auch für Appetitmangel und die Empfindlichkeiten zutrifft. Es kann auch sein, daß sich das körperliche Korrelat zeigt, daß der psychische Anteil des Impulses aber dem bewußten Erleben fernbleibt. Hierher gehören die psychosomatischen Erkrankungen und Symptome wie Hyperemesis, zervikale Dystokie oder Sodbrennen. Schließlich kann es auch sein, daß der Impuls zwar gehemmt ist, daß er aber dennoch in einer gewissen Verformung ins Bewußtsein eintritt, was zum Beispiel für Freßsucht oder Stehlen zutrifft.

Aus der Beschreibung der Persönlichkeitsstruktur bei den verschiedenen Krankheitsbildern geht hervor, daß nicht nur quantitative Unterschiede, also Unterschiede hinsichtlich der Intensität der Hemmungen, sondern daß auch qualitative Unterschiede bestehen, also Unterschiede hinsichtlich der Art des Umganges mit den oralen und aggressiven Impulsen.

Triebkonstellation und Bild der eigenen Weiblichkeit als sich ergänzende Erklärungsprinzipien

Die zur Diskussion stehenden Symptome wurden im ersten Teil dieser Abhandlung von der Persönlichkeitsstruktur her und damit triebdynamisch und dann von der Entwicklungsstufe der Mütterlichkeit her erklärt. Es stellt sich die Frage, ob man die Darstellung eines Krankheitsbildes um die Beschreibung der wirksamen Antriebe oder um die Beschreibung der im Patienten wirksamen Bilder zentrieren soll. Es wäre irreführend, entscheiden zu wollen, das eine sei falsch und das andere sei richtig.

Natürlich kann man psychosomatische Erkrankungen allein vom Impulsgeschehen her weitgehend verstehen. Wenn bei der Hyperemesis zum Beispiel die Hypersalivation als das somatische Korrelat zu gehemmter Appetenz und das Erbrechen als somatisches Korrelat zu gehemmtem Ärger beschrieben werden kann, so befriedigt die Zurückführung des Symptoms auf das Impulsgeschehen am ehesten das an der Physiologie orientierte wissenschaftliche Bedürfnis. Wenn wir also lediglich den Weg, auf dem die Symptome zustandekommen, beschreiben wollten, würden wir uns mit der Betrachtung der Triebverarbeitung begnügen.

Es sei darauf hingewiesen, daß es ein Trugschluß wäre, wollte man in den Entwicklungsstufen des Bildes der eigenen Weiblichkeit eine Konkurrenz oder gar einen Widerspruch zu den von der Psychoanalyse beschriebenen Entwicklungsstufen der Libido-Organisation sehen. Man könnte zum Beispiel einwerfen, daß die Bedeutung der Sexualität nicht hinreichend berücksichtigt sei, oder man könnte fälschlicherweise einen Widerspruch zu der Freudschen Lehre von der stufenweisen Entfaltung der Partialtriebe der Sexualität sehen, wenn ausgeführt worden ist, daß das Bild der eigenen Weiblichkeit mit mütterlichen Zügen und nicht mit dem Eros-Aspekt der Weiblichkeit anfängt. Wenn man nur des Begriffs der Sexualität in der Psychoanalyse eingedenk ist, erübrigen sich derartige Bedenken. Denn die Partialtriebe der Sexualität gehen sowohl in die mütterlichen Aspekte als auch in den Eros-Aspekt der Weiblichkeit ein. In der Untersuchung der Entwicklungsstufen des Bildes der eigenen Weiblichkeit ist ein ganz anderer Standpunkt der Betrachtung eingenommen worden; denn es wurde lediglich die Entwicklungsgeschichte einer biologisch bedingten Phantasie untersucht. Dabei wurden Trieb und Ich-Leistung sowie bewußte und unbewußte Umgangsweisen mit dieser Phantasie gleichermaßen beachtet.

Ein solcher veränderter Standpunkt der Betrachtung kann aber nützlich sein. Es gibt eine Reihe von Gründen, weshalb man nicht bei der Betrachtung der Triebverarbeitung stehenbleiben sollte, sondern auch die in der Patientin jeweils wirksamen Bilder betrachten sollte.

Der genetische Gesichtspunkt zum Beispiel, das heißt die Frage, auf welcher Stufe der Trieborganisation diese Frauen stehengeblieben sind, kann jetzt erst sinnvoll beantwortet werden.

Zwar ist die Tatsache richtig, daß man bei diesen Frauen ebensogut von Fixierungen im Bereich der oralen, analen und phallischen Phase sprechen könnte. Eine so geartete genetische Angabe müßte aber relativ unspezifisch bleiben. Denn hinsichtlich der Fixierungsstellen der Trieborganisation zeigen sie kein sonderlich typisches Bild. Es ist ja geschildert worden, daß diese Frauen zum Teil spät-oral oder aber auch früh-anal fixiert sind und daß auch phallische Züge eine Rolle spielen können. Triebdynamisch sind sie sowohl oral-aggressiv als auch anal-aggressiv als auch zum Beispiel phallisch fixiert. Die Fixierung auf ein bestimmtes Bild der Mütterlichkeit ist bei allen diesen Frauen sehr viel spezifischer und auch einheitlicher als die Fixierungen in triebdynamischer Hinsicht.

Wichtiger ist, daß das Verstehen des konkreten Erlebens vieler Frauen ohne die Kenntnis des jeweiligen Bildes der eigenen Weiblichkeit recht lückenhaft bleibt. Das trifft nicht nur für die Einstellung zu Schwangerschaft und Geburt und für eine Symptomatik, die eventuell durch diese Einstellung bedingt ist, zu.

Das Ineinandergreifen solcher Bilder, solcher Phantasien der Männlichkeit und der Weiblichkeit, spielt in der Beziehung zwischen Mann und Frau eine große Rolle, sowohl auf der Ebene der einzelnen Ehe und ihrer Störungen als auch auf der Ebene des Problems der Gleichberechtigung der Frau. Es wäre interessant aufzuzeigen, wie es in der Partnerschaft zu Blockierungen kommt, wenn beide Teile, sowohl der Mann als auch die Frau, auf unreifen Entwicklungsstufen solcher Bilder stehengeblieben sind.

Die Kenntnis der Entwicklungsstufen der Weiblichkeit hat übrigens auch eine Bedeutung für das Problem der Sexualerziehung. Zum Beispiel ist die Einstellung zu Kontrazeption unter anderem auch vom jeweiligen Bild der eigenen Weiblichkeit abhängig. In einer Arbeit »Bilder der Weiblichkeit und Kontrazeption« (34) ist von jenen kirchlichen Kreisen die Rede, die fast alle Formen der Kontrazeption für sündhaft halten und die die sogenannte Natürlichkeit in der Durchführung des Geschlechtsverkehrs zu hoch einschätzen. In ihren Schriften wird das Bild archaischer Mütterlichkeit deutlich; in manchen ihrer Manifestationen gebärdet die Kirche sich selbst wie eine archaische Mutter, und das von diesen kirchlichen Kreisen nahegelegte Leitbild für die Frau zeigt die Züge einer archaischen Mütterlichkeit.

Für das heranwachsende Mädchen wäre es ebenso wichtig, die Einseitigkeit und Unreife jenes Bildes der Weiblichkeit zu erkennen, das ausschließlich um genitale Lust zentriert und das in Illustrierten in so weiter Verbreitung angeboten wird. Eine Kenntnis der Entwicklungsstufen des Bildes der Weiblichkeit kann da helfen.

Eine rechte Sexualerziehung sollte dem heranwachsenden Mädchen fernerhin helfen, zu ihrer Emanzipation, das heißt zu ihrer Selbstverwirklichung zu finden. In der Arbeit »Kontrazeption und Gleichberechtigung«

(35) wird zu den durch Machtkampf oder durch Identität mit dem Mann gekennzeichneten Bildern der Weiblichkeit Stellung genommen, die nur allzuoft das Problem der Selbstverwirklichung der Frau belasten. Die Sexualerziehung soll dem heranwachsenden Mädchen schließlich helfen, die Stufe der den Partner miteinbeziehenden Mütterlichkeit oder anders gesagt, die Stufe der das Kind miteinbeziehenden Partnerschaft, zu erreichen.

Multikausalität

In der Psychoanalyse können die Dinge von zwei Seiten her beschrieben werden, nämlich vom Trieb her oder vom Ich her. Der Trieb führt zu den sogenannten Triebderivaten. Er geht mit Phantasien, Erinnerungen, Vorstellungen einher, und die steuernden Funktionen des Ich kommen ins Spiel. Vom Trieb her gesehen sind die Unterschiede zwischen den einzelnen Individuen vergleichsweise gering; es besteht immer wieder Ähnlichkeit, so daß es für den Untersucher fast langweilig werden kann. Im Bereich der Derivate herrscht Mannigfaltigkeit und Abwechslung. Dort finden wir die Einmaligkeit eines jeden Individuums. Der Psychoanalytiker interessiert sich im allgemeinen mehr für das ganz Persönliche und Individuelle, und die Psychoanalyse hat sich von der ursprünglichen Es-Psychologie ausgehend mehr der Ich-Psychologie zugewandt. Je mehr das Interesse beim Ich ist, desto weniger ist es aber beim Es, beim Trieb. Das ist einer der Gründe dafür, daß in der neueren psychosomatischen Literatur die Beiträge von seiten der Psychoanalyse zurückgegangen sind.

In dieser Abhandlung, in der es ja zunächst vor allem um das Zustandekommen der Symptomatik geht, sind die Dinge vom Trieb her und damit kategorial betrachtet worden. Die beschriebene Gleichförmigkeit ergibt sich nur, wenn die Impulse und die Impulsverarbeitung betrachtet werden, das heißt auf einer Ebene höchster Abstraktion. Auf der Ebene der Impulsderivate, mit denen man in der praktischen Psychotherapie umgeht, finden sich dagegen bei allen diskutierten Erkrankungen reichhaltige individuelle Unterschiede.

Eine solche kategoriale Darstellung ist in wissenschaftlicher Hinsicht nützlich. Nur sie hat uns ja zum Verständnis des Weges, auf dem die diskutierten Symptome zustandegekommen sind, und zur Erfassung der psychosomatischen Zusammenhänge geführt. Sie befriedigt am ehesten unser an der Physiologie orientiertes wissenschaftliches Bedürfnis, und sie verbindet den Bereich des Erlebens mit der somatischen Medizin.

Eine solche kategoriale Darstellung des Impulsgeschehens kann aber drei Gefahren mit sich bringen. Man könnte übersehen, daß das konkrete Erleben der Frauen sehr viel mannigfaltiger ist, als es den kategorialen Gemeinsamkeiten entspricht. Einem solchen Mißverständnis ist an den verschiedensten Stellen des Textes vorgebeugt worden. Ferner könnte man leicht übersehen, daß das Symptom zwar durch die Mobilisierung eines gehemmten Impulses zustandekommt, daß es aber dennoch nur zustandekommen kann, wenn eine ganze Reihe ursächlicher Faktoren zusammentreten. Und schließlich könnte man aus der kategorialen Gleichartigkeit falsche therapeutische Folgerungen ziehen. Zunächst sei von der Multikausalität die Rede.

Die Zeit ist vorbei, in der man in der Psychosomatik hoffte, mit den hinter einer Erkrankung stehenden Konflikten die Verursachung der Erkrankung hinreichend erfaßt zu haben; in der man also von rein psychogenen Erkrankungen sprach. Wir wissen heute, daß immer mehrere Faktoren zusammenkommen müssen. Wir sprechen von einer Multikausalität. Dazu hat E. Wittkower im Vorwort Stellung genommen.

In dieser Hinsicht sind Mirskys Arbeiten wegweisend geworden. Er zeigte, daß für das Zustandekommen eines Magengeschwürs, man darf verallgemeinernd sagen, daß für das Zustandekommen einer psychosomatischen Erkrankung überhaupt, drei Gruppen von Verursachungsfaktoren gegeben sein müssen. Erstens müssen als Voraussetzung gewisse biologische Grundlagen gegeben sein. Zweitens müssen bestimmte psychische Voraussetzungen gegeben sein. Und drittens müssen gewisse sozio-kulturelle Voraussetzungen gegeben sein.

Diese Postulate sind beim übermäßigen Schwangerschaftserbrechen erfüllt. Die Wirksamkeit prädisponierender Stoffwechselveränderungen und die psychischen Veränderungen sind ausführlich abgehandelt worden.

Hinsichtlich sozio-kultureller Faktoren wurde lediglich auf den interessanten epidemiologischen Zusammenhang hingewiesen, daß das sonst so verbreitete Schwangerschaftserbrechen in den letzten Jahrzehnten in den USA stark abgenommen hat und daß es ganze Völker, Kulturkreise und soziale Schichten gibt, in denen Hyperemesis kaum oder gar nicht vorkommt. Da es bislang keine Untersuchungen über sozio-kulturelle Faktoren bei Schwangerschaftserbrechen gibt, ist es berechtigt, Eindrücke und Gedanken wiederzugeben, die lediglich auf orientierenden Gesprächen mit Ärzten aus den verschiedensten Ländern der Welt beruhen.

Sozio-kulturelle Faktoren spielen beim Schwangerschaftserbrechen eine dreifache Rolle. Erstens tritt die reale orale Konkurrenz zwischen Mutter und Kind nicht unter allen sozio-kulturellen Bedingungen in gleicher Stärke auf. Hinsichtlich der oralen Konkurrenz muß ja der reale und der neurotische Aspekt des Konfliktes unterschieden werden: zu Schwangerschaftserbrechen kommt es erst, wenn die reale orale Konkurrenz dem

Kind gegenüber infolge der oralen Hemmungen der Mutter zu einem neurotischen Konflikt wird.

Eine Reihe von Kollegen aus asiatischen und afrikanischen Ländern berichtete, daß Hyperemesis in den dortigen großen Städten sehr verbreitet sei, während sie in vielen entlegenen Landstrichen praktisch unbekannt sei. Ein Arzt zum Beispiel, der viele Jahre lang in einem entlegenen Buschgebiet von Togo gearbeitet hatte, erinnerte sich nicht an einen einzigen Fall von Schwangerschaftserbrechen. Auch in den ländlichen Bezirken von Persien soll Schwangerschaftserbrechen nur selten vorkommen. In einer Stadt wie Teheran aber soll es häufig auftreten. Auch in Japan soll Hyperemesis gravidarum eine eher häufige Erkrankung sein. Man gewinnt den Eindruck: Schwangerschaftserbrechen kommt in allen urban-industriellen Kulturen vor. Unter ursprünglichen Lebensbedingungen, insbesondere in nicht industrieller Umgebung, kommt Hyperemesis gravidarum weniger häufig oder gar nicht vor.

Wenn sich ein solcher Zusammenhang erhärten ließe, wäre er durch die zentrale Rolle, die der Konflikt um orale Konkurrenz spielt, durchaus verständlich. Ja, die unterschiedliche Häufigkeit von Schwangerschaftserbrechen unter den unterschiedlichen Lebensbedingungen kann geradezu als eine Bestätigung für die vorgetragene Auffassung von der Hyperemesis aufgefaßt werden. In der urban-industriellen Gesellschaft ist jedermann einem viel größeren oralen Angebot ausgesetzt. Ferner ist die Rolle der Frau nicht so festgelegt wie unter ursprünglicheren Verhältnissen. Sie hat in der urban-industriellen Gesellschaft eine größere persönliche Bewegungsfreiheit. Dadurch wird ihr das größere orale Angebot um so mehr zu einer realistischen Versuchungssituation. Sie ist Wünschen und Möglichkeiten ausgesetzt, die in den ursprünglichen Gesellschaftsformen nicht gegeben sind. Eine oral gehemmte Frau wird in einer solchen Umgebung daher das Kind um so eher als einen oralen Konkurrenten erleben können.

Man darf dabei ursprünglichere sozio-kulturelle Verhältnisse nicht etwa mit Armut verwechseln. Ein indischer Arzt, der selber aus führenden Gesellschaftsschichten stammt, berichtete, in seiner Heimat würden die Frauen aus den ganz reichen Familien praktisch nie Schwangerschaftserbrechen haben. In den armen Schichten aber sei Hyperemesis weitverbreitet. Hier liegen die Verhältnisse anders. Die Frauen aus jenen reichen Familien werden hinsichtlich Essen und Besitz durch ein neues Kind in keiner Weise bedroht. Außerdem leben sie unter so einengenden kulturellen Bedingungen, daß sie ohnehin keine eigenständigen Lebensziele verfolgen können, in deren Verfolgung das Kind ihnen vielleicht Opfer abverlangen würde. Ein neues Kind gibt ihnen höchstens mehr Prestige, aber keine Einschränkung. Die arme Frau auf der Straße aber hat alle

Veranlassung, bei einem neuen Kind um die eigene Ernährung besorgt zu sein.

Auf kulturelle Verhältnisse könnte auch die Bemerkung im Merck Manual (30) zurückzuführen sein, daß das Vorkommen von Morgenkrankheit und von schwerer Hyperemesis gravidarum in den USA in jüngeren Jahren erheblich abgenommen habe. Die Psychoanalytikerin M. N. Robinson (41) schrieb in ihrem 1958 erschienenen Buch, die Frauen in Amerika würden in den letzten zehn Jahren eigentlich alles bekommen haben, was sie je angestrebt haben. Nach allem, was wir über Amerika wissen, haben sich die Dinge in der Tat in der Richtung geändert, daß weniger Veranlassung besteht, ein Kind als einen oralen Konkurrenten zu erleben. Um nicht einen falschen Eindruck von Robinsons Aussage zu geben, sei auch erwähnt, was sie hinzufügt. Sie führt nämlich aus, daß trotzdem die Kultur noch keineswegs dem entspricht, was der weiblichen Natur gerecht werden würde.

Sozio-kulturelle Faktoren sind nicht nur dafür verantwortlich, ob der Konflikt um orale Konkurrenz in der Realität mehr oder weniger stark ausgeprägt ist. Zweitens können auch die Wertsetzungen der Kultur die Art des Umganges mit dem realen Konflikt beeinflussen. Mit einem guten Gefühl für den hier beschriebenen oralen Konflikt sagt man in Persien auf dem Land:»Wer den Zahn gibt, gibt auch das Brot«. Aus einer religiösen Einstellung heraus, so wollte ein persischer Kollege mit diesem Wort belegen, stelle man sich auf dem Land zu diesem Konflikt anders ein als in einer großen Stadt wie etwa Teheran.

Drittens haben sozio-kulturelle Faktoren einen Einfluß darauf, ob die so typische, um orale und aggressive Gehemmtheiten aufgebaute Persönlichkeitsstruktur mehr oder weniger leicht und damit auch mehr oder weniger häufig auftritt. Ein oder zwei Andeutungen müssen zu diesem Thema genügen: In manchen Ländern tragen Erziehung und Tradition viel dazu bei, die für das Zustandekommen von Hyperemesis so notwendige aggressive Gehemmtheit und Gefügigkeit hervorzubringen, etwa Gefügigkeit der Macht oder Behörde gegenüber. Die amerikanische Frau wird sehr viel seltener Züge von Gefügigkeit zeigen. Auch dieses Moment darf für die Abnahme von Schwangerschaftserbrechen in den USA verantwortlich gemacht werden. Wenn zu einer angedrillten Gefügigkeit noch die fordernde und Schuldgefühle erzeugende Überlieferung kommt, es sei das Gesetz der Frau, sich immer aufzuopfern, wird ein weiterer Druck in Richtung auf die Entwicklung der diskutierten Persönlichkeitsstruktur ausgeübt.

Diese Bemerkungen zur Multikausalität erinnern an die Unvollständigkeit der in dieser Abhandlung vorgelegten Beobachtungen, die ja ›nur‹ auf klinischer Erfahrung beruhen. Es sei auf die Notwendigkeit der nachfolgenden Bearbeitung des Themas von seiten anderer Fachgebiete hingewiesen. Es erfordert viel Zeit und Arbeit, bis die klinische Erfahrung die hier aufgezeigten Zusammenhänge enthüllt. In dieser Zeit der Beobachtung, der Suche und der Übersicht ist eine statistische Bearbeitung zunächst nicht möglich. Die vorn angeführte eigene statistische Untersuchung stellt da nur einen ersten Ansatz dar. Vor allem fehlen noch genaue epidemiologische und soziologische Untersuchungen. Nachdem die klinische Erfahrung diese Zusammenhänge erkannt hat, sollte ferner der Experimentalpsychologe die Befunde des Klinikers für sich selbst als Arbeitshypothesen auffassen und in Form von zielgerichteten Tests experimentelle Bedingungen schaffen, um die Aussagen des Klinikers zu überprüfen.

Die psychosomatische Forschung bedarf ja immer dieser beiden Fachrichtungen. Der Psychoanalytiker, der klinisch arbeitet, stellt empirisch gewisse Beobachtungen und Zusammenhänge fest, und er müht sich, einen Sinnzusammenhang herauszuarbeiten. Der experimentell arbeitende Psychologe faßt die Befunde des Klinikers dann als Hypothesen auf, die er zu verifizieren oder zu widerlegen hat. Die Psychoanalyse befruchtet die experimentelle psychologische Forschung, indem sie diese Aufgabe stellt. Die experimentelle psychologische Forschung dagegen kontrolliert die Aussagen des Psychoanalytikers.

Therapie

Hinsichtlich der Therapie können nur einige wenige Aspekte angeschnitten werden. Vor allem kann aus den vorgelegten Ergebnissen nicht die Folgerung gezogen werden, daß jetzt alle Patientinnen mit den diskutierten Symptomen einer psychoanalytisch orientierten Psychotherapie zuzuführen seien. Abgesehen von der nur kleinen Zahl ausgebildeter Fachärzte sei darauf hingewiesen, daß eine psychoanalytische Behandlung nur helfen kann, wenn bei dem Patienten eine Reihe von Voraussetzungen gegeben sind. Unter anderem muß er willens und auch fähig sein, sich mit sich selbst zu konfrontieren und dann auch Folgerungen daraus zu ziehen.

Der Umstand, daß in vielen Fällen psychosomatischer Erkrankung der große Aufwand einer psychoanalytischen Behandlung nur einen begrenzten Erfolg hat, ist ein weiterer Grund dafür, daß in der psychosomatischen Literatur der Beitrag von seiten der Psychoanalytiker zurückgegangen ist. Hinzu kommt, daß Schwangerschaft im allgemeinen nicht der richtige Zeitpunkt ist und daß Schwangerschaftserbrechen nicht der geeignete Anlaß ist, eine auf Einsicht und Umorientierung abzielende umfangreiche analytische Psychotherapie einzuleiten.

Mit diesen Hinweisen soll nicht ausgeschlossen werden, daß in einzelnen Fällen der hier diskutierten Symptome eine analytische Psychotherapie sehr wohl angezeigt sein kann; nicht nur aus wissenschaftlichen Gründen, sondern auch aus ärztlicher Indikation.

Nur hinsichtlich dieser Fälle sei noch einmal auf den Unterschied hingewiesen, der zwischen dem immer so gleichartig und gesetzmäßig ablaufenden Impulsgeschehen einerseits und der Mannigfaltigkeit im Bereich der Impulsderivate und der Funktionen des Ichs andererseits besteht. In bezug auf wissenschaftliche Erkenntnis, die auf Gesetzmäßigkeit aus ist, ist es nützlich, die Gleichartigkeit der psychodynamischen Zusammenhänge und des Impulsgeschehens zu beachten. Um Mißverständnissen vorzubeugen, ist aber um so mehr zu betonen, daß sich die Praxis der analytischen Psychotherapie nicht mit kategorialen Zusammenhängen befaßt. Vielmehr spielt sie sich im Bereich der Derivate ab. Eine Reflexion über die Unterscheidung, daß eine Gruppe von Begriffen der Beschreibung von Zusammenhängen dient, während andere Begriffe die Tätigkeit des behandelnden Arztes einfangen sollen, der mit konkreten Phantasien und Übertragungsverzerrungen umgeht, kann mancherlei Mißverständnisse vermeiden. Diejenigen psychoanalytischen Gruppen, die ihr Interesse und ihre Begriffe in so subtiler Weise auf den Bereich der Impulsderivate und der Ich-Psychologie konzentriert haben, haben im Bereich der Neurosen und Psychosen eine große Bereicherung der Psychiatrie mit sich gebracht. Bei den rein psychiatrischen Erkrankungen bleibt ja auch die Symptomatik im Bereich des Erlebens. Der Kontakt der Psychoanalyse zur Psychosomatik und zur allgemeinen Medizin wird aber gefährdet, wenn man – auch hinsichtlich der verwandten Begriffe – das Impulsgeschehen zu wenig beachtet. In Wirklichkeit gehören ja Impuls und Phantasie immer zusammen.

Im Verlauf einer analytischen Behandlung geht es also nicht etwa darum, isoliert die vorhandenen oralen und aggressiven Gehemmtheiten aufzuarbeiten. Die therapeutische Auseinandersetzung wird sich bei den Frauen mit den hier diskutierten Symptomen auf den Konflikt hin bewegen, der zwischen dem Wunsch nach einem Kind in Form archaischer Mütterlichkeit und dem Erosbereich der Weiblichkeit besteht. Das ist bei diesen Frauen eine Vorstufe zu dem zweiten und wichtigeren Schritt, daß nämlich der heterosexuelle Aspekt der Weiblichkeit zur psychischen Entfaltung kommt. In der Entwicklung des Eros findet die Frau eine Kompensation für die Opfer, die sie als Mutter bringt. Wenn Eros entsprechend entwickelt ist, ist sie nicht mehr ausschließlich darauf angewiesen, Mutter zu sein.

Es gilt ganz allgemein: Wenn einer Frau ihr Bild der eigenen Weiblichkeit, das auf einer unreifen Stufe stehengeblieben ist, bewußter wird,

wird sie es in Frage stellen können. Damit aber stellt sich bei dieser Frau ein neues Bild der eigenen Weiblichkeit ein.

Was aber ist die Nutzanwendung für die ganz überwiegende Anzahl von den Patientinnen, die nicht in psychoanalytische Behandlung geht? Wo ein entsprechender Fachmann zur Verfügung steht, kann bei Schwangerschaftserbrechen eine psychoanalytisch orientierte Kurztherapie durchgeführt werden. Hinsichtlich einer solchen Therapie soll lediglich wiederholt werden, was über den Umgang mit der Übertragung schon angedeutet worden ist. In einer ganzen Reihe von Fällen wäre das Ingangkommen einer psychotherapeutischen Auseinandersetzung unmöglich gewesen, wenn nicht von Anfang an die aggressiven Äußerungen dem Arzt gegenüber aufgegriffen worden wären. Der Patientin mußte dieser Ärger überhaupt erst bewußt gemacht werden, was im allgemeinen leicht gelang. Danach gelingt es im allgemeinen aber auch, die Patientin zur Berücksichtigung der Realität zu bringen: daß der Arzt doch eigentlich kaum die wahre Ursache ihres Ärgers sein könne; wenn sie tatsächlich aber dennoch auf den Arzt ärgerlich sei, habe sie augenscheinlich innere Spannungen und Konflikte, von denen sie wenig wisse, die sich aber dennoch hier und in dieser Minute in der Beziehung zum Arzt bemerkbar machen würden. So kam eine ganze Reihe von Patientinnen, die anfangs kein Gefühl für die Psychogenese ihres Zustandes hatten, in etwa zwei Behandlungsstunden dazu, ihren Widerstand abzubauen und in eine Auseinandersetzung einzutreten. Wenn anfangs die orale Übertragung im Vordergrund steht, ist der Behandlungsbeginn leichter. Eine teilweise Aufarbeitung der oralen Schwierigkeiten genügt im allgemeinen, um Symptomfreiheit, das erste Ziel der Praxis, zu erreichen.

Hyperemesis gravidarum kann und sollte aber im allgemeinen nicht vom Psychotherapeuten, sondern vom Gynäkologen oder vom Hausarzt behandelt werden. Bei Depressionen im Wochenbett sollte die Patientin aber, wenn es irgend möglich ist, zum Psychotherapeuten überwiesen werden.

Nun sollen einige Hinweise für den Gynäkologen und die Allgemeinpraxis gegeben werden. In therapeutischer Hinsicht wäre es ein Fehler, der Schwangeren während der Phase des akuten Erbrechens die aufgezeichneten tiefpsychologischen Zusammenhänge bewußt machen zu wollen. Es würde lediglich eine Verschlimmerung der Aufregung und des Erbrechens resultieren. Wenn der Arzt aber diese Zusammenhänge in sich aufgenommen hat, wird er die Patientin verständnisvoller führen, und er wird ihr während und nach der Schwangerschaft helfen können, zu einem Kompromiß zwischen den eigenen Bedürfnissen und den Bedürfnissen des Kindes zu kommen.

Der wichtigste Hinweis ist demnach, daß die Vorgehensweise bei

Schwangerschaftserbrechen und bei Schwangerschaftsstörungen überhaupt im allgemeinen nicht aufdeckend, sondern unterstützend sein sollte. Die Frau mit Hyperemesis braucht freundliche Zuwendung, Unterstützung, das Gefühl der Geborgenheit und das Gefühl, Hilfe zu bekommen. Solche Zuwendung allein bringt bei der untergründig nach Mutter und eigener Sättigung jammernden Frau oft schon genügend Erleichterung, um das Symptom aufhören zu lassen. Das ist die Lösung des allen Klinikern bekannten Geheimnisses, daß das Erbrechen in so vielen Fällen ohne alle weiteren Maßnahmen prompt aufhört, sobald die Frau in einem Krankenhausbett liegt. Darum helfen auch so viele ärztliche Maßnahmen der verschiedensten Art, wie Chertok (5) es aufgezählt hat. Viele Verfahren geben genügend orale Zuwendung und damit Hilfe.

Ferner sollte der Effekt einer ganz einfachen Aussprache nicht unterschätzt werden. Es macht etwas aus, wenn die Patientin sich einmal bei jemandem aussprechen darf, der mit Interesse zuhört, wenn sie sich jemand anvertrauen darf. Dabei soll der Arzt die Aussage vermeiden, es handle sich um ein psychogenes Symptom, es sei alles nur Folge von psychischen Konflikten.

Aus seiner Kenntnis über die psychodynamischen Zusammenhänge heraus darf der Arzt auch in manchen Fällen über mancherlei Dinge in einer beruhigenden Art belehrend sprechen. Dabei darf er vielleicht auch etwas suggestiv Schuldgefühle reduzieren. »Ich darf an mich selber denken und brauche nicht nur an das Kind zu denken.« Wegen der Unbewußtheit des Problems und wegen der Ideologien in Form der besprochenen Haltungen ist zwar ohne intensive Psychotherapie, in der die Dinge natürlich nicht so direkt angesprochen werden, keine nachhaltige Umstrukturierung zu erwarten. Und dennoch kann ein solches Wort des Arztes eine gewisse erzieherische Wirkung haben. Der Arzt wird immer Gelegenheit finden, die Manifestationen dieses Konfliktes in dem aufzugreifen, wie die Patientin sich ihm selbst und anderen gegenüber verhält. Die Patientin darf lernen, daß es normal ist zu denken: »Ich liebe mein Kind. Aber manchmal ist es mir auch lästig.« Diese Zwiespältigkeit kann die Frau mit Schwangerschaftserbrechen ja nicht bewußt erleben.

So werden die oralen Wünsche der Patientin zum Teil in der Behandlungssituation selbst befriedigt; zum Teil wird die Berechtigung eigener oraler Wünsche bestätigt; und zum Teil wird vielleicht darauf hingewiesen, daß eine gewisse Befriedigung durchaus möglich ist. Es wird etwa besprochen, was denn zu machen sei, damit die Patientin nach der Geburt des Kindes zu Hause eine kleine Ecke oder einen Schreibtisch und so weiter nur für sich selbst haben könne. Der Arzt darf der Patientin helfen zu sehen: »Das Kind wird zwar Opfer verlangen. Aber das und das werde ich mir trotzdem leisten können.«

Solche beiläufigen Bemerkungen des Arztes führen zwar noch nicht zur Einsicht der Patientin, aber sie bringen doch eine gewisse Hilfe mit sich. Es sei wiederholt: eine solche Beantwortung der unausgesprochenen Fragen der Patientin sollte im allgemeinen ohne viel Aufdecken erfolgen. In der Schwangerschaft sollte alle nachhaltige Aufregung vermieden werden. In der Schwangerschaft kann es nicht Ziel der Behandlung sein, eine weitreichende Aufarbeitung der psychischen Problematik zu erzielen. Auch Bemerkungen im Sinne der psychodynamischen Zusammenhänge sollen eher unterstützend als aufdeckend wirken. Das bedeutet in vielen Fällen, daß der untergründige Ärger zwar in der Übertragungssituation aufgegriffen werden soll. Insbesondere bei der Rigidität des Muttermundes während der Geburt bedeutet es eine Erleichterung, wenn der untergründige Ärger etwas bewußter wird. Die tiefenpsychologischen Quellen des Ärgers aber sollten im allgemeinen nicht aufgedeckt werden.

Es ist vielerorts üblich, Frauen mit Hyperemesis anzuraten, das häusliche Milieu zu vermeiden und zu verreisen. Dieser Rat erweist sich oft als nützlich. Der Arzt denkt dabei meistens, daß durch den Ortswechsel eine ärgerliche Auseinandersetzung mit dem Ehemann, mit der Schwiegermutter und so weiter vermieden werde. Wichtiger als letzteres ist wohl, daß der eigene Haushalt der Ort ist, wo die Frau ihre Opferhaltung praktiziert und diese Verpflichtungsgefühle erlebt. Wenn sie den eigenen Haushalt sieht, wird sie an die orale Konfliktsituation dem Kind gegenüber erinnert. In der Tat tritt das Erbrechen bei sehr vielen Frauen auf, sowie sie nach einer Abwesenheit von zu Hause die eigene Wohnung wieder betreten. Wenn sie kurz vorher woanders waren, unter Umständen durchaus mit dem Ehemann zusammen, hat sie nicht erbrochen. Bei dem Rat eines Milieuwechsels ist also im allgemeinen nicht die Trennung vom Ehemann, sondern die Trennung vom eigenen Haushalt das entscheidende Moment.

Wenn der Arzt die psychodynamischen Zusammenhänge und das Erleben seiner Patientinnen besser kennengelernt hat, wird er ihnen im Readkurs, in der Sprechstunde und im Kreißsaal sachgerechter begegnen können.

Schließlich soll noch in therapeutischer Hinsicht eine Hoffnung ausgesprochen werden: daß nämlich die Verbreitung des Wissens um gewisse Konflikthaftigkeiten weiblichen Erlebens die Gesundheit fördert und Störungen vorbeugt. Die bewußte Auseinandersetzung mit Schwierigkeiten stellt Psychotherapie und Psychohygiene dar.

Falldarstellungen

Die Aussagen des vorausgehenden Textes sollen jetzt an einigen konkreten Krankengeschichten illustriert werden. Dabei ist es weder möglich, die Fülle der verschiedenen Aspekte adäquat widerzuspiegeln, noch ist es möglich, die Darstellung von nur ein oder zwei Fällen als exemplarisch auszugeben. Denn all die verschiedenen psychodynamischen Aspekte einer Erkrankung können nicht an einem einzelnen Fall gleichermaßen deutlich werden. Ferner soll erneut hervorgehoben werden, daß es irreführend wäre, wenn die Gleichartigkeit der psychodynamischen Zusammenhänge zu dem Eindruck führen würde, daß auch die konkreten Einzelheiten der Lebensgeschichte und des Erlebens der Patientinnen so gleichartig wären. Denn das Individuelle spielt trotz aller kategorialen Gleichartigkeiten eine große Rolle. Diese Mannigfaltigkeit, die nicht nur für die äußeren Umstände der auslösenden Situationen und für das manifeste Erscheinungsbild der Persönlichkeit, sondern auch für die determinierende Vorgeschichte und für die Akzentsetzung innerhalb der Konflikte gilt, kann weitaus am besten durch eine Anzahl verschiedener Fälle anschaulich werden.

Da in dieser Abhandlung viel von Bildern der eigenen Weiblichkeit die Rede ist, sollen mit den ersten sechs Fällen die verschiedenen Entwicklungsstufen des Bildes der Weiblichkeit an Hand von Bildern illustriert werden, wie sie tatsächlich von Patientinnen zu Papier gebracht worden sind. Dann folgen zwei Fälle von Hyperemesis gravidarum und je ein Fall von funktioneller Rigidität des Muttermundes, Stehlen und vitaler Depression im Wochenbett.

Fall 1: Die blaue Blume

Es handelt sich um eine kleine rundliche Frau, die bei Behandlungsbeginn dreißig Jahre alt war. Sie bewegte sich in ihrer Vorstellung von der Weiblichkeit und dementsprechend auch in ihrem Verhalten und Erleben auf der Entwicklungsstufe der Nur-Tochter. Es waren aber auch Züge einer symbiotischen Beziehung zur Mutter wirksam. Der Gynäkologe überwies sie wegen schwerer Frigidität und Schmerzen beim Geschlechtsverkehr, die mit erheblichen nervösen Beschwerden und Verstimmungen einhergingen, zur psychotherapeutischen Behandlung. In der Vorgeschichte hatte sie quälende nervöse Herzsensationen und Schweißausbrüche, depressive Verstimmungen, Magenschmerzen, Hautallergien und das Gefühl, keine Luft zu bekommen.

Die vorausgegangene Aufarbeitung durch den Gynäkologen hatte eine sogenannte Ovarialhypoplasie ergeben: Die Eierstöcke waren ganz klein und unentwickelt geblieben, und die Produktion von Sexualhormonen blieb auf die Nebennierenrinde beschränkt. Ferner lag nach dem gynäkologischen Befund eine geringe Schambehaarung vor; Vulva und Schamhügel waren nur mäßig ausgebildet; die Gebärmutter war daumenendgliedgroß, die Scheide war über zeigefingerlang, ausreichend befeuchtet. Der Gedanke mag nahegelegen haben, die sexuelle Gefühlskälte und die Schmerzen beim Verkehr auf diese Unterentwicklung des Genitales zurückzuführen. Nach der Meinung des Gynäkologen war dieser Befund aber keineswegs eine hinreichende Erklärung für die Störung des sexuellen Erlebens, zumal die Patientin seit zwölf Jahren laufend optimal hormonal substituiert worden war. Die Meinung des Gynäkologen wurde übrigens durch den Therapieverlauf bekräftigt. Zum Entwicklungsanreiz waren zusätzlich viermal so viele Hormone gegeben worden, eine Menge, wie sie sonst nur in der Zeit der Schwangerschaft produziert wird.

Die im Verlauf von zehn Monaten entstandenen Bilder 1–9 stellen die mittlere Phase einer fast vierjährigen gruppenpsychotherapeutischen Behandlung dar. In der anfänglichen Phase hatte die Abwehr ganz im Vordergrund gestanden: in ihrem schüchternen Verhalten richtete sie einen hilflosen Appell an den Arzt und die anderen Gruppenmitglieder. Sie agierte auf diese Art die Nur-Tochter-Rolle, statt ihre diesbezüglichen Wünsche verbalisieren zu können. Im Gegensatz dazu hat sich die Patientin in der mittleren Phase der Behandlung in einer viel direkteren Weise mit der Mutter auseinandergesetzt. Das spiegelte sich nicht nur in dem wider, was die Patientin offen aussprach, sondern auch in einer Reihe von Bildern, die die Patientin zu Hause unaufgefordert malte. In den beiden ersten, hier nicht wiedergegebenen Bildern kommt erst ein Haustier, das zwar mollig anmutet, aber gleichzeitig furchtbare Zähne zeigt. Dann folgt das Bild einer großen, roten Öffnung mit langen, scharfen Zähnen, die in einen schwarzen Hintergrund eingebettet ist. Man weiß von dieser Öffnung nicht recht, ob man sie für einen Mund oder für eine mit Zähnen bewaffnete Scheidenöffnung halten soll. Während der Zeit dieser Bilderserie hat die Patientin Träume, in denen sie der eigenen Mutter, einer Kindergärtnerin oder einer nicht näher bestimmten Gemeinschaft bei allen möglichen Arbeiten hilft. Von ihren früheren Klassenkameradinnen träumt sie, daß diese sich ihr gegenüber so erwachsen dünken würden. In den Behandlungsstunden spricht sie von ihrer Mutter, die infolge einer schweren Verkalkung der Hirngefäße Urin und Stuhl unter sich läßt, nur noch ein Sekundengedächtnis hat und nicht mehr spricht. Es ist schwer begreiflich, daß die Patientin, die die Mutter zur Pflege in die eigene Wohnung aufgenommen hat, trotz des geistigen und emotionalen Verfalls der Mutter nicht erkennen kann, daß eine personale Beziehung nicht mehr möglich ist. Weil sie sonst, wie sie meint, die Gefühle der Mutter verletzen könnte, und auch aus Angst vor ihr, tut oder unterläßt die Patientin dieses und jenes, und sie sagt, sie würde es niemals auf sich nehmen können, die Mutter in eine Pflegeabteilung zu geben. Während der wiedergegebenen Bilderserie geht es in dem Erleben der Patientin also um das Thema Mutter.

Die Bemerkungen zu dem krokodilartigen Tier mit den vielen Zähnen auf Bild 1 und 2 zeigen deutlich, daß die Patientin dieses Tier als weiblich und als eine Mutterfigur erlebt. Daß sie sich selber hinter dem Bild der blauen Blume verbirgt, mag dem Betrachter auf Anhieb deutlich sein, wurde von der Patientin aber erst anhand einiger weiterer Blumenbilder ausgesprochen. Auf zwei hier nicht wiedergegebenen Bildern befindet sich die blaue Glockenblume übrigens in einem uterusförmigen Gebilde eingeschlossen. Die Bilder 1 und 2 drücken also aus, wie die Patientin sich einer mit aggressiven und verschlingenden Zügen einhergehenden Mütterlichkeit, also einer archaischen Mütterlichkeit, gegenüber befindet.

Auch Bild 4, das fünf Monate später entstanden ist, stellt den Zustand der Nur-Tochter dar. Hier erlebt sie die Mutter beziehungsweise die Mütterlichkeit unter dem Bild einer riesengroßen Kuh, vor der sie selbst nur ein ganz kleines Blümchen ist. Die Kuh hat ein großes spendendes Euter und sieht friedlich und harmlos aus. Auch in den Träumen und Mitteilungen der Patientin sind inzwischen die spendenden und hegenden Züge der Mütterlichkeit gegenüber den fordernden und verschlingenden Zügen mehr in den Vordergrund getreten. Trotz dieser Akzentverschiebung streckt die so friedlich anmutende Kuh die Zunge schon 'raus, um die kleine, wehrlose Blume aufzufressen.

Die Fischserie drückt die Vorstellung der Symbiose mit der Mutter aus. Auf den Bildern 3, 5, 7 und 9 enthält der große Mutterfisch einen oder gar mehrere kleine Tochterfische. Dabei weist die Architektur dieser Bilder – wie die Fische ineinandergeschachtelt sind und wie sie insbesondere auf Bild 7 und im Schwanzteil von Bild 3 nahtlos ineinander übergehen – darauf hin, daß Mutter und Tochter nur bedingt als eigenständige Wesen erlebt werden. Auf Bild 3 und auch auf Bild 9, das neben dem roten Fisch bei genauer Betrachtung noch einen größeren grauen Fisch erkennen läßt, mutet die Abgrenzung der einzelnen Fischkörper voneinander an manchen Stellen geradezu wie ein Rätsel an; ein Ausdruck der Symbiose.

Auch ein weiterer Zug des Bildes 9 unterstreicht die Unabgrenzbarkeit von Mutter und Tochter. Denn die dem großen Fisch zugehörigen bogenförmigen Linien überschneiden an vielen Stellen die körperliche Abgrenzung des kleineren Fisches, und ein Teil der roten Farbe des kleineren Fisches ist in den großen Fisch übergegangen; die Konturen verschwimmen, die Abgrenzung zwischen beiden Fischen ist verwaschen, was wiederum ein Ausdruck der Symbiose ist.

Die Fischserie spiegelt wider, wie das anfängliche Gefühl der Untrennbarkeit von der Mutter schrittweise überwunden wird. Bild 8 stellt einen gewissen Abschluß dieser Entwicklung dar. Der große Mutterfisch und der kleine Tochterfisch zeigen nicht mehr die Identität der vorherigen Bilder, sondern sie sind voneinander getrennt; ja sie stehen sogar in einer konflikthaften Beziehung zueinander. Denn – so erlebt es die Patientin – wenn sich die Tochter von der Mutter gelöst hat, muß sie die Mutter beißen.

Bild 9 stellt eine gewisse Rückkehr zu der im Bild 8 überwundenen Symbiose dar. In einem psychotherapeutischen Prozeß ist es die Regel, daß schon abgehandelte Dinge immer wieder aufgegriffen werden, bis der Prozeß des Durcharbeitens schließlich hinreichend weit fortgeschritten ist. Der kleine rote Fisch auf Bild 9 hat aber dennoch an Größe und Abgehobenheit zugenommen, und der große Mutterfisch schwindet fast zur Unerkennbarkeit. Die beginnende Auflösung der Symbiose ist also auch auf diesem Bild zum Ausdruck gebracht, obgleich andere Züge dieses Bildes – wie schon geschildert – die Symbiose gerade besonders deutlich widerspiegeln.

Anläßlich dieser Bilderserie sei auf zwei Züge hingewiesen, die für den Verlauf eines psychotherapeutischen Prozesses typisch sind. Es ist durchaus typisch, daß eine neue Thematik in Angriff genommen wird, bevor die vorherige völlig durchgearbeitet worden ist, wie durch die Überschneidung der Fischserie mit der Blumenserie illustriert ist. Ferner sei auf die Reihenfolge hingewiesen, daß nämlich in Wort und Bild erst die Problematik der Nur-Tochter und dann erst die Problematik der Symbiose abgehandelt worden ist. Die Problematik ist also in umgekehrter chronologischer Reihenfolge aufgerollt worden. Auch das ist typisch: In einer psychotherapeutischen Behandlung kommen sehr oft zuerst spätere und erst im weiteren Verlauf frühere Entwicklungsphasen zur Bearbeitung.

Übrigens zeigt auch die Fischserie Anklänge an die orale und aggressive Thematik der archaischen Mütterlichkeit. Die Mehrzahl dieser Fische hat große verschlingende Mäuler, die geradezu raubtierhaft anmuten. In diesem Sinne stellt insbesondere das große Fischmaul auf Bild 6 eine Verbindung zu dem Krokodil und der Kuh dar. Die oral-spendenden Züge der archaischen Mütterlichkeit kann man in den busenartigen Schuppen der Bilder 3, 7 und 9 erkennen. Es handelt sich also bei den Fischen nicht mehr um die Vorstellung der reinen Symbiose, sondern um eine nachträgliche Kontaminierung des Erlebens der Symbiose mit Elementen des Erlebens der Nur-Tochter. Wenn erst einmal ein weiterer Entwicklungsschritt eingesetzt hat, muß er ja das, was von vorherigen Entwicklungsstufen noch erhalten bleibt, mit färben.

Zusammenfassend sei gesagt: Diese Patientin steht in der Entwicklung ihres Bildes der Weiblichkeit auf einer Stufe zwischen der Symbiose und der Nur-Tochter. Sie hat, wie noch gezeigt werden soll, im Verlauf der Behandlung einen Schritt über diese Entwicklungsstufe hinaus tun können.

Wenngleich diese Patientin durch die Ovarialhypoplasie, insbesondere durch das Ausbleiben der Menses und durch das Wissen um das Schicksal der unausweichbaren Kinderlosigkeit, in der Entwicklung ihrer Weiblichkeit behindert gewesen sein mag, so ist ihr Stehenbleiben auf der oben geschilderten Frühstufe des Bildes der Mütterlichkeit dennoch allein aus der Beziehung zu ihrer Mutter heraus voll und ganz zu verstehen.

Erst gegen Ende der Behandlung korrigierte die Patientin ihre ursprüngliche Angabe, den Vater praktisch nicht gekannt zu haben, »ohne Vater« aufgewachsen zu sein. Der Vater war zum Militärdienst eingezogen worden, als die Patientin zweieinhalb Jahre alt war, und er war als vermißt gemeldet worden, als die Patientin sechs Jahre alt war. »Meine Mutter hat nie mit uns über den Vater gesprochen. Höchstens hat sie mal gesagt: ›Wenn der auf Urlaub kommt, der wird es euch aber geben!‹ Ich hatte nie eine Beziehung zum Vater. Ich habe ihn nie vermißt. Von Nachbarn habe ich später gehört, wenn der Vater auf Urlaub kam, daß er dann keinen sexuellen Verkehr mit meiner Mutter hatte. Die Mutter soll darüber fertig gewesen sein.«

Die Mutter ernährte die vier Kinder durch Gravierarbeiten, die sie in der engen Wohnung ausführte. Aus Angst, daß die Nachbarn gestört werden könnten, durften die Kinder sich nicht regen. Kaum je hat die Mutter die kleine Wohnung verlassen, und das warf sie den Kindern auch zur Genüge vor: »Ich tue alles für euch! Ich hänge Tag und Nacht über dem Tisch und gehe nirgends hin!« Sie war zu den Kindern sowohl in emotionaler als auch in materieller Hinsicht versagend. Im Hinblick auf ein weit verbreitetes Mißverständnis sei betont: Eine krankmachende Bedeutung hatte dabei nicht etwa die Armut an sich, sondern daß die Mutter bei den Kindern Schuldgefühle über alle anklingenden Regungen und Wünsche verursachte. Diese Mutter gönnte den Kindern keine Freude oder Vergnügungen und unterdrückte alle Regungen der Kinder durch moralische Vorhaltungen. Sie ›opferte sich auf‹ und machte das den Kindern zum Vorwurf.

Eben weil die Mutter sich in ihrer Opferhaltung nichts gönnen konnte und weil sie in ihrer Ehe so unerfüllt geblieben war, klammerte sie sich in besonderer Weise an die Patientin, ihr ältestes Kind. Wie dieses Anklammern der Mutter konkret ausgesehen hat, kann die Patientin beim besten Willen nicht ausdrücken, weil sie die Dinge selbst in der Rückerinnerung nicht durchschauen kann, und sie hilft sich mit der Aussage, sie habe das später von Nachbarn gehört. Daß die Patientin auch in späteren Jahren für die unbefriedigte Mutter ein Ersatzobjekt blieb, erkennt man aus der Schilderung, wie die Patientin in alle Arbeiten und Gedankengänge der Mutter hineingezogen wurde, wobei der inzwischen herangewachsenen Tochter keine eigenständigen Beschäftigungen oder Gedanken möglich waren. Wie vielschichtig und für die Patientin undurchsichtig diese Beziehung war, wird aus der gleichzeitigen Angabe deutlich: »Ich habe nie mit der Mutter über irgend etwas gesprochen.«

Weil die Patientin einerseits so leer ausging und anderseits ständig in das Erleben der Mutter mit hineingezogen war, hat sie auf die mit jeweils einem Jahr Abstand geborenen Geschwister mit größtem Neid und Essensverweigerung und später mit Intrigen reagiert. »Der Vater hat mich einmal furchtbar gehauen, weil ich auf meinen Bruder eifersüchtig war. Ich weiß das vom Erzählen. Ich habe nichts gegessen. Er hat mich verhauen.« – Dieser Geschwisterneid hat über ausgedehnte Zeitabschnitte der Behandlung die Übertragungssituation beherrscht: »Auch heute (in der Behandlungsstunde) habe ich immer das Gefühl, der Doktor spricht nur mit den anderen (Mitgliedern der Gruppe). Ich hab' das Gefühl, Sie lassen mich verhungern. Das gibt eine unheimliche Wut ... Immer habe ich nach der Gruppe Hunger-Magenschmerzen vor Eifersucht.«

In all diesen verwirrenden Gegensätzlichkeiten blieb das Verhältnis zur Mutter ihr einziger Trost. Der Wunsch, die Geschwister auszustechen, stellte ein starkes Motiv dar, der sich an sie anklammernden Mutter entgegenzukommen. Sie habe der Mutter als Kind oft gesagt: »Wenn du nur mich hättest, hättest du es gut.« Und sie sagt: »Darum war ich auch immer so brav; hab' ihr alles mundgerecht gemacht. Ich wollte ihr bloß keinen Kummer machen.« Während die Geschwister es wagten, sich zu verselbständigen – der Mutter »Kummer« zu machen, wie die Patientin es erlebte –, versuchte die Patientin selbst, nur so zu erleben und zu handeln, wie es die Mutter wollte beziehungsweise selber tat. Aber bei aller gefühlsmäßigen Nähe kam es zu keinem das Bewußtsein und die Abtrennung fördernden Gedankenaustausch zwischen Mutter und Tochter. Die Beziehung blieb undifferenziert und unbewußt.

Wie es für die Nur-Tochter bezeichnend ist, hatte die Patientin einen

Beruf gewählt, der mit dem Beruf der Mutter identisch ist: Sie wurde Graviererin. Später wurde sie aus derselben mütterlichen Thematik heraus eine Krankenschwester, die sich ›selbstlos‹ in einer schier unbegrenzten Weise für ihre Patientinnen – sie arbeitete natürlich vornehmlich auf Frauenstationen – aufopferte. Dabei war sie oral äußerst gehemmt und konnte sich kaum vorstellen, wie sie ihr Geld anwenden sollte, um selber etwas davon zu haben. Andererseits war sie in ihrer Haltung aggressiv, sie stänkerte und stichelte und machte hinterhältige Intrigen. Sie konnte sich dabei für friedfertig halten, da sie ja nie in eine offene Auseinandersetzung verwickelt war. Der weitere Lebensweg dieser Patientin illustriert einen Zusammenhang, der in dem vorausgehenden Text nicht genügend betont worden ist. Wenn eine Frau, die auf der Stufe der Nur-Tochter fixiert geblieben ist, später heiratet oder infolge anderer äußerer Lebensumstände selber eine mütterliche Aufgabe bekommt, vollzieht sich nämlich häufig ein merkwürdiger Wandel. Ohne es aufzugeben, sich auch weiterhin – zumindest untergründig – als Nur-Tochter zu erleben, erlebt sie sich dann nicht selten zusätzlich unter dem Bild einer archaischen Nur-Mutter. Psychologisch hat sich dabei kaum etwas geändert, denn die Fixierung an die Entwicklungsstufe archaischer Mütterlichkeit bleibt erhalten: die archaische Mütterlichkeit wird lediglich nicht mehr ausschließlich am Gegenüber, sondern auch in bezug auf die eigene Person erlebt.

Diese Patientin empfand das langjährige Werben ihres Bekannten nur als lästig und unverständlich. Sie hat das Verhältnis wiederholt abrupt abgebrochen. Er aber insistierte. Wir wissen es nicht, ob er zu jenen Männern gehört, die gerade von der von allem Sexuellen ›unberührten‹, ›mütterlichen Frau‹ fasziniert sind. Es wundert nicht, daß sie, als sie schließlich doch heiratete, keine reife, durch Partnerschaft gekennzeichnete Beziehung zu ihrem Mann aufbauen konnte und unter Frigidität und Schmerzen beim Verkehr litt. Sie hatte dem Mann gegenüber vornehmlich mütterliche Gefühle; sie wollte ihn ähnlich wie früher die Patientinnen im Krankenhaus versorgen, sie war besorgt, ob er zufrieden ist, ob es ihm gut geht. Wie beschrieben, hat sie auch ihrer geistig und körperlich verfallenen Mutter gegenüber eine Mutterrolle übernommen. Zusätzlich hat sie noch ein Kind angenommen, dessen Eltern beide arbeiten gehen wollten, um mehr Geld verdienen zu können. So wurde diese kinderlose Frau eine Nur-Mutter, ohne ihre Sehnsucht nach der Rolle der Nur-Tochter, die sie in der Gruppe agierte, aufzugeben.

Im Verlauf der Behandlung konnte sie einen Entwicklungsschritt weiter tun. Nachdem in etwa zweieinhalb Jahren das Thema der archaischen Mütterlichkeit mit allen seinen Verzweigungen innerhalb der Behandlungssituation durchlebt und auch gedeutet worden war, hat sie es gelernt, ihre Weiblichkeit in Beziehung zum Mann zu erleben. Das wurde dadurch eingeleitet, daß sie bald nach der wiedergegebenen Bilderserie über ein Dreieck äußerst beunruhigt war, das sie in einem weiteren Bild weiß und unbemalt gelassen hat. »Komisch, ich hab' das Gefühl, ich muß dabei an meinen Vater denken.« Wenn wir uns daran erinnern, daß sie anfangs meinte, »ohne Vater« aufgewachsen zu sein, ist es verständlich, daß das Thema Vater durch einen leeren, weißen Fleck eingeleitet wird. In der Stunde nach dem Bild mit dem weißen Dreieck kommt eine vage Gefühlserinnerung, die keineswegs auf Wahrheit beruhen muß: »Als Sie vor einigen Stunden vom Essen sprachen (in der Gruppe war ganz flüchtig das Thema Fellatio angeklungen), da hatte ich auf einmal gedacht, daß der Vater mich mißbraucht hat. Aber ich kann so etwas gar nicht erinnern.« Die Auseinandersetzung mit dem Mann wurde also wiederum durch eine orale Thematik eingeleitet. Von nun an trat in den Behandlungsstunden die Angst vor dem Männlichen in den Vordergrund, und auch in der Übertragungssituation wurde die Existenz eines männlichen Wesens erkannt. Sie malte nun gelegentlich Männer, die aber ganz im Gegensatz zu ihrer sonstigen Maltechnik nur recht kümmerlich gelangen. Die Periode der Auseinandersetzung mit dem Mann soll jedoch nicht näher beschrieben werden. In dieser Phase der Behandlung überraschte sie auf einmal mit der Mitteilung, die Mutter würde inzwischen von einer anderen Verwandten betreut werden. Die Patientin hatte mit Erfolg darauf bestanden. Auch kam es zu einer gewissen Belebung der sexuellen Erlebnisfähigkeit.

Fall 2: Die Couragierte

Diese Frau mit Lodenmantel und Jägerhütchen begab sich im Alter von 37 Jahren in psychotherapeutische Behandlung, weil sie seit zwei Jahren an rezidivierenden vitalen Depressionen litt. Diese Depressionen hatten dreimal zu jeweils mehrere Monate währender stationärer psychiatrischer Behandlung geführt. Es lag ein männlich determiniertes Bild der eigenen Weiblichkeit vor.

Auf den Zeichnungen 10 und 11 wollte die Patientin sich nach eigener Angabe selbst darstellen. So wie sie zwischen den Felsen oder auf dem Tisch steht, sieht sie ebenso wie all die anderen Figuren auf Bild 11 eher männlich als weiblich aus. Dabei hatte sie ausdrücklich gesagt, daß um den Tisch herum sowohl Männer als auch Frauen sitzen. Trotz ihrer zeichnerischen Begabung stehen ihr offensichtlich deutlich weibliche Formen nicht zur Verfügung; eben weil sie ein männlich determiniertes Bild der Weiblichkeit in sich trägt. Diese beiden Bilder zeigen nicht nur, daß sie sich selbst als wie ein Mann aussehend erlebt, sondern sie drücken auch eine gewisse Beunruhigung aus. Bei aller männlicher Identifikation fühlt sie sich auf Bild 10 angsterregend eingeengt. Konträr dazu meint sie, sich auf Bild 11 aufdringlich zur Schau stellen zu müssen, was ebenfalls als ein Hinweis gewertet werden kann, daß sie sich in ihrer männlichen Rolle nicht ganz sicher fühlt. Auf Bild 12 dagegen, das nach etwa zwei Jahren psychotherapeutischer Behandlung entstanden ist, tragen Mann und Frau deutlich unterschiedliche Züge, wie die beiden Figuren links oben und links unten zeigen.

Vorgeschichte, die die Depressionen auslösende Situation und Behandlungsverlauf waren vor allem durch eine Auseinandersetzung mit ihrer Vorstellung von der Weiblichkeit gekennzeichnet. In der frühesten Kindheit, so erinnert sich die Patientin, hatte sie ein gutes Verhältnis zur Mutter gehabt. Sie ist ja auch über das Bild archaischer Mütterlichkeit hinausgewachsen. Als aber in der psychischen Entwicklung des kleinen Mädchens der Geschlechtsunterschied zwischen Vater und Mutter bedeutsamer wurde, also in der ödipalen Situation, glaubte es an der Mutter Züge zu erkennen, die ihr eine Identifikation mit dem Eros-Aspekt der Mutter nicht gestatteten. Die Identifikation mit dem Vater überwog. Die Mutter, an der sie sowohl hysterische als auch zwanghafte Züge schildert, sei »zwar nicht gerade primitiv« gewesen, habe aber kein großes Interesse an Büchern gehabt, sei dem Ärgernis der Patientin im Haushalt aufgegangen und habe Mann und Tochter durch Launenhaftigkeit tyrannisiert. »Ähnlich wie ich selber hatte sie vor allen Dingen immer bei der Periode schlechte Laune.« Den Vater aber erlebte sie als positiv. Sie ist davon beeindruckt, daß dieser seine Frau trotz aller Szenen zärtlich liebte und in Schutz nahm. Die Pflichtwelt überwog bei ihm. Er hatte keine persönlichen Wünsche, um ganz in seinen wissenschaftlich-technischen Interessen aufzugehen. Für sich selber war er sparsam, er rauchte nicht und trank nicht, aber er war großzügig für andere. »Ein Vorbild in jeder Beziehung.«

In dieser emotionalen Umgebung lehnte die Patientin von früher Kindheit an alle weiblichen Verhaltensweisen ab. Sie spielte nicht mit Puppen, half nicht im Haushalt und zog am liebsten Jungenkleidung an. »Ich wollte immer Mutiges tun, ohne mir Gedanken darüber zu machen. Auf Bäume klettern.« Durch Gespräche über gebildete Dinge und über dessen mutige Unternehmungen im öffentlichen Interesse hatte sie viel Kontakt mit dem Vater. Weibliche oder musische Verhaltensweisen riefen seine Billigung und Anerkennung nicht hervor.

Vom zwölften Lebensjahr an kam es zu überschießenden emotionalen Reaktionen. Sie bringt das in einen assoziativen Zusammenhang mit ihrer Weiblichkeit: »Weil ich sensibel bin und weil ich weniger mit dem Verstand, mehr mit dem Gefühl arbeite. Typisch weibliche Angelegenheit.« So – wir müssen hinzufügen, so abwertend – habe sie es damals schon mit zwölf Jahren erlebt. In dieselbe Zeit fiel die erste Periode.« »Von Anfang an und auch heute noch habe ich die Menstruation als einen Schicksalsschlag hingenommen.« Daß sie dabei nur den Ausdruck »Schicksalsschlag« wirklich meint und daß sie diesen Schicksalsschlag eben nicht »hingenommen« hat, wird aus der zusätzlichen Bemerkung deutlich: »Man sollte sich dagegen wehren!«

Als es mit dem Eintreten der Periode für sie unausweichlich wurde, ihre Weiblichkeit vor sich selbst anzuerkennen, richtete sie sich zunächst etwas mehr weiblich aus. Dann aber bekommt sie einen Nackenschlag, denn es treten Sommersprossen auf. Mit dem guten Aussehen war es also aus, sie faßte sich als weniger begehrenswert auf, und sie gibt die keimende weibliche Ausrichtung wieder auf, um ganz in die Identität mit dem Vater zurückzufallen. Aus dieser Episode in ihrem Leben ist ersichtlich, wie Entwicklungsgänge nicht immer gradlinig sind. Ein kleiner, zaghafter Schritt vorwärts kann von einem Schritt zurück abgelöst werden.

Entsprechend dieser Ausrichtung konnte die Patientin keine positive Einstellung zu ihren Verehrern gewinnen. Zärtlichkeiten waren ihr unangenehm, und sie brachte jede freundschaftliche Beziehung zu einem sicheren Ende.

Bei aller männlicher Identifikation sehnte sie sich aber tief verborgen nach der ursprünglich so befriedigend gewesenen Beziehung zur Mutter; bei aller mutigen Selbständigkeit war untergründig doch eine passiv-orale Erwartungshaltung wirksam geblieben. Die damit zusammenhängenden Wünsche und Phantasien spielten eine ausschlaggebende Rolle, als sie schließlich doch heiratete. Sie heiratete nämlich einen geduldigen und recht fürsorglich gearteten Mann, und sie stellte sich dabei ihre Geborgenheit vor Augen.

In der Ehe war sie die beherzte Kameradin des Mannes. Sie munterte ihn zu beruflichem Erfolg auf, und sie fühlte sich selber in ihrem Beruf im Büro, den sie mit Perfektion und Erfolg ausübte, wie ein tüchtiger Mann unter den anderen Männern des Betriebes. »Ich fühle mich wohl, wenn ich im Betrieb meinen Mann stehe.« Auf dieser Ebene hatte sie ein für beide befriedigendes Verhältnis zu ihrem Mann, zumal er sie verwöhnte und bediente, ohne von ihr weibliche Verführungskünste zu erwarten. Der Haushalt wurde ausschließlich von ihrer Mutter und nach deren Tod von der Schwiegermutter versorgt. Es war ihr recht, daß die Ehe kinderlos blieb. Als ihr eine gynäkologische Operation vorgeschlagen wurde, lehnte sie diese ab, um die Kinderlosigkeit zu erhalten. Als plötzlich eine extrauterine Gravidität, eine sogenannte Bauchhöhlenschwangerschaft, festgestellt wurde, war sie glücklich, daß die Gebärmutter entfernt werden mußte.

Sie fühlte sich also zutiefst männlich, wußte aber natürlich, daß sie eine Frau ist. Sie wehrte sich gegen die weibliche Rolle, die ihrem eigentlichen Wesen, so wie sie es selbst erlebte, nicht zugehörte. Ihre Menstruationen gingen deshalb mit launigen Verstimmungen und krampfartigen Schmerzen einher. Abgesehen von diesen Kündern verborgener Konflikte wären beide Eheleute – scheinbar, so müssen wir hinzufügen – vollkommen glücklich gewesen, wenn das Schicksal nicht dieses Gleichgewicht zerstört hätte. Denn die Schwiegermutter starb.

Als dieser inzwischen gebärmutterlose, couragierte und erfolgreiche Kamerad ihres Mannes nun auf einmal gezwungen war, die Haushaltsaufgaben zu übernehmen, als sie sich vom Schicksal gezwungen sah, doch eine weibliche Rolle auszuüben, setzten noch vor der Beerdigung Zustände panischer Angst ein. Es sei an das Bild 10 erinnert. Die Angstattacken gingen mit körperlichen Angstäquivalenten wie Zittern und Schweißausbrüchen einher und wechselten mit Verzweiflung über ihre Haushaltspflichten ab. Wenige Wochen später bekam sie passagere Lähmungen im linken Arm und Bein, so daß sie zeitweilig hinken mußte. Über diese Lähmungen erschrak sie sehr: »Ich fühlte mich in meiner Lebenskraft gebrochen. Jetzt kam die Katastrophe.« Als sie schließlich die Büroarbeit wieder aufnahm, fühlte sie sich den Dingen nicht mehr gewachsen, und darüber war sie äußerst erschrocken. Es setzte ein Zustand ein, der durch Schwitzen, körperliche Unruhe, heiße Wallungen und Erröten, Herzklopfen, Weinen, Angst und Traurigkeit charakterisiert war. Der Grundumsatz betrug plus 68 Prozent, und es bestand eine Beschleunigung der Herzfrequenz von bis zu 140 Schlägen pro Minute. Auch lag eine leichte Anschwellung der Schilddrüse vor. Es wurde eine Hyperthyreose, also eine krankhafte Steigerung der Schilddrüsentätigkeit, festgestellt. Noch bevor nach Abklingen der Hyperthyreose die geplante Entlassung von der internen Abteilung durchgeführt worden war, entwickelte sich das Zustandsbild einer schweren vitalen Depression, die eine Verlegung auf eine psychiatrische Abteilung notwendig machte.

Nur nebenbei soll die Frage aufgeworfen werden, ob bei dem letzten Symptomwechsel der Umstand eine Rolle gespielt haben könnte, daß ein psychogenes Symptom medikamentös beseitigt worden ist, ohne daß gleichzeitig eine Änderung hinsichtlich der psychologischen Situation eingetreten wäre.

Nach Abklingen dieser Depression blieb die Patientin gegenüber dem prämorbiden Zustand verändert. Sie neigte zum Jammern und Klagen, fühlte sich schwächlich, und fortan blieb sie auch zwischen den folgenden depressiven Phasen ganz im Gegenteil zu ihrer bisherigen Tüchtigkeit und Tapferkeit ein »Jammerweib«, um einen bildhaften Ausdruck zu gebrauchen.

Der Protest gegen das Wissen um die eigene Weiblichkeit war zusammengebrochen. Gleichzeitig blieb aber weiterhin das männlich determinierte Bild der eigenen Weiblichkeit wirksam, wie u. a. durch die Bilder 10 und 11 illustriert wird, die zu Beginn der etwa zwei Jahre später begonnenen psychotherapeutischen Behandlung entstanden sind. Auch lehnte sie, eben weil das männlich determinierte Bild der eigenen Weiblichkeit weiterhin wirksam blieb, ihr manifestes Verhalten als »weibisch, widerlich« ab.

In den eineinhalb Jahren psychotherapeutischer Behandlung äußerte sie im wesentlichen Derivate dieses Konfliktes. Der zutage getretene Ärger richtete sich hauptsächlich gegen ihren Mann und gegen den Arzt, die sie beide als nicht tüchtig und stark genug und als körperlich zu klein erlebte. Eingedenk ihrer »Weibischkeit«, die unverständlicherweise, wie wie sie oft sagte, über sie gekommen sei, entdeckte sie zunehmend auch in emotionaler Hinsicht, daß sie doch etwas anderes als ein Mann sei. So hat sich im Verlauf der Behandlung das in ihr wirksame Bild der Weiblichkeit einen Schritt weiterentwickelt: Sie entdeckte das auf Bild 12 sichtbare Bild der Frau. Aber das bedeutet noch keineswegs, daß es auch zu einer Bejahung ihrer Weiblichkeit gekommen wäre. Die beiden Frauenfiguren stehen in einer engen assoziativen Verbindung zu der schweren Last von Ketten; und diese Beziehung gilt nicht nur für das Bild. Auf der linken Frauenfigur trägt die Weiblichkeit ein recht trübes Antlitz. Das größere Frauenbild auf der rechten Seite gibt zum Ausdruck, daß ihr das ungeschickt und steif anmutende Gewand der Weiblichkeit noch nicht recht paßt: mit ihrem Wesen eigentlich nicht identisch ist. Zum Selbsttrost, als wenn sie sagen wollte, daß ihr das Kleid vielleicht doch noch einmal stehen werde, vielleicht auch um sich zu trösten, daß sie ihren früheren, als männliche Eigenschaft erlebten Mut doch noch wiedererlangen könne, schreibt sie »Courage« neben das Bild.

Auch das Schwein auf Bild 12 ist für diese Patientin ein weibliches Symbol. Wenn die Weiblichkeit für sie Eigenschaften eines Schweins hat, drückte sie nicht vornehmlich ein moralisches Gefühl aus, und sie hat auch nicht das Thema Schmutz zum Ausdruck gebracht. Vielmehr ist das Schwein für sie das dumme und ungeistige Tier. Das Symbol Schwein ist ein Hinweis auf eine der Ursachen, aus denen heraus sie die Weiblichkeit nicht akzeptieren kann. Aber indem sie dieses Symbol der Weiblichkeit zeichnet, findet sie nicht eine bessere Beziehung zu ihrer Weiblichkeit: dieser Bereich wird von ihr nicht integriert; das Symbol Schwein bleibt abgespalten von dem, wozu sie ›ich‹ sagen könnte.

Hinter dem Vorwurf der Kleinheit des Mannes steckt auch der Wunsch nach einem starken, überlegenen Mann, der ihre passiv-oralen Wünsche erfüllen würde.

Wenngleich die Patientin von der sehr schweren Depression befreit worden ist, hat ihr die Behandlung letztlich nicht geholfen. Sie hat nicht die »Courage« aufbringen können, die auf Bild 12 angebahnte Entwicklung zu Ende zu führen: sie konnte sich nicht von ihrem ärgerlichen Ressentiment über die eigene »Weibischkeit«, wie sie es nannte, und von dem Ressentiment über die Kleinheit des Mannes so weit distanzieren, um daran psychotherapeutisch weiter zu arbeiten, und sie konnte nicht zu einer Bejahung ihrer ansatzweise weiter entwickelten Weiblichkeit gelangen.

Bei den weiteren Entwicklungsstufen des Bildes der Weiblichkeit besteht nicht mehr eine Beziehung zu den hier erörterten Symptomen. Daher werden bei den folgenden Fällen im wesentlichen nur noch die Zeichnungen angeführt, mittels derer die Patientinnen ihre Vorstellung von der Weiblichkeit sichtbar gemacht haben. Um nicht allzuweit vom Thema der archaischen Mütterlichkeit abzuweichen, werden die dazugehörigen Krankengeschichten nur kurz angedeutet.

Die folgenden beiden Fälle illustrieren die phallisch-hysterische Frau im engeren Sinne des Wortes, die ja von der obigen Gruppe abgetrennt werden sollte. Diese Abtrennung ist notwendig, da diese Frau zu anderen geburtshilflichen und gynäkologischen Symptomen neigt und da sie außerdem ein unterschiedliches Bild der eigenen Weiblichkeit hat. Dieses ist durch weibliche Körperformen gekennzeichnet, und es hat eine Beziehung zum Erosbereich, auch wenn Eros eher zur Unterwerfung des Mannes dienen mag. Bei der phallisch-hysterischen Frau wird die Weiblichkeit als auf den Mann bezogen erlebt, wie die folgenden Bilder deutlich zeigen. Aber die eigene Weiblichkeit wird dennoch nicht konfliktfrei akzeptiert, und aus einer Konkurrenzthematik heraus ist eine Partnerschaft mit dem Mann nicht möglich.

Fall 3: Die Frau mit dem Gängelband

Das Bild 13 zeigt recht deutlich, daß diese Patientin die eigene Weiblichkeit unter dem Bild weiblicher Körperformen erlebt. Sie hat welliges Haar und einen Busen. Sie hat sich mit den Männern auf dem Bild, die ihren Vater, ihren Ehemann und ihren Bekannten darstellen, nicht identifiziert. Vielmehr führt sie diese, wie übrigens auch die Mutter, am Gängelband. In der Realität weiß sie alle drei erotisch an sich zu binden, um sie gleichzeitig alle drei gleichermaßen leer ausgehen zu lassen und obendrein in Abhängigkeit zu halten. Trotz deutlicher hysterischer Züge überwiegen bei ihr zwanghafte Verhaltensweisen, und sie hatte auch eine zwangsneurotische Symptomatik.

Fall 4: Der Mustang

Bei dieser 23jährigen Patientin handelte es sich um eine Hysterica mit vielseitiger passagerer Konversionssymptomatik: zeitweilige Bewegungsstörungen, merkwürdige Körpersensationen und anderes mehr. Impulsdurchbrüche und chaotische, desorganisierte Verhaltens- und Erlebensweisen ließen bei der Krankenhausaufnahme im ersten Augenblick völlig zu Unrecht an die Möglichkeit einer akuten schizophrenen Symptomatik denken. Im Verlauf der Behandlung entwickelte sie in Abwehr der Impulsdurchbrüche Grübelzwänge, die zuvor schon mal gelegentlich für kürzere Zeit aufgetreten waren und die gegen Ende der Behandlung ganz schwanden.

Auch diese Patientin erlebte ihre Weiblichkeit unter weiblichen Körperformen, wie die beiden Frauenköpfe und vielleicht auch das Schaf auf Bild 14 zeigen. Wenngleich sie sich voll Lust mit einem wilden Mustang verglich, ist ihr Bild der eigenen Weiblichkeit keineswegs männlich determiniert. Bei dem Mustang handelte es sich vielmehr um eine Wunscherfüllungsphantasie. Die Männer, die auch hier teilweise an der Leine liegen, erlebt sie unter dem Bild von Schlangen und wilden Pferden. Der Kampf zwischen den Geschlechtern, der hier mit zerstückelten Körperteilen an Fleischerhaken Formen annimmt, die eher zum zwangsneurotischen Bereich gehören, setzt ebenfalls voraus, daß sie sich vom Mann unterschieden erlebt. In der manifesten Auseinandersetzung mit den Männern zeigte sie aber mehr hysterische Verhaltensweisen. Sie depotenzierte diese, indem sie ihr gutes Aussehen, gemimte Unschuld und Hilfsbedürftigkeit gezielt einsetzte, um Männer zu reizen, sie dann aber, wenn sie genügend eingesetzt hatten und sich am Ziel glaubten, unverrichteterdinge aus dem Hotelzimmer davonschleichen zu lassen. Sie hat übrigens genau wie die vorige Patientin der weiblichen Schönheit ihren ganzen Arbeitstag gewidmet: sie war Friseuse.

In einer recht günstig verlaufenen, etwa dreijährigen Behandlung hat sie schließlich die Frau als Freundin und Partnerin des Mannes erlebt, und ihre Ehe wurde glücklich und wechselseitig befriedigend.

Fall 5: Mann oder Kinderwagen

Das Bild der Weiblichkeit dieser 25jährigen Frau wird aus Bild 15 ersichtlich. Das Bild zeigt, daß in der Vorstellung und damit auch im Erleben dieser Patientin Mann und Frau deutlich voneinander unterschieden sind. Darüber hinaus zeigt das Bild, daß diese Patientin sowohl den Eros-Aspekt der Weiblichkeit als auch den Bereich der Mütterlichkeit erlebt. Sie

Bild 1
Fall 1 Die Blaue Blume
Die Patientin steht einer mit aggressiven und bedrohenden Zügen einhergehenden archaischen Mütterlichkeit gegenüber.

Bild 2
Fall 1 Die Blaue Blume
Die Patientin wird von der destruktiven archaischen Mutter verschlungen.

Bild 3
Fall 1 Die Blaue Blume
Noch bevor die Patientin im Verlauf der Behandlung die Auseinandersetzung mit der füllig spendenden und gleichzeitig destruktiven archaischen Mütterlichkeit abgeschlossen hat, wird in ihr regressiv das Bild der Symbiose mit der Mutter aktiviert.

Bild 4
Fall 1 Die Blaue Blume
Die Patientin erlebt die Mutter bzw. die Mütterlichkeit unter dem Bild einer riesengroßen Kuh, vor dem sie selbst nur ein ganz kleines Blümchen, eine Nur-Tochter ist. Die Kuh hat ein großes spendendes Euter und sieht friedlich und harmlos aus. Sie streckt aber schon die Zunge heraus, um die kleine wehrlose Blume aufzufressen.

Bild 5
Fall 1 Die Blaue Blume
Nach weitgehender Auseinandersetzung mit dem Bild der Nur-Tochter und dem Bild der gleichzeitig spendenden und destruktiven Mütterlichkeit setzt die Patientin sich viele Monate lang mit dem Bild der Symbiose zwischen Mutter und Tochter auseinander. Der große Mutterfisch enthält jeweils einen oder mehrere kleine Tochter-Fische. Dabei weist die Architektur dieser Bilder – wie die Fische ineinander geschachtelt sind und wie sie insbesondere auf Bild 7 und im Schwanzteil auf Bild 3 nahtlos ineinander übergehen – darauf hin, daß Mutter und Tochter nur bedingt als eigenständige Wesen erlebt werden.

Bild 6
Fall 1 Die Blaue Blume
Auch die Fischserie zeigt Anklänge an die orale und aggressive Thematik der archaischen Mütterlichkeit. Die Mehrzahl dieser Fische hat große verschlingende Mäuler, die geradezu raubtierhaft anmuten. Insofern stellt dieses Bild eine Verbindung zum Krokodil und zur Kuh dar.

Bild 7
Fall 1   Die Blaue Blume

Die oral-spendenden Züge der archaischen Mütterlichkeit finden in den busenartigen Schuppen der Bilder 3, 7 und 9 einen Ausdruck. Es handelt sich bei der Fischserie nicht mehr um die Vorstellung einer reinen Symbiose, sondern – gemäß dem Umstand, daß es sich um eine während der Behandlung auftretende regressive Belebung dieser Vorstellung handelt – um eine nachträgliche Kontaminierung der Vorstellung der Symbiose mit Elementen des Erlebens der Nur-Tochter.

Bild 8
Fall 1   Die Blaue Blume

Im Verlauf der Fischserie wird das Gefühl der Untrennbarkeit von der Mutter schrittweise überwunden. Wenn die Identität von Mutter und Tochter durch eine beginnende Individualität abgelöst worden ist, müssen beide in eine konflikthafte Auseinandersetzung eintreten.

Bild 9
Fall 1   Die Blaue Blume

Die in Bild 8 schon überwundene Vorstellung der Symbiose zwischen Mutter und Kind wird erneut aufgegriffen. In einem psychotherapeutischen Prozeß ist es die Regel, daß schon abgehandelte Dinge immer wieder aufgegriffen werden. Die Abgrenzung des roten Fisches von dem bei genauerer Betrachtung zu erkennenden größeren Fisch mutet geradezu wie ein Rätsel an; ebenso wie es für die Abgrenzung der einzelnen Fischkörper auf Bild 3 gilt. Die Konturen verschwimmen und die Abgrenzung zwischen beiden Fischen ist verwaschen. Das ist der Ausdruck einer Symbiose.

Bild 10
Fall 2 Die Couragierte
Auf den Zeichnungen 10 und 11 wollte die Patientin sich nach eigener Angabe selbst darstellen. Trotz zeichnerischer Begabung stehen ihr deutlich weibliche Formen nicht zur Verfügung, denn sie hat ein männlich determiniertes Bild der eigenen Weiblichkeit.

Bild 11
Fall 2 Die Couragierte
Nach Angabe der Patientin sitzen um den Tisch herum sowohl Männer als auch Frauen. Beim männlich determinierten Bild der eigenen Weiblichkeit sehen beide Geschlechter praktisch gleich aus.

Bild 12
Fall 2   Die Couragierte
Im Verlauf einer psychotherapeutischen Behandlung entdeckt die Patientin einen Unterschied zwischen dem Bild des Mannes und dem Bild der Frau. Das männlich determinierte Bild der eigenen Weiblichkeit ist überwunden. Zu einer Bejahung der eigenen Weiblichkeit ist es aber noch nicht gekommen. Links trägt die Weiblichkeit ein trübes Antlitz. Die Frau rechts läßt erkennen, daß ihr das ungeschickt und steif anmutende Gewand der Weiblichkeit noch nicht recht paßt. Beide Frauenfiguren stehen in einer engen assoziativen Verbindung zur schweren Last von Ketten. Auch das Schwein hat die Patientin als eine weibliche Figur erlebt.

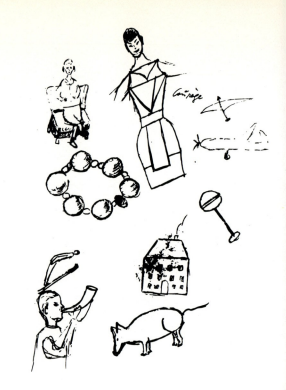

Bild 13
Fall 3   Die Frau mit dem Gängelband
Im Gegensatz zu dem männlich determinierten Bild der eigenen Weiblichkeit erlebt diese Patientin die eigene Weiblichkeit unter dem Bild weiblicher Formen: Busen und welliges Haar. Aber sie versieht das Bild der Weiblichkeit mit einem Fragezeichen und die Beziehung zum Mann ist durch Konkurrenz, Machtkampf und Gängelband charakterisiert.

Bild 14
Fall 4   Der Mustang
Auch diese Patientin erlebt ihre Weiblichkeit unter weiblichen Körperformen, wie die beiden Frauenköpfe und das Schaf zeigen. Die Männer, die auch hier an der Leine liegen, erlebt sie unter den Bildern von Schlangen und wilden Pferden. Wenn diese Patientin sich als Mustang phantasiert, handelt es sich nicht um ein männlich determiniertes Bild der eigenen Weiblichkeit, sondern um eine Wunscherfüllungs-Phantasie.

Bild 15
Fall 5   Mann oder Kinderwagen
Diese Patientin erlebt sowohl den mütterlichen Aspekt als auch den Eros-Aspekt der Weiblichkeit. Nur kann die Patientin beide Bereiche nicht miteinander vereinen. Die Patientin kann sich keine Mütterlichkeit, die die Partnerschaft mit dem Mann miteinschließt, vorstellen.

Bild 16
Fall 6   Der Verwaltungsbeamte
Als dieser Patient sich einmal in einer ärgerlichen Stimmung befand, malte er zunächst nur die Eruption eines Vulkans und Gewitterwolken. In seiner ärgerlichen Stimmung kam ihm die Phantasie, daß der speiende Vulkan ein weibliches Genitale während der Geburt sei. Das männlich determinierte Bewußtsein neigt dazu, die Geburt als eine mit Wut und Ärger einhergehende Tätigkeit zu erleben.

geht einmal mit dem Mann und das andere Mal hat sie einen Kinderwagen. Nur sind beide Bereiche voneinander abgespalten. Die Patientin kann beide Bereiche nicht miteinander vereinen. Zwar ist die Partnerschaft im Bereich des Eros hergestellt. Aber die Patientin kann sich keine Mütterlichkeit, die die Partnerschaft des Mannes mit einschließt, vorstellen. Das Bild zeigt ganz im Gegenteil, daß im Erleben dieser Patientin die Mütterlichkeit auf Kosten von Eros und auf Kosten der Beziehung zum Mann gehen müßte; denn der Mann – so erlebt die Patientin es – führt sie verständnislos an dem Kinderwagen vorbei. In der Realität drängte nicht etwa der Mann auf kontrazeptives Verhalten, sondern die Patientin tat es. Im Erleben der Patientin ist die Beziehung zum Mann auch insofern keine volle Partnerschaft, als ihre geistigen Interessen ausgeschlossen bleiben. Das Buch kann sie nicht haben, wenn sie mit dem Mann geht. Sie sagt zu dem Bild: »Die Frau mit dem Mann, das bin ich. Ich bin neidisch auf die Frau mit dem Kind.«

Bild 15 illustriert also, daß bei dieser Patientin die Entwicklung des Bildes der Weiblichkeit weit fortgeschritten ist. Aber das Bild derjenigen Mütterlichkeit, die den Partner mit einbezieht, ist noch nicht erreicht worden. Dementsprechend handelt es sich bei den Konflikten, die den Behandlungsverlauf kennzeichneten, nicht etwa um die für archaische Mütterlichkeit typische Thematik, sondern um Verunsicherungen im Bereich von Eros und genitalem Erleben. Sie war wegen migräneartiger Kopfschmerzen in Behandlung gekommen, hatte daneben aber auch zeitweilig einen Ausfall der Menstruation oder Schmerzen bei der Menstruation. Während der Behandlung zeichnete und sprach sie vorzugsweise von Onanie und Geschlechtsverkehr. Die kürzeste Reise des Ehemannes wollte sie nicht zulassen, denn sie befürchtete, sonst sexuellen Versuchungen durch andere Männer sofort zu erliegen. Ihren Mann aber glaubte sie nicht bejahen zu können, da er ihren geistigen Ansprüchen nicht genüge.

Der Umstand, daß sie ein Bild der Weiblichkeit erreicht hat, das auf den Mann ausgerichtet ist und zumindest partiell die Partnerschaft mit einschließt, garantiert noch nicht unbedingt, daß sie auch in der Lage sein muß, diese Vorstellung zu realisieren. Aus welchen ödipalen und auch prädipalen Konflikten heraus ihr Verhältnis zum Mann so verunsichert war, daß die als Bild schon vorhandene partnerschaftliche Beziehung nicht zustande kommen konnte, ist für den Zweck dieser Falldarstellung nicht wichtig. Erwähnt dagegen sei eines der Motive, aus denen heraus sie die Ehe entgegen ihrem Wunsch nach einem Kind kinderlos gehalten hat: Wie Bild 15 zeigt, ahnt sie recht genau, daß die Mutterschaft die Beziehung zum Mann mit einschließen sollte und daß ihr diese Voraussetzung noch fehlt. Trotz dieser Ahnung konnte sie lediglich sagen: »Wir würden ja gern; aber ich weiß nicht, das ist noch nicht richtig.«

Fall 6: Der Verwaltungsbeamte

Bild 16 stammt von dem schon angeführten Verwaltungsjuristen, der wegen eines Ulkus-Leidens in psychotherapeutischer Behandlung stand. Eine Beziehung zur Welt hatte er vornehmlich im Denken und Handeln, und sein Streben nach beruflichem Fortschritt überwucherte alle anderen Lebensbereiche. Wegen seines scharfen analytischen Verstandes wurden ihm von seiner Behörde schwierige Sonderaufgaben zugewiesen. Auch in seinem »privaten Leben«, wie er es nannte, operierte er vornehmlich aus dem reflektierenden Bewußtsein heraus. Seine Gefühlsbeziehungen waren relativ undifferenziert, und seine Beziehungspersonen waren fast ausschließlich Männer. So wie er selbst meinte, waren sein Verhalten und Erleben betont männlich ausgerichtet.

Als er sich einmal in einer ärgerlichen Stimmung befand, malte er zunächst nur die Eruption eines Vulkans und Gewitterwolken. In seiner ärgerlichen Stimmung kam ihm dann die Phantasie, daß der speiende Vulkan ein weiblicher Geschlechtsteil während der Geburt sei. So entstand aus dem Bild eines speienden Vulkans in einem zweiten Schritt das Bild einer Unwetter und Blitze ausspeienden ärgerlichen Frau während der Geburt.

Daß Männer und das männlich determinierte Bewußtsein dazu neigen, die Geburt als eine mit Wut und Ärger einhergehende Tätigkeit zu erleben, ist auch durch den folgenden Fallbericht belegt.

Fall 7: Die Freundin des Zeus

Wenn wir den Verfasser des homerischen Apollo-Hymnos als einen Mann, als einen Repräsentanten des männlichen Bewußtseins auffassen dürfen, ist auch der Bericht von der Geburt des Apollo ein Beleg dafür, daß Männer und das männlich determinierte Bewußtsein dazu neigen, die Geburt als etwas Gewalttätiges und Aggressives zu erleben. Als Leto, die Freundin des Zeus, schwanger war, mußte sie von Land zu Land, von Insel zu Insel und von Stadt zu Stadt wandern, und überall mußte sie erleben, daß sie mit ihrer Bitte, dort ihren Sohn gebären zu dürfen, abgewiesen wurde. Wir können uns ihre Angst, aber auch ihren Ärger und Verdruß vorstellen, als ihr schließlich in ihrer höchsten Not nur Delos, die kargste aller Inseln, die Erlaubnis erteilte:

»Überallhin kam Leto, schwanger vom Schützen ins Weite,
Ob ihr zu Liebe nicht eines der Länder ihr Söhnchen behausen
Möchte. Doch zitterten alle vor Furcht, daß nicht eines
Wagte, so furchtbar es war, den Phoibos bei sich zu empfangen.

Bis dann endlich die waltende Leto auf Delos den Fuß setzt.«
»... als am Kynthos sie lag auf der steinigen Delos, Meerumströmter Insel. Da wehten pfeifende Winde, Dunkle Wogen stiegen von beiden Seiten ins Festland.«
Man ist bei diesem Vers unwillkürlich an das eben diskutierte Bild 16 erinnert.
»... Doch Leto durchrasten fruchtlose Wehen, Neun volle Tage und Nächte.«
Homer erklärt diese Verzögerung der Geburt – Verzögerung der Geburt ist ja ein Hauptsymptom der zervikalen Dystokie – dadurch, daß Hera, die Ehefrau des Zeus, aus Rache die göttliche Hebamme, »die Gebärenden Wehen sendet«, auf dem Olymp zurückhielt.

Aber dürfen wir nicht sagen, daß der Mythos schon ein Wissen erahnt, das von der medizinischen Wissenschaft erst jetzt entdeckt worden ist (32), daß nämlich die infolge funktioneller Rigidität des Muttermundes verlängerte Geburt auf nicht voll in das bewußte Erleben eintretendem Ärger beruht? Und ist nicht in dem Mythos auch die erst in derselben Arbeit entdeckte Einsicht enthalten, daß im Gegensatz dazu ein gewisses Maß an frei in die Motorik entladener Ärgerlichkeit und Arbeitswut den Gebärvorgang eher fördert? Denn als die helfenden Göttinnen schließlich doch die Hebamme herbeiholen, heißt es:

»Eileithya, die Wehen Gebärenden sendet, betrat jetzt Delos – da kam die Geburt und Leto wollte gebären. Um den Palmbaum schlang sie die Arme, sie stemmte die Knie fest in das Polster der Wiese – die Erde unter ihr lachte. Er aber sprang ans Licht und die Göttinnen jubelten alle.«
Man könnte versucht sein, diesen Hymnos als die erste Falldarstellung einer funktionellen Rigidität des Muttermundes aufzufassen.

Fall 8: Eine schwächliche Café-Besucherin

Diese 21jährige Patientin kam wegen übermäßigen Schwangerschaftserbrechens in stationäre Behandlung. Um zunächst die Ersparnisse auf eine bestimmte Höhe anwachsen zu lassen, hatte sie im ersten halben Jahr der Ehe keine Schwangerschaft gewünscht. Als sie aber danach eineinhalb Jahre lang vergeblich versucht hatte, schwanger zu werden, hat sie sich in ärztliche Behandlung begeben und auf Anraten des Arztes »zur Schonung« nur noch halbtägig gearbeitet. Drei Tage nach dem Ausbleiben der erwarteten Regel verspürte sie Empfindungen in der Brust, und als ihr das Vorliegen einer Schwangerschaft bestätigt wurde, war die Freude groß.
Es mag oder es mag auch nicht eine Überwertung von kleinen Anzei-

chen darstellen, wenn man zur Kenntnis nimmt, daß diese Frau, die ihr noch ungeborenes Kind als einen oralen Konkurrenten erahnt, von all den verschiedenen Schwangerschaftsveränderungen ausgerechnet diejenigen an der Brust als erstes und auch mit besonderer emotionaler Beteiligung wahrnimmt.

Schon bald setzten Angst und Besorgnis um die Erhaltung der Schwangerschaft ein. Wie so viele Frauen mit Hyperemesis, die von durchaus kräftiger körperlicher Statur sind, schildert die Patientin mit einer gewissen hypochondrischen Färbung, sie sei schon immer nervös und schwächlich gewesen und die geforderten Leistungen seien eigentlich immer über ihre Kräfte gegangen. »Ich war schon als Kind nervös und wippelig.« Wegen einer nicht erheblichen Verlängerung des Abstandes zwischen den Menstruationen hat sie mit achtzehn Jahren erstmals einen Frauenarzt aufgesucht. Der habe ihr gesagt, was ihr noch von einem anderen Arzt bestätigt worden sei, daß sie nämlich wegen einer kleinen und schwachen Gebärmutter nur schwer Kinder bekommen würde. Ferner glaubt sie, daß das Austragen einer Schwangerschaft kaum mit dem raschen Arbeitstempo im Betrieb vereinbar sei. Denn eine Arbeitskollegin habe dort drei Fehlgeburten gehabt und eine weitere Schwangerschaft erst nach dem Wechsel in eine andere Abteilung austragen können. Sorge um die Erhaltung der Schwangerschaft und eine Aktivierung gewisser hypochondrischer Befürchtungen setzen also das Thema Brust fort, und sie drängt den Arzt, ihr vorsorglich Spritzen zur Erhaltung der Schwangerschaft zu geben. »Spritzen zur Erhaltung der Schwangerschaft, da ich so schwach gebaut bin.«

In der 6. Schwangerschaftswoche zog das Ehepaar in eine größere und bequemere Wohnung. Mit diesem Umzug fing es an, daß der Patientin zeitweilig »komisch und übel« wurde. Von der 8. Schwangerschaftswoche an hat sie täglich mindestens zehnmal erbrochen, und in der 10. Woche mußte sie mit einer inzwischen eingetretenen Stoffwechselentgleisung stationär aufgenommen werden. Trotz des Erbrechens hatte sie ständig Hunger verspürt. Ekelgefühle spielten, wie in so vielen Fällen von Schwangerschaftserbrechen, kaum eine Rolle.

Diese Gleichzeitigkeit von ständigem Erbrechen und Hungergefühl klingt eigentlich befremdlich. Es handelt sich dabei um eine der Beobachtungen, die darauf hinweisen, daß eine untergründige Appetenzstimmung ja gerade ein wesentliches Moment der psychologischen Problematik bei Hyperemesis gravidarum ist.

Sie war vom Stationsarzt vorbereitet, daß psychogene Dinge eine Rolle spielen müßten. Da sie dieser Meinung zustimmte, ließ sie sich gern zur psychotherapeutischen Behandlung überweisen. Um so erstaunlicher ist ihr Verhalten bei der ersten Besprechung. Als erstes klagte sie in einer ärgerlichen und fordernden Weise an, daß man ihr auf der Station zuwenig zu essen gebe und daß man ihren Mann nicht zu Besuch kommen lasse. Dem Psychiater warf sie vor, was sie denn überhaupt in dessen Zimmer solle; die Ärzte sollten doch langsam wissen, was ihr fehlt, und die Ärzte sollten doch ohne viel Gerede wissen, was zu tun sei! Was man denn von ihr wolle?! Was man denn für sie tun wolle!? Die Erklärung, daß ihr Erbrechen mit inneren Aufregungen zusammenhängen könne, akzeptiert sie. Sie meint aber trotzdem, das müsse doch psychotherapeutisch behandelt werden können, ohne daß sie selber lange befragt werde.

Ein darüber hinausgehendes Gespräch wurde erst möglich, nachdem ihr ihr ärgerliches und vorwurfsvolles Verhalten, das sie nicht als solches erlebte, vor Augen gehalten und besprochen worden war. Ihr wird vor Augen gehalten, daß in der gegenwärtigen psychotherapeutischen Behandlungssituation doch eigentlich kein Grund für Ärger und Vorwurf gegeben sei; daß sie also wohl unabhängig von der gegenwärtigen Situation eine ärgerliche Stimmung in sich haben müsse. Daraufhin beschreibt sie aggressive Durchbrüche, vor allem in Konkurrenzsituationen. Wenn ihr zum Beispiel ein gleichgestellter Angestellter einen Fehler vorhalten würde, würde sie diesen »sofort zur Rede stellen. Ich habe noch keinen Ärger 'runtergeschluckt. Und wenn die Tür geknallt werden muß.«

Erst nachdem das ärgerliche Agieren der Patientin etwa dreißig Minuten lang aufgearbeitet worden war, war es ihr möglich, in einer direkteren Weise über sich selber und ihre Probleme zu sprechen. Dabei schilderte sie für den Rest der Stunde ihre äußere Lebenssituation. Dabei brachte sie zum Ausdruck, daß sie eigentlich über nichts beunruhigt sei. Denn der Mann verdiene gut; er sei nie viele Stunden hintereinander von zu Hause fort; sie freue sich auf das Kind; sie komme mit allen Beziehungspersonen gut aus; die Arbeit im Büro sei ihr zwar recht anstrengend gewesen, aber sie wolle und könne auch die Berufsarbeit sofort einstellen.

In der 2. Behandlungsstunde bringt sie – wenn auch zum Teil wieder agierenderweise – eine Fülle von oral determiniertem Material, aus dem hervorgeht, daß sie das Kind als einen oralen Konkurrenten erlebt. Mehrmals unterbricht sie das Gespräch und fragt mit Nachdruck, ob die Besprechung auch wirklich um zehn Minuten vor zwölf Uhr beendet sein werde, denn dann gäbe es auf der Station Essen. Wie sehr sie auf Essen fixiert ist, war ja schon in der vorherigen Stunde aufgefallen. Sie entwickelt ausführliche Phantasien, wie sie mit dem Kind umgehen wird. Dabei beschreibt sie sowohl Verpflichtungsgefühle als auch eine Opferhaltung dem Kind gegenüber. Bei der Schilderung des Umgangs mit dem Kind betont sie, was eine Mutter alles tun »muß«. Wenn ein Kind – im Gegensatz zu einem Erwachsenen wie etwa der Ehemann – essen wolle, müsse man ja das und das tun. Obgleich das Müssen und die Verpflichtung in den Worten deutlich spürbar werden, bleibt es der Patientin völlig unbewußt, daß in ihr die Vorstellung eines Müssens und einer Belastung wirksam ist. Die zu erwartenden Opfer werden hauptsächlich auf das Eßbedürfnis des Kindes zurückgeführt. Ohne es direkt auszusprechen, macht die Patientin auch deutlich, daß das Kind eine erhebliche finanzielle Umstellung mit sich bringen werde. Wie umfangreich sie diese Umstellung in ihrem Erleben bewertet, kann aus der schon angedeuteten Angabe abgelesen werden, daß sie trotz eigenen Kinderwunsches und trotz des guten Einkommens des Mannes anfangs zunächst noch kein Kind haben wollte, nur damit das Sparkonto erst eine gewisse Höhe erreiche. Dabei standen weitere Anschaffungen nicht mehr zur Diskussion. Wenn sie selbst jeden Tag mal ins Café wolle, so phantasiert sie weiter, könne sie den Kinderwagen ja einfach vor dem Café stehen lassen. Diese Phantasie beinhaltet die Befürchtung, daß sie des Kindes wegen vielleicht keine Café-Besuche mehr machen kann, es sei denn, sie entschließe sich zu einer Art Gewaltlösung.

Durch diese und ähnliche Angaben wird ein oraler Konflikt dem Kind gegenüber deutlich: das Kind wird als oraler Konkurrent erlebt. Sie kann mit dem eigenen Wunsch zu essen nicht warten, und sie gibt zu verstehen, das Kind wird erst recht nicht auf Essen warten können, und es wird sehr viel verschlingen. Der aus diesem Konflikt heraus mobilisierte Ärger und auch die dadurch mobilisierten eigenen oralen Bedürfnisse werden nicht nur im Symptom der Hyperemesis abgeführt, sondern sie werden auch in den beiden Behandlungsstunden agierenderweise abgeführt. Auffällig war dabei, daß die Patientin sich wiederholt auf den Magen faßte, während sie die zu erwartenden oralen Bedürfnisse des Kindes zum Ausdruck brachte. Zwar hat sie dabei keinen Brechreiz erwähnt, sie hat aber dennoch bei den oralen Bedürfnissen des Kindes mit einer Verhaltensweise reagiert, die eine Beziehung zu dem Symptom zu erkennen gibt.

Es muß als eine Reaktion auf ihre Äußerungen über die orale Konkurrenz dem Kind gegenüber aufgefaßt werden, wenn sie die dritte Behandlungsstunde mit einem Traum beginnt:

»Ich habe Angst vor dem Wasser geträumt. Ich träumte von Ertrinken, weil ich nicht schwimmen kann. Ich träumte, wie glucksendes Wasser über einem zusammengeht; dann schluckt man nach Luft.«

Wir wissen, daß das Wasser, aus dem ja alles Leben stammt, im Traum oft ein bildhafter Ausdruck für das weibliche Element ist. Übrigens ist dieser Traum auch assoziativ mit der Mutter verbunden gewesen. Denn die Patientin sagte dazu: »Als Kind habe ich mich nie waschen lassen. Das heißt waschen schon, aber nie in die Bütt.« Das Thema der letzten Stunde läßt sie im Traum an die Mutter denken. Der Traum drückt aus, wie gefährlich es sein kann, sich der Mutter auszusetzen, etwa nach dem Motto:

›Dem weiblichen Element ausgesetzt zu sein, der Mutter ausgesetzt zu sein, erzeugt Angst, denn da findet man keinen Grund.‹ Mit dem Traum ahnt sie gleichzeitig, bei den Problemen, derentwegen sie zu den psychotherapeutischen Gesprächen kommt, gehe es darum, daß sie der eigenen Mütterlichkeit ihrem Kind gegenüber genauso wenig trauen könne, daß auch ihre eigene Mütterlichkeit eine die Interessen des Kindes bedrohende Form annehmen könnte, nach dem Motto etwa: ›Ich kann mich meiner Mutter nicht anvertrauen, mein Kind kann sich mir nicht ohne weiteres anvertrauen. Mütterlichkeit ist gefährlich.‹

Ferner sagt sie in dieser Stunde etwas zu der neuen Wohnung. »Wenn ich erst später schwanger geworden wäre, hätte ich das Zimmer mehr (nämlich das neu hinzugekommene Kinderzimmer) erst provisorisch für mich eingerichtet. Aber das ist ja jetzt nicht mehr nötig.« Deutlicher können die orale Konkurrenz dem Kinde gegenüber und die eigene Opferhaltung kaum zum Ausdruck gebracht werden. Die Wendung »aber das ist ja jetzt nicht mehr nötig« – sie sagt nicht etwa: möglich – zeigt, wie unbewußt ihr das ist, was sie dennoch deutlich ausspricht.

Die Frage, ob die Verdrängungen erhalten bleiben oder ob es zu einer neurotischen Erkrankung kommt, hängt nach S. Freud unter anderem auch von quantitativen Relationen ab, die allerdings nur erschlossen und nicht direkt aufgezeigt werden können. Bei dieser Patientin ist der orale Konflikt dem Kind gegenüber sicherlich nicht durch die von dem zusätzlichen Zimmer ausgehende Versuchung geschaffen worden. Wohl aber ist er dadurch so weit aktiviert worden, daß das Erbrechen anfing. Ob der zugrundeliegende Konflikt, der ja im wesentlichen von den Gegebenheiten der Persönlichkeitsstruktur abhängig ist, bei dieser Patientin auch bei weiteren Schwangerschaften zu einer Hyperemesis führen wird, kann weder bejahend noch verneinend beantwortet werden. Dennoch wird diese Überlegung hier als Beitrag zu der Frage angestellt, warum manche Frauen in der einen Schwangerschaft eine Hyperemesis haben und in der anderen nicht. Diese quantitativen Relationen werden allzuleicht aus den Überlegungen ausgelassen.

Es sei eine zusätzliche Bemerkung zur Therapie eingefügt. Im Gegensatz zu den bei einer Neurosenbehandlung üblichen Verhältnissen muß bei der Hyperemesis gravidarum häufig, freilich nicht immer, mit dem Aufgreifen der Übertragungssituation angefangen werden, um überhaupt ins Gespräch zu kommen. Falls diese Notwendigkeit auch bei den mehr depressiv strukturierten Fällen besteht, bei denen der das Verhalten charakterisierende Ärger mehr gegen die eigene Person gerichtet ist, empfiehlt es sich zu sagen: »Schade, daß Sie sich in dieser Art selbst quälen müssen, wo Sie doch gerade jetzt in der Schwangerschaft Ihre Kräfte so gut gebrauchen könnten.« Oder wenn die aggressiven Impulse noch mehr von der Umgebung abgezogen und auf die eigene Person gerichtet werden: »Schade, daß Sie sich so in sich selbst verkriechen müssen, wo Sie doch gerade jetzt in der Schwangerschaft Ihre Kräfte so gut gebrauchen könnten.« Bei Frauen mit akuter Hyperemesis genügen solche Bemerkungen mitunter, um die ohnehin in das Verhalten eingetretene Aggressivität zu mobilisieren und nach außen zu richten. Der Patientin bringt es Nutzen, aber der in psychotherapeutischen Dingen nicht erfahrene gynäkologische Kollege mag über den Psychiater die Nase rümpfen, wenn die Patientin nach der Behandlungsstunde auf der Station anfängt zu schimpfen, vielleicht sogar über den Psychiater, von dem sie gerade kommt.

Fall 9: Die Frau, die selbst im Traum leer ausgeht

Der Fall dieser 28jährigen Frau soll die große Mannigfaltigkeit des äußeren Erscheinungsbildes bei Hyperemesis gravidarum schildern. Denn der Befund ergab zunächst nur wenig von all dem, was für Hyperemesis typisch ist.

Es handelte sich um eine freundliche und zuvorkommende Frau, die in dem zur Beobachtung kommenden Verhalten und Erleben nicht sonderlich auffällig war. Die Persönlichkeitsstruktur mutete kaum pathologisch an. In den Behandlungsstunden erschien alles wohl geordnet, und es fehlten die groben Übertragungserscheinungen. Die äußere Lebenssituation war relativ unauffällig.

Orale und aggressive Gehemmtheiten leichteren Ausmaßes sowie gewisse Weiterverarbeitungen dieser Gehemmtheiten wurden in den drei Behandlungsstunden freilich doch erkennbar. Auf eine gewisse aggressive Gehemmtheit konnte aus der vorschnellen, etwas gefügig anmutenden Bereitschaft geschlossen werden, mit der sie sofort einwilligte, den Medizinstudenten in der Vorlesung vorgestellt zu werden. Diese leichte aggressive Gehemmtheit, die in dem Verhalten der Patientin aber nicht sonderlich ins Auge fiel, zeigte sich auch in kleinen Nebenbemerkungen, die sie ins Gespräch einfließen ließ: »Meine Meinung zu sagen, habe ich inzwischen gelernt.« Oder: »Ich habe später gelernt, mich zu behaupten. Jetzt sage ich immer alles sofort heraus.«

Orale Dinge müssen in ihrem Erleben eine bevorzugte Rolle spielen, denn sie kam immer wieder darauf zu sprechen. Um anschaulich zu machen, daß ihr Erbrechen grundlos sei, da sie ja keine Sorgen habe, zählt sie zum Beispiel nur orale Dinge auf: »Wir haben keine Schulden; wir sind vollkommen eingerichtet; wir haben die Waschmaschine und alles.« Anschließend schildert sie mit Ausführlichkeit die finanzielle Situation: das Einkommen des Mannes als Ingenieur in guter Position; ihr eigenes

Einkommen als Putzmacherin in einem Pelzgeschäft; die Höhe der Miete. In einer kleinen Nebenbemerkung fügt sie hinzu: »Ob man sich bemüht oder nicht, man kriegt doch keine billigere Wohnung.«

Hinter diesem Satz verbergen sich sowohl eine Hemmung ihrer Wunschwelt als auch eine passive Erwartungshaltung. Denn einerseits gibt sie auf Nachfragen zu verstehen, daß sie sich gar keine andere Wohnung wünsche. Andererseits drückt die Bemerkung unmißverständlich die Erwartung aus, daß sie ohne eigene Bemühungen – ja eigentlich sogar ohne auch nur den Wunsch danach zu entwickeln – eine billigere Wohnung quasi von allein bekomme.

Praktisch alles, was sie spontan von ihrer Vorgeschichte berichtet, hat eine orale Tönung. Der Vater sei sieben Jahre lang arbeitslos gewesen. Das war viele Jahre, bevor die Patientin selbst geboren wurde, und sie bedauert bei diesem Thema, daß ihre beiden vierzehn beziehungsweise dreizehn Jahre älteren Geschwister in einer so entbehrungsreichen Zeit geboren werden mußten. Ihre Lehre als Pelzmacherin hatte sie in einem Geschäft gemacht, von dem sie hauptsächlich berichtet, daß ein Leopardmantel 40 000 DM gekostet habe. Über die reichen Frauen, die sie in dem Geschäft, wo sie heute arbeitet, bei der Anprobe bedienen muß, sagt sie: »Diese Frauen interessieren mich sowieso nicht. Das läßt einen nachher kalt.« Auf näheres Befragen wird sie etwas deutlicher: »Vielleicht vorher, in der Lehrzeit, daß man da vielleicht gedacht hat: könntest du doch auch mal!«

Sie erlebte sich also als eine Frau, die schon unter dem Unglücksstern oraler Entbehrungen geboren sei und die von ihren ursprünglich zumindest ansatzweise vorhandenen Wünschen, es ebenso gut wie die reichen Frauen zu haben, heute kaltgelassen werde. Diese Frau mit gewissen oralen Hemmungen und dem Gefühl der Benachteiligung heiratete in erster Ehe ausgerechnet einen schweren Trinker. Obgleich er sehr gut verdiente, ging es bergab, so daß schließlich nicht einmal mehr die Miete bezahlt werden konnte. Wegen einer Endometriose, die erst während der zweiten Ehe erkannt und behandelt wurde, blieb jene erste Ehe kinderlos. Die schweren oralen Versagungen in dieser Ehe endeten mit dem Auftreten eines Magengeschwürs – einer Erkrankung, die ja bekanntlich eine Beziehung zum oralen Erleben hat – und bald darauf mit der Auflösung der Ehe.

In der gegenwärtigen Situation klingen drei Konfliktbereiche an. Ihr zweiter Mann sei über die eingetretene Schwangerschaft nicht sonderlich erfreut gewesen. Ferner schildert sie Eile und Aufregung im Betrieb, wo sie doch ohnehin nicht so stabil sei. Ein weiterer Konfliktbereich gibt eine etwas größere Gewichtigkeit zu erkennen. Da der Ehemann »nur« DM 1500,- ausgezahlt bekommt, die Miete aber DM 350,- beträgt, würde sie nach der Entbindung ihren Beruf nicht ganz aufgeben können, sondern in Heimarbeit weiter arbeiten müssen. Denn der Ehemann, der in seiner Freizeit ein Rallyefahrer ist, würde seinen schönen Mercedes nur ungern aufgeben. In ihr ist also der folgende Konflikt wirksam: ›Wird das Geld reichen? Soll ich Heimarbeit machen? Oder soll mein Mann den Wagen abgeben? Den schönen Mercedes?! Aber er arbeitet ja außerhalb der Stadt, und braucht er nicht den Wagen?‹

Es finden sich also in der Persönlichkeitsstruktur die als typisch beschriebenen Hemmungen auf oralem und aggressivem Gebiet und die entsprechenden Folgeerscheinungen. Im Erleben der Patientin bringt das Kind eine orale Thematik in die Familie. Diese Züge sind aber, und darauf kommt es in dieser Falldarstellung an, sehr viel diskreter, als man es üblicherweise bei übermäßigem Schwangerschaftserbrechen findet. Sie sind im manifesten Erscheinungsbild kaum erkennbar, und am Ende der drei Gespräche mit der Frau wäre man geneigt gewesen, eher von einer neurotoiden als von einer neurotischen Problematik zu sprechen.

Dann aber berichtet sie zum Schluß der dritten und letzten Besprechung, als schon zur endgültigen Verabschiedung angesetzt war, schnell noch ihre Träume während der Zeit des Erbrechens. Dabei zeigte sich die für Hyperemesis gravidarum typische Konfliktsituation sehr viel nachhaltiger: der scheinbare Ausnahmefall war in Wirklichkeit gar keine Ausnahme.

Sowie mit Ausbleiben der Periode die Hyperemesis auftrat, also während der akuten Symptomatik, hatte die Patientin Nacht für Nacht gleichartige Träume:

»Ich träumte immer so von Pelzsachen, die fertig werden mußten. Und ich dachte dabei, du kriegst es nicht fertig.«

Nach etwa zwei Wochen änderten sich die Träume:

»Ich träumte dann ständig vom Essen, Sauerkraut, Sauerbraten. Alles, was ich gern esse: nie etwas Süßes. Ich sehe das immer bloß. Kriegen tu ich gar nichts. Das ist ganz komisch. Ich will wohl 'ran, aber ich kann nicht.«

Nachdem sie also in den ersten zwei Wochen der Auseinandersetzung mit ihrer Schwangerschaft ständig geträumt hatte, daß sie mehr leisten müsse, als sie hergeben kann – gleichzeitig handelt es sich natürlich auch um den Traum von den Sachen der reichen Frauen –, wurden diese Träume dann von einer noch deutlicheren Appetenzstimmung abgelöst. Aber die erwachende Appetenz ist in sich konflikthaft, denn nicht einmal im Traum kann sie es sich einfallen lassen, daß die schönen Eßwaren, die sie sieht, für die eigene Befriedigung da sein könnten.

Dazu paßt es, daß das Erbrechen vor allem auftrat, wenn sie die Küche betrat. Sie berichtet, daß sie immer gern gekocht habe, und die Träume zeigen, daß sie unter dem Einfluß einer Appetenzstimmung steht. Die Küche stellt also eine orale Versuchssituation dar. Die orale Versuchung erweckt in ihr aber auch – gemäß dem versagenden Charakter der Träume – das Erleben von Versagung, und es kommt zum Erbrechen.

In diesem Zusammenhang ist es verständlich, daß im Krankenhaus das Erbrechen schon vor Beginn der ersten Infusion aufhörte. Denn das Krankenhaus wird als spendend und gewährend erlebt. Im Krankenhaus braucht sie nicht selber aktiv zu werden, um orale Befriedigung zu erhalten. Da diese orale Befriedigung im Krankenhaus aufgrund ärztlicher Verordnung erfolgt, kann sie relativ konfliktfrei erlebt werden.

Zusammenfassend kann man sagen, daß das Thema, sich selbst aufopfern zu müssen, selber aber nichts zu bekommen, in ihrem ganzen Leben wirksam gewesen ist. Mit Eintritt der Schwangerschaft aber kommt es zu einer derartigen Intensivierung der mit diesem Thema verbundenen Konflikte, daß eine Symptomatik resultiert.

Die Pelzsachen, von denen diese Patientin träumt, sind auch ein Ausdruck des Wunsches nach Hautkontakt und mütterlicher Wärme und Geborgenheit. Die Gleichartigkeit der psychologischen Problematik bei den diskutierten Symptomen spiegelt sich überdies auch in einer Verwandtschaft der Traumsymbolik wider, wie der Vergleich mit dem folgenden Fall zeigt.

Fall 10: Der Teddybär

Diese 27jährige Frau gehört zu den vielen Fällen, bei denen in der Schwangerschaft eine Hyperemesis und während der Geburt eine funktionelle Rigidität des Muttermundes auftritt. Die Problematik der Nur-Tochter spielt in beiden Störungen eine Rolle, wobei die beiden unterschiedlichen äußeren Situationen freilich unterschiedliche Aspekte dieser Problematik aktivieren.

Bald nach Einsetzen der ersten Schwangerschaft trat eine Hyperemesis auf, die zu dreimaliger stationärer Aufnahme führte. Das Erbrechen hörte jedesmal schon wenige Stunden nach der Aufnahme prompt auf, und die Patientin nahm auch schnell das in den Zwischenzeiten verlorene Gewicht wieder auf. Sie sagte dazu: »Hier im Krankenhaus hat man so Ruhe und man wird verpflegt. Zu Hause macht der Mann das. Aber das bedeutet für ihn ja eine große Belastung.«

Sie sei immer das Lieblingskind des Vaters gewesen, denn sie habe dem Vater ähnlicher gesehen als die beiden Schwestern. Aber der Vater sei leichtsinnig gewesen, habe sich selbst ein schönes Leben gemacht, nur halbe Tage gearbeitet, und er habe immer nebenbei Freundinnen gehabt. Da er so wenig Geld verdiente, habe es in der Familie am Nötigsten gefehlt. »Immer war Krach zwischen den Eltern, und schon am Morgen fing das Aufwachen mit Türknallen an.« »Ich habe den Vater gern gehabt. Denn zu uns Kindern ist er ja immer nett gewesen.« Die Ehe wurde geschieden, als die Patientin vierzehn Jahre alt war.

Die Mutter habe die Kinder praktisch allein aufziehen müssen. Sie selbst habe zu der Mutter immer ein nettes und herzliches Verhältnis gehabt. Unter Tränen fügt sie hinzu: »Meine Eltern hätten sich am besten schon nach dem ersten Kind scheiden lassen sollen.« Sie war die älteste unter den Geschwistern. Man darf sich in der Annahme sicher fühlen, daß ihr Verhältnis zur Mutter gar nicht so ausschließlich herzlich gewesen sein kann, wie sie es schilderte. Denn schon vor der Ehescheidung hat die Mutter fast jedes Jahr wegen Depressionen wochenlang im Bett gelegen, und zwischenzeitlich hatte sie Wochen anhaltende hypomanische Zustände. Die Furcht vor dem Suizid, der später auch erfolgte, bedrückte die Kinder. Wenn die Patientin von der Mutter sprach, war sie den Tränen nahe. Dabei zeigt sie eine Neigung, das Thema Mutter zu vermeiden. Sie verwechselt die Sorge und das Mitgefühl, die sie als Tochter der Mutter entgegengebracht hatte, mit einem guten und herzlichen Verhältnis zu ihr. In Wirklichkeit sind ihre eigenen an die Mutter gerichteten Wünsche unbefriedigt geblieben. Es wundert nicht, daß das Leben der Patientin von der Sehnsucht nach mütterlicher Zuwendung und Geborgenheit gekennzeichnet blieb. Sie hat die gute, spendende Mutter vermißt und möchte am liebsten nur die gesättigte Tochter einer guten Mutter sein. Über diese Entwicklungsphase ist sie kaum hinausgewachsen.

Ihr Mann, ein Hochfrequenzingenieur, ist ein gepflegter Herr, der auf Kleidung und gutes Aussehen großen Wert legt. Er ist gebildet und den Künsten aufgeschlossen. Ihre Ehe schien ihr – so schilderte die Patientin es wenigstens zu Beginn der Behandlung – das Gefühl einer beglückenden Innigkeit zu geben. »Wir sind so ein verschmustes Paar.« Das Schlimmste an der Hyperemesis sei, daß sie durch die Krankenhausaufenthalte einige Tage von ihrem Mann getrennt sei, wo sie doch beide den Aufschub von Zärtlichkeiten kaum ertragen könnten. »Wir können beide eine Trennung nicht aushalten. Als mein Mann zu einem Lehrgang weg sollte (davon war eine berufliche Beförderung abhängig!), hat er es abgelehnt. Wenn die Kollegen zum Essen ausgehen, sagt er, er habe noch nie ohne seine Frau gegessen, und er würde auch gar nicht ohne seine Frau essen können.« Als der Patientin vom Stationsarzt nahegelegt wurde, wegen der Hyperemesis einige Wochen bei Verwandten zu verbringen, gefiel ihr dieser Vorschlag zunächst. Sie meinte dazu, dort seien ja auch drei Kinder, und sie würde Kinder so gern haben. Aber dann ging ein Beben über ihr Gesicht, und sie sagte, sie könne sich so schlecht von ihrem Mann trennen, denn sie würden beide so ein zärtliches Verhältnis zueinander haben und miteinander schmusen. »Zwischendurch mal in den Arm nehmen und Zärtlichkeiten austauschen. Und abends ein Buch gemeinsam vorlesen.« Bei all dem ist das Streben nach genitaler Lust in dieser Ehe auffällig unterbetont. »Mal in den Arm nehmen, das ist viel wichtiger als Verkehr.« »Nicht die Flitterwochen waren das Schönste, sondern wie das jetzt ist.« Es kommt ihr auf Geborgenheit an. Der Mann ist ihr weitgehend Mutterersatz. Er bemuttert sie, und sie bemuttert ihn. Frühstück ans Bett bringen, den andern warm kuscheln und warm gekuschelt werden, darauf kommt es ihr an. Mehrmals im Jahr schenkt sie ihm oder er ihr einen Teddybär, so daß die ganze Wohnung voll davon steht. Dieses Symbol mütterlicher Wärme erlaubt es ihr, sich als ein Kind, als Mutters Tochter zu phantasieren. Diese Idylle wird durch eine schöne kleine Wohnung und wirtschaftliche Sicherheit abgerundet.

Aber diese Idylle kann ihre Wünsche nach mütterlicher Geborgenheit nicht befriedigen, wie sie erst im weiteren Verlauf der therapeutischen Gespräche zu verstehen gibt. Dabei wird ihr aber nicht eigentlich bewußt, was sie ausdrückt. Sie habe oft geweint, denn Männer seien ja so egoistisch und würden nur an sich denken; er habe immer nur an seine Arbeit gedacht. Auch die angeführte, im Grunde genommen vorwurfsvolle Begründung, warum sie zu Hause nicht krank liegen könne, drückt aus, daß all das, was der Mann ihr gibt, ihre Sehnsucht nach fürsorglicher Zuwendung nicht sättigen kann. Untergründig, aber keineswegs bewußt, ist sie ärgerlich auf ihn, daß er nicht eine wirkliche Mutter ist. Als Mann stört der Ehemann nur die glückliche Mutter-Tochter-Beziehung, die sie an ihm phantasiert. Alle Männer stören lediglich das Mutter-Tochter-Glück, so wie es ja auch der Vater getan hatte.

Der unterdrückte Ärger stammt bei dieser Patientin auch aus einer noch tiefer verdrängten Quelle: Ärger, daß ihr Mann nicht männlich genug ist. Wie ihre Bemerkung über den Vater andeutet, ist ja bei ihr eine gewisse erotische Beziehung zum Vater doch erreicht worden. Diese ist aber aus Enttäuschung an ihm und um des geschätzten Verhältnisses zur Mutter wegen wieder weitgehend aufgegeben worden.

In den ersten Ehejahren hat sie ihre Wünsche nach einem Kind möglichst wenig beachtet: »mit Rücksicht auf ihn«, aber auch wohl, weil sie auf eine Stabilisierung ihres Gefühls der Geborgenheit in der Ehe hoffte. Als sie trotz aller Idylle keine Befriedigung fand, fing sie an, ihrem Kinderwunsch mehr nachzugeben. Schon bevor sie schwanger wurde, hat sie häufig Teile einer Kinderausstattung gekauft, um sie in einer Schublade bereitzulegen. Sie erreichte schließlich seine Einwilligung zu einer Schwangerschaft. Sowie die Regel ausblieb, begann sie sofort, den größten Teil des Tages für das Kind zu stricken. Während der Schwangerschaft und auch während der Hyperemesis habe sie häufig von Kindern geträumt, zum Beispiel:

»Ich habe eine ganze Reihe von kleinen Puppen geträumt. Die tanzten da. Die hatten alle kleine rosa Frottee-Bademäntel an.« – Wiederholt habe sie sich selbst in eine Kinderwelt geträumt.

Die Behandlung fing nicht mit der typischen Übertragung in Form von Vorwurfshaltung oder passiv-oraler Erwartungshaltung an. Sie kam zu den Stunden zunächst gern, freundlich und in guter Stimmung; sie erzählte und sie sprach sich aus; und sie mutete dabei gehorsam, ja gefügig an. Ähnlich wie es für die Beziehung zum Ehemann gilt, erlebte sie den Arzt zunächst wie eine gute Mutter. Allmählich wurde aber, wiederum ähnlich wie beim Ehemann, ihre Enttäuschung am Arzt deutlicher. So machte sie nach einer offensichtlich sehr angenehm verlaufenen Therapiestunde den Vorwurf, sie sei jetzt »ganz ausgelaugt«, morgen würde doch sicherlich der Arzt erzählen, statt daß sie wieder alles berichten müsse. Sowohl dem Ehemann als auch dem Arzt gegenüber geht es um die Frage, ob sie genug bekommt oder ob sie selber statt dessen so viel hergeben muß, bis sie leer und ausgelaugt ist.

In dem vielen Stricken und den anderen intensiven Vorbereitungen auf das Kind kommt nicht nur die Freude auf das Kind zur Geltung, sondern auch ein Verpflichtungsgefühl. Derselbe Konflikt, der dem Kind gegenüber völlig unbewußt bleibt, wird mit Beginn der Schwangerschaft auf einem anderen Gebiet intensiver und bewußtseinsnäher. Sie fängt nämlich an, über ihre Verpflichtungsgefühle dem Arbeitgeber gegenüber zu rebellieren. Sie träumt zu Beginn der Hyperemesis:

»Ich kam in die Arbeitsräume. Da war alles ganz verkommen. Die Kollegin hatte es nicht allein ohne mich geschafft. Da hab' ich wieder aufgeräumt. Der Chef war noch nicht da. Da hatte ich alles schön in Ordnung gebracht, daß alles gut ging, bis er kam.«

Im Anschluß an diesen Traum klagt sie an, sie habe für diesen Arbeitgeber manchmal trotz hohen Fiebers arbeiten müssen, und sie müsse in seinem Interesse manchmal den Umgang mit stinkenden Leuten hinnehmen. Der Protest gegen die Verpflichtungshaltung und Opferhaltung, die sie, wie sie ahnt, dem Kind gegenüber praktizieren wird, ist auf den Arbeitgeber verschoben. Es kommt zur Anregung von unterdrückter Appetenz und unterdrücktem Ärger, die im Symptom der Hyperemesis abgeführt werden.

Als diese Frau einige Monate später zur Entbindung kam, hatte sie eine schwere funktionelle zervikale Dystokie. Die Information über den Geburtsverlauf stammt von der Hebamme und vom Kreißsaalarzt sowie von einer nachträglichen Besprechung mit der Patientin selbst.

In logischer Übereinstimmung mit dem Erleben, daß der Psychotherapeut ihr keine mütterliche Zuwendung gebe, sondern sie im Gegenteil nur auslauge, bat sie bei der Aufnahme vorsorglich, am liebsten wollte sie diesen Arzt bei der Entbindung nicht sehen – was der Arzt bei den Frauen, die er in Psychotherapie hat, natürlich ohnehin nicht tut.

Ihr Verhalten im Kreißsaal und der Hebamme gegenüber zeigte, um die Zusammenfassung schon vorweg zu nehmen, ihre Sehnsucht nach einer guten Mutter. Sie versuchte, die Hebamme als eine solche zu erleben. Nach einiger Zeit fühlte sie sich enttäuscht und geriet dadurch in eine Stimmung unterdrückten Ärgers. Zu diesem Zeitpunkt wurde der anfangs weiche Muttermund steinhart.

Die Patientin war zunächst freundlich zu der Hebamme und wollte sich augenscheinlich »lieb Kind machen«, wie letztere es formulierte. Die Patientin zeigte Angst davor, sich gehenzulassen. Eine derartige Angst findet man im Kreißsaal oft bei zwangsneurotisch strukturierten Frauen. Diese Patientin war aber nicht zwanghaft strukturiert. Dementsprechend mutete ihre Angst, sich gehenzulassen, auch eher wie ein Versuch an, der Hebamme guten Willen zu demonstrieren. Die Patientin agierte das Thema Gehorsam – und, wie gleich gezeigt wird, auch das Thema Ungehorsam – einer Frau gegenüber, von der sie, wie den Beteiligten deutlich spürbar wurde, wohlwollende Zuwendung, Billigung, Anerkennung und natürlich auch Hilfe erwartete. Sie umwarb die Hebamme und fügte sich ihr.

Aber das Verhältnis zur Hebamme verschlechterte sich allmählich; »die Patientin rutschte mir aus der Hand«, wie die Hebamme es ausdrückte. Wenn die Hebamme mit ihr sprach oder ihr Anweisungen gab, hat die Patientin in einer merkwürdigen Weise gegrinst, die folgsam und gleichzeitig nicht folgsam anmutete. Während dieses Grinsen erst wie »gut Wetter machen« anmutete, bekam es bald eine versteckt ärgerliche Tönung. Wenn die Hebamme sie leiten wollte, gab die Patientin an, alles genau zu verstehen, um es dann aber doch irgendwie anders zu machen. Um diese Wende herum wurde der inzwischen etwa drei Zentimeter weite Muttermund steinhart. Trotz weiterer scheinbarer Gefügigkeit entzog sich die Patientin nun recht deutlich der Führung der Hebamme. Während sie anfangs von sich aus Kontakt zur Hebamme gesucht hatte, wandte sie sich nun ab, zum Teil durch unnahbares Ausdrucksverhalten, wenn die Hebamme zu ihr sprach.

Ein augenfälliger Zug ihres Verhaltens mag für den Leser mehr Überzeugungskraft haben als die Schilderung von Ausdrucksverhalten. Sie kam nämlich in den Kreißsaal mit ihrem Teddybär in der Hand. Je schlechter sich die Dinge wendeten, das heißt je mehr sie die helfende Mutter, die sie in der Hebamme nicht finden konnte, vermißte, desto weniger wollte sie den Teddybär aus der Hand geben. Der Teddy diente der

Befriedigung des Bedürfnisses nach Hautkontakt; des Bedürfnisses, sich an die Mutter anzuklammern. Er drückt gleichzeitig aus, daß sie ja als kleines Spielkind in den Kreißsaal kommt und deshalb um so mehr Zuwendung und Rücksicht bekommen müsse. Man muß schon enorme Sehnsucht nach mütterlicher Geborgenheit haben, wenn man als erwachsene Frau einen Teddy mit in den Kreißsaal nimmt.

Fall 11: Die Hausmutter

Diese 36jährige Frau, die schon im Abschnitt »Stehlen in der Schwangerschaft« erwähnt worden ist, hat sich zwar nicht wegen Stehlens während, wohl aber wegen Stehlens unmittelbar nach der 3. Schwangerschaft in psychotherapeutische Behandlung begeben. Die Versuchung zu stehlen war jedoch schon während dieser Schwangerschaft aufgetreten.

Die Patientin hatte schon zweimal in jüngeren Jahren einen Diebstahl begangen. Sie schildert ihr Elternhaus folgendermaßen: »Mein Vater hat getrunken. Wegen Blumenpflücken hat er mich einmal aus dem Fenster geworfen. Wir wohnten parterre. Er hat nicht richtig gearbeitet. Und wenn er schimpfte, sperrte er noch extra die Fenster auf ... Ein liebes Wort habe ich nicht gehört. Die Mutter hatte es schwer. Sie gab immer nach, gab kein Widerwort und fügte sich. Sie war sehr arbeitsam, hat sehr gesorgt, daß wir was zu leben hatten, und ging nie aus.« Beim ersten Diebstahl war die Patientin zehn Jahre alt. Die Mutter hatte gerade nach der Ehescheidung einen fünfzehn Jahre jüngeren Mann geheiratet. Die Patientin war damals viel allein, strolchte herum und hatte dabei das Gefühl, daß der »fremde Stiefvater« besser zu ihr sei als »die eigene Mutter«. »Ich wußte damals genau, wie ich mich bei anderen Leuten beliebt machen konnte. Und ich machte mich vor allen Dingen bei kinderlosen Ehepaaren nützlich. Ich besorgte Aufträge und war in jeder Art und Weise gefällig.« Den zweiten Diebstahl beging sie mit sechzehn Jahren. Auch damals spielten Mutterfiguren eine Rolle. Denn um diesen zweiten Diebstahl zu erklären, beschreibt die Patientin, wie streng und eigen die Chefin in der Lehre war. Als ausdrücklichen Kontrast dazu schildert sie, wie sie zwei Wochen vor diesem Diebstahl bei ihrer Tante einen Urlaub verbrachte und dabei richtig verwöhnt wurde. Obgleich ihr eigentlich nichts fehlte, durfte sie nach einem Dorftanz, auf dem sie zuviel getrunken hatte, im Bett bleiben. »Eine ganze Woche war ich krank. Das war schön, so verwöhnt zu werden. Es war der einzige Urlaub als junges Mädchen. Es war das einzige Mal, wo ich mich so richtig wohl gefühlt hatte.« »Zu Hause war es zu jener Zeit furchtbar. Mein Stiefvater räumte die Schränke aus. Ich konnte es verhindern, daß er auch Mutters Sachen mitnahm. Einige Monate vorher fuhr Mutter nach E., wo sich mein Stiefvater mit einer anderen Frau aufhielt. Mutter hatte wahrscheinlich versucht, den Vater zur Rückkehr zu bewegen. Vergebens. Ich wurde von einem Nachbarn versorgt. Ich meine, daß Mutter danach versucht hat, sich das Leben zu nehmen.«

Diese beiden Diebstähle zeigen also schon den Zusammenhang mit dem Thema Mütterlichkeit, der auch für ihr Stehlen nach der Entbindung gilt.

Auch die Symptome während der drei Schwangerschaften und Geburten geben über die Konflikte dieser Patientin Auskunft. In allen Schwangerschaften hatte sie eine schwere Hyperemesis. Sie habe den ganzen Tag lang erbrochen. Außerdem lag in allen Schwangerschaften eine Freßsucht vor. Sie habe in jeder Schwangerschaft mindestens dreißig Pfund zugenommen. Da sie einerseits »solchen Appetit« hatte und da sie andererseits das Erbrechen bekämpfen mußte, habe sie in jeder Schwangerschaft »kiloweise Rüben gegessen; von morgens bis abends«. Außerdem habe die Hebamme bei der ersten Entbindung, die 24 Stunden dauerte und schmerzhafter als die anderen Entbindungen war, von einem harten Muttermund gesprochen, der sich nicht dehnen ließe.

Kaum nachdem die Patientin nach der letzten Entbindung die Hausarbeit wieder aufgenommen hatte, stahl sie plötzlich, ohne daß sie das beabsichtigt hätte, in einem Geschäft einen Pullover für einen 15- bis 16jährigen Jungen. »Komisch, denn unser Größter war damals erst acht Jahre alt.« Flüchtige Stehlimpulse waren ja schon in der Schwangerschaft aufgetreten.

Die Patientin ist klein und unscheinbar. In Kleidung und Auftreten ist sie nicht gerade ungepflegt, aber sie macht nichts aus sich her. Wenn man sie mit einem Wort charakterisieren wollte, wäre ›verkümmert‹ vielleicht der treffendste Ausdruck. Sie traut sich kaum, ein Wort zu sagen, vermeidet jeden Kontakt und flüstert in den ersten Stunden auf der Couch so leise, daß der Arzt höchstens fünf Prozent des Gesagten (und diese Angabe ist keine Übertreibung) verstehen konnte. Ihre extreme Bescheidenheitshaltung und Opferhaltung braucht nicht an vielen konkreten Beispielen ausgeführt zu werden. Seit Jahren trägt sie nur getragene Kleidung, die ihr mitleidige Bekannte regelmäßig schenken, obgleich ihr Mann einen angesehenen und gut bezahlten Beruf hat. Trotz aller Hemmungen im aggressiven Bereich ist sie zur Entfaltung einer gewissen Aktivität durchaus in der Lage. So inseriert sie zum Beispiel in der Weihnachtszeit regelmäßig um gut erhaltenes, billiges Kinderspielzeug. Übrigens drückt ihr erstes Wort auf der Couch das Gefühl aus, der Aggressivität der anderen nicht gewachsen zu sein: »Sie kamen mir so übermächtig vor, als ich herkam (nämlich zur Vorbesprechung). Aber jetzt (nämlich auf der Couch)...«

In einer der ersten Behandlungsstunden schildert sie Sehnsucht nach paradiesischem Glück in einem Familienidyll. Sie phantasiert, wie schön es sein wird, wenn die Frühlingssonne wieder scheint. Vom Kochherd wird sie beobachten, wie der Mann im Garten arbeitet und wie die Kinder mit dem Hund dazwischen herumspringen. Versteckt darin klingt der Vorwurf durch, daß der Mann dabei für sie, die in der Küche arbeiten muß, keinen Gedanken übrig haben wird, sondern nur an seinen Garten denkt. Es folgen darauf nur Vorwürfe und Beanstandungen: der Lärm, den man im Behandlungszimmer hören könne; der Sohn habe ein schlechtes Zeugnis; die Tochter, die schlechter Schulleistungen wegen im Internat ist, erwarte, daß die Mutter zu Besuch komme, obgleich doch die Verkehrsbedingungen so schlecht seien, und außerdem würde sie ja so viel mitgebracht haben wollen. Dieser Stundenverlauf spiegelt ihr Bild von der Mütterlichkeit, ausschließlich das Bild einer archaischen Mütterlichkeit, wider.

Eine nicht anpassungsfähige und hypertrophierte Mütterlichkeit archaischer Prägung spiegelt sich auch in ihrer äußeren Lebenssituation wider. Diese ist durch das Einfamilienhaus gekennzeichnet, dessen Bau während der letzten Schwangerschaft eingeleitet worden war. Es handelt sich um ein überdurchschnittlich komfortables Haus. Die aufzubringenden Zinsen nehmen einen so wesentlichen Teil des Einkommens in Beschlag, daß für die nächsten zehn oder fünfzehn Jahre nur Einschränkungen bis zum Rande des Möglichen abzusehen waren. »Gib dem Besuch doch Sprudelwasser zu trinken«, sagte der Mann. Alle finanziellen Angelegenheiten einschließlich der Bestreitung des Lebensunterhaltes mittels des verbleibenden Geldes hatte auf Verlangen des Mannes die Patientin zu erledigen. Sie fügte sich und mühte sich, alles zu seinem Wohlgefallen und so billig wie möglich zu erledigen. Der Geiz des Mannes ist ein wesentlicher Faktor der Realsituation. Aber ihr ›Nestbautrieb‹ war ebenso wichtig. Um nur die Familie um sich zu haben, war es ihr zum Beispiel ganz recht, daß das Haus abseits des Ortes, ganz für sich allein stehend, gebaut wurde. »Ich war immer gern nur mit der Familie. Sonst hätten wir ja gar nicht so einsam außerhalb des Ortes gebaut. Auf Schaufenstergucken konnte ich verzichten.« »Ohne meine Kinder wäre ich nichts.« Ihr einsames Haus mit den drei Kindern befriedigt dieses triebhafte Verlangen nach Mutterschaft nicht. Sie bewirkte, daß jedes ihrer Kinder mehrere kleine Tiere wie etwa Hamster oder Kaninchen hatte, um nur einige zu nennen. Dazu kommt ein großer Bernhardiner. Aber auch das genügt ihr nicht. Im Verlauf der Behandlung äußerte sie den dranghaften Wunsch, das uneheliche Kind einer Bekannten zu adoptieren. Als Begründung weist sie darauf hin, daß sie ja von ihren drei Kindern nicht das habe, was sie erwartet hätte. So füttert die große archaische Mutter die Kinder, den Mann und die vielen Tiere. Sie möchte ein weiteres Kind adoptieren. Sie verwaltet das Geld und die Schulden; gibt dem Mann jedes Taschengeld, das er möchte, und sie hält die finanziellen Sorgen von ihm fern. Sie kennt nur Hausarbeit, hat keinen Kontakt mit anderen Leuten, trägt nur geschenkte Kleidung, hat eine Bescheidenheits- und Opferhaltung, kommt selber zu kurz, hat weder Zeitungen noch Illustrierte. Aber sie hat ein komfortables Haus und träumt von einem Familienidyll. Wie wenig ihr die Sexualität bedeutet, obgleich sie Orgasmusfähigkeit angibt, braucht kaum betont zu werden: genitale Lust spielt bei der archaischen Mutter eine untergeordnete Rolle. Sie sagt zu diesem Thema: »In meiner Phantasie beschäftige ich mich viel lieber mit der Wohnung, wie ich die Zimmer einrichten kann. Auch an Ausgehen und Theaterbesuch denke ich. Aber das laß ich nicht laut werden. Ich hab' mich immer wohl gefühlt, wenn ich meine Familie umsorgen konnte. Ich hab' keinen persönlichen Wunsch.«

Zu dem Hausbau kam die Belastung, die sie von seiten des dritten Kindes erwartete. Damit war der Bogen überspannt. Ihre psychologische Situation wird durch den folgenden Traum recht gut zum Ausdruck gebracht: »Ich wollte die Kaninchen im Stall füttern. Die Kaninchen waren riesengroß. Aber sonst war eigentlich nichts Abnormes dran. Als ich das Kaninchen fütterte, wurde es immer größer. Ich bekam schreckliche Angst. Ich lief aus dem Keller 'raus. Ich wollte die Kellertür immer zudrücken, damit ich das riesengroße Kaninchen kleiner kriege. Darum versuchte ich immer wieder, die Tür in den Kellerraum hineinzudrükken.«

Was sie füttert, also ihre Kinder, wird eben durch ihr Spenden so riesengroß und übermächtig, daß die Patientin Angst davor bekommt. Sie hat Angst vor ihrer eigenen, maßlos spendenden Mütterlichkeit, denn dadurch wird für sie selber nichts übrig bleiben. Das Symptom des Stehlens ist ein direkter Ausdruck dieser Angst, selbst zu kurz zu kommen. Zwar stiehlt sie zunächst noch für das Kind einen Pullover. Die folgenden Diebstähle jedoch können auch ihr selber zugute kommen: es war Schokolade.

Ein anderer Traum lautet:

»Ich bin in einer Art Kinderheim. Auf einer Wiese stehen viele Betten in einer Reihe. Mit einer Nachbarin besuche ich deren Kind und gehe an den Betten vorbei. Im letzten Bett liegt ihr Sohn blutüberströmt mit einem Dolch im Rücken.«

Als Alternative zum Stehlen schwebt ihr hier vor, ihren Konflikt durch das Töten des Kindes zu lösen.

Dieser Traum erfordert eine nochmalige Stellungnahme zu Helene Deutsch, die ja sagt, daß das Symptom Erbrechen die Phantasie der Beseitigung des Fötus darstelle. Die von H. Deutsch abweichende Auffassung, daß bei Hyperemesis gravidarum die Schwangerschaft trotz der geschilderten Konflikte bejaht wird, und zwar nicht nur im bewußten Erleben im Sinne einer Reaktionsbildung des Ich zum Zwecke der Abwehr, wird unter anderem auch dadurch deutlich, daß Träume mit vernichtenden Tendenzen dem Kind gegenüber, die dem obigen Traum vergleichbar wären, bei Hyperemesis nicht beobachtet worden sind, obgleich sich in den Jahren der Beobachtung eine ganze Reihe von Träumen angesammelt haben. Es sei betont: Diese Patientin hatte obigen Traum nicht während einer akuten Hyperemesis, sondern während sie an unfreiwilligem Stehlen leidet. Freilich ist zu bedenken, daß sie in der Vorgeschichte mehrfach eine Hyperemesis gravidarum gehabt hat. Hier müssen wiederum quantitative Faktoren berücksichtigt werden. Das Haus, das durch übermäßige finanzielle Belastung jeder Minute ihres Lebens Einschränkungen abverlangt, ist neu hinzugekommen. Ihr ›Nestbautrieb‹ steht jetzt in Konkurrenz zu der letzten persönlichen Befriedigung, die sie noch gehabt haben mag. Am schlimmsten ist dabei vielleicht, daß sie nicht einmal ihre Mütterlichkeit genießen kann; eben weil es sich um eine archaische Form der Mütterlichkeit handelt, die, wenn sie bei der erwachsenen Frau erhalten geblieben ist, als neurotisch bezeichnet werden muß. In dieser Situation kommt obendrein noch das dritte Kind als neuer Konkurrent für ihre eigenen Bedürfnisse hinzu. Man darf keinesfalls das Ausmaß an innerer Not unterschätzen, die über die Verhältnisse bei Hyperemesis, wo die Frau ja wenigstens auf ihr Mutterglück hoffen kann, hinausgeht.

Ein anderer Zug, der diese Patientin von der Frau, die nur Schwangerschaftserbrechen hat, unterscheidet, ist noch wesentlicher. Sie ist im Gegensatz zu der für Schwangerschaftserbrechen typischen Persönlichkeitsstruktur mehr durch Dennoch-Wirksamkeiten der aggressiven Impulse als durch deren Hemmungserscheinungen gekennzeichnet. Nur darum ist es ihr ja möglich, einen so aggressiven Akt wie Stehlen zu begehen. Eine solche Frau kann die Phantasie, ihr Kind zu töten, entwickeln. Die Frau mit Hyperemesis gravidarum kann es nicht. Auf diesen Unterschied zur Hyperemesis wurde im vorausgehenden Text hingewiesen. Daß diese aggressiven Impulse bei dieser Frau tatsächlich eine relativ weitgehende Abfuhr finden, wenn auch in einer gegen die eigene Person gerichteten Form, wird gleich gezeigt werden.

Es wurde bereits beschrieben, daß bei Frauen mit Schwangerschaftsgelüsten, Heißhunger, Freß- und Fettsucht in der Schwangerschaft sowie Stehlen in der Schwangerschaft auch gewisse Akzentverschiebungen in der Verarbeitung oraler Impulse vorliegen, die es mit sich bringen, daß die mobilisierten oralen Impulse in diesen Symptomen eine weitergehendere

Abfuhr finden als bei Frauen mit Hyperemesis. Daß bei dieser Frau, die offensichtlich in diese Gruppe gehört, die oralen Impulse trotz aller Hemmungen eine relativ weitgehende Abfuhr finden können, kann an den erwähnten Inseraten abgelesen werden.

Zwar hatte diese Patientin unter anderem auch Hyperemesis gravidarum gehabt. Sie zeigt aber darüber hinaus Gegebenheiten, die von den typischen Gegebenheiten bei Hyperemesis abweichen. Nur so ist der Stellenwert dieses Traumes mit Mordimpulsen gegen das Kind innerhalb des Gefüges der hier diskutierten Symptome zu verstehen. Ihr Stehlen und der Traum über den Mord an dem Kind stellen eine Art durchbruchshafter und gewaltsamer Selbsthilfe in höchster Not dar.

Man würde es sich zu leicht machen, wenn man bei der Erklärung des Stehlens dieser Patientin nur an ihre oralen und aggressiven Gehemmtheiten, die Genußunfähigkeit, Bescheidenheitshaltung, Opferhaltung und Gefügigkeitshaltung, an ihre Hypertrophie archaischer Mütterlichkeit, an den Hausbau und den Geiz des Mannes denken würde. Denn auch gegen die eigene Person gerichtete aggressive Tendenzen spielten eine Rolle. Indem sie das gestohlene Gut wiederholt an Leute aus der Umgebung des Bestohlenen weitergab, provozierte sie geradezu die Bestrafung. Und als ob das noch nicht genug wäre, machte sie, nachdem die Diebstähle bekannt wurden, einen ernstlichen Suizidversuch.

Zum Schluß sei noch ein weiterer Umstand hervorgehoben. Diese Patientin geht nicht nur der frühkindlich erworbenen oralen Gehemmtheiten wegen leer aus, sondern viel mehr noch wegen ihres Bildes der Mütterlichkeit, nach dem sie sich in ihrem Handeln richtet. Das erkennt man daran, daß sie vor der Ehe und auch noch zu Beginn der Ehe, bevor die Kinderzahl langsam zunahm, sehr wohl etwas für sich haben konnte. Sie sei damals, so schildert sie, nicht so kontaktarm gewesen; sie sei fröhlich und aktiv gewesen, nicht so schüchtern; sie habe gern Theater gespielt und habe oft im Mittelpunkt gestanden. »Vor kleineren Veranstaltungen machte ich mir schon Gedanken, was ich dazu beitragen könnte und wie es zu bringen sei. Ich war daher auch immer gern gesehen.« Erst als die Patientin die mütterliche Rolle in der Realität übernahm, als sie die Kinder vor sich sah und als sie diesen ein Nest baute, bewirkte das in ihr wirksame Bild der Mütterlichkeit die geschilderte Hypertrophie der archaischen Mütterlichkeit. Sprichworte wie »Sehen macht hungrig« oder »Der Appetit kommt erst beim Essen« weisen darauf hin, wie durch Wahrnehmungen bewirkt werden kann, daß gefährliche innere Tendenzen, die bis dahin nicht wirksam geworden waren, ins manifeste Erleben eintreten. Eine andere Verursachung der geschilderten Regression konnte jedenfalls bei dieser Patientin nicht beobachtet werden.

Fall 12: Die Speerwerferin

Diese 25jährige Frau bekam im unmittelbaren Anschluß an die Geburt des zweiten Kindes eine schwere vitale Depression.

Obgleich Stimmungsschwankungen, auch trauriger Färbung, in der Vorgeschichte eine gewisse Rolle spielen, hat sie immer als völlig gesund gegolten. Sie hatte ein frisches und forsches Auftreten, bevorzugte als Frisur den Bubikopf, war aktive Sportlerin, und zeitweilig war sie regionale Meisterin im Speerwerfen gewesen. Der Beruf als Dolmetscherin, den sie auch nach dem vier Jahre zuvor geborenen Kind weiterhin halbtags ausübte, gab ihr persönliche Befriedigung. Sie galt als glücklich und temperamentvoll, und sie sagt: »Ich war früher immer voll Optimismus gewesen.«

Eingedenk der gleich zu beschreibenden schweren oralen und aggressiven Gehemmtheiten, die in der Depression zutage traten, und eingedenk ihres Bildes der Mütterlichkeit, das durch Opfer- und Verpflichtungshaltung charakterisiert ist, fällt es schwer, sich vorzustellen, daß diese Züge im prämorbiden Erscheinungsbild wirklich keinerlei Niederschlag gefunden haben sollten. Wir dürfen nie die Möglichkeit vergessen, daß das zu unserer Beobachtung kommende Material unvollständig geblieben ist.

Selbst während der beiden Schwangerschaften und Geburten gab es keine Vorzeichen für die Depression im Wochenbett. Abgesehen davon, daß sie während der zweiten Schwangerschaft etwa drei Monate lang morgens einmal leicht erbrochen hat, werden beide Schwangerschaften als beschwerdefrei angegeben. Die Geburten waren leicht, nicht sonderlich schmerzhaft und komplikationslos.

Damit illustriert dieser Fall die mitgeteilte Beobachtung, daß Frauen mit vitaler Depression im Wochenbett zu symptomfreier Schwangerschaft und Geburt neigen. Diese Beobachtung bezieht sich auf eine ganze Reihe von Fällen, ist aber noch nicht statistisch untersucht worden. Der Grund dafür, daß bei diesen Frauen Schwangerschaft und Geburt trotz Konflikthaftigkeit leicht verlaufen, ist darin zu sehen, daß der Verdrängungsdruck stärker als bei den anderen hier diskutierten Erkrankungen ist. Erst wenn das Kind in die sichtbare Realität eingetreten ist und wenn der Mutter dadurch die Bedrohung ihrer eigenen oralen Ansprüche unübersehbar geworden ist, kommt es zu einer für eine Symptombildung hinreichenden Mobilisierung oraler und aggressiver Impulse.

Die Stärke dieses Verdrängungsdruckes kann durch die Worte der Patientin illustriert werden, mit denen sie ihre erste Reaktion schildert, als sie trotz antikonzeptioneller Maßnahmen schwanger wurde. Zu Anfang der Behandlung meinte sie, uneingeschränkte Bejahung der Schwangerschaft auszudrücken, wenn sie sagte: »Ich wollte das Kind haben. Ich habe nichts daran gemacht. Höchstens die häuslichen Mittel: heißes Bad und Rotwein. Ich freute mich auf das Kind.« Später sagte sie: »Hinterher habe ich mich doch auf das Kind gefreut. Ich war sehr schnell damit einverstanden ... Wenn ich mich richtig erinnere, hatte ich gar nichts gegen die Schwangerschaft. Mein Mann sagte, ich sollte versuchen, es wegmachen zu lassen. Ich habe mich dagegen gesträubt.« Erst noch später in der Behandlung konnte sie sich deutlich erinnern und sagen: in den ersten Tagen hätte sie es nicht nur des Mannes wegen, sondern auch aus eigenem Wunsch ganz gern gesehen, wenn das Kind abgegangen wäre. Obgleich sie das alles gesagt hat, blieben in emotionaler Hinsicht die gegen das Kind gerichteten Tendenzen ihrem bewußten Erleben bis zum Abschluß der Behandlung fern.

Schon vom ersten Tag nach der Entbindung an wurde sie zunehmend »etwas lustlos und interesselos« sowie appetitlos. Am 4. Tag glaubte sie zu merken, daß die linke Brust etwas hart wurde. »Vielleicht hatte ich auch etwas Schmerzen.« Sie dachte – wie der Verlauf zeigte zu Unrecht – an die Möglichkeit einer Brustentzündung. »Da habe ich Angst gehabt und gedacht: Wie wirst du das alles schaffen mit dem Kind?! Daß ich die ganze Arbeit schaffen würde. So gingen die Gedanken mir ständig durch den Kopf. Da fingen die Depressionen richtig an.« Diese von Verpflichtungsgefühl gekennzeichnete Angst erzeugte Lahmheit, und die Lahmheit machte noch mehr Angst. Das um ihre Brust kreisende Erleben wurde noch quälender, als sie nach vierzehn Tagen zu wenig Milch hatte und das Stillen einstellen mußte.

Es entwickelte sich das Zustandsbild einer schweren vitalen Depression mit motorischer Verlangsamung und erstarrtem Ausdrucksverhalten. Sie sprach langsam, mühevoll und gedrückt und nur mit langen Pausen. Zeitweilig war sie agitiert, lief schnell herum und hatte Angst dabei. »In dem Zustand habe ich immer gedacht, wie das alles noch werden soll ... Eigentlich habe ich mir das gar nicht ausgedacht, weil ich nicht wollte.« Die Angst vor der Zukunft lähmte alle Planung. Zehn Wochen nach der Entbindung wurde sie nach einem Suizidversuch auf eine psychiatrische Abteilung eingewiesen.

Die schon angedeutete Stärke ihrer Verdrängungen zeigt sich auch darin, daß sie es wirklich ernst meinte, wenn sie sagte, den Suizidversuch habe sie »nach einer minimalen Unstimmigkeit mit dem Mann« gemacht. »Wir hatten keinen Streit. Er hat gesagt, komm, hör' auf damit (mit den depressiven Äußerungen), ich kann es nicht mehr hören, ich laß mich scheiden.«

Während der zehnwöchigen stationären Behandlung bekam die Patientin vom Krankenhausarzt Psychopharmaka und sechs Elektroschocks. Gleichzeitig wurde auf konsiliarischer Basis eine psychotherapeutische Behandlung von drei bis vier Behandlungsstunden pro Woche durchgeführt.

Das während der psychotherapeutischen Behandlung gewonnene Material zeigte, daß der für Hyperemesis gravidarum typische Konflikt auch hier wirksam war; wenngleich dieser auch eine unterschiedliche Ausgestaltung erfahren hatte. Dieser Zusammenhang war jedoch keineswegs auf den ersten Blick erkennbar. Beim Auftreten einer Depression im Wochenbett kann, wie erwähnt wurde, der Umstand eine zentrale Rolle spielen, daß die Patientin infolge der zusätzlichen Belastung durch das neue Kind ihrem Perfektionismus nicht mehr Genüge leisten kann, so daß es zum Zusammenbruch der bisherigen zwangsneurotischen Abwehr kommt. Zuerst sah es so aus, als wenn die Patientin in diese Gruppe gehören würde.

Sie hat ja selbst darauf hingewiesen, daß der Gedanke an Arbeit eine Rolle spielte. Ferner bringt sie gewisse anankastische Züge zum Ausdruck: »In zehnjähriger Berufsarbeit habe ich nie einen Tag krank gefeiert. Und ich bin kaum jemals zwei Minuten zu spät gekommen ... In meiner Arbeit bin ich sehr gewissenhaft und exakt genau. Schmutz auf dem Teppich würde ich nicht dulden.« Allerdings könne sie durchaus schon mal den Abwasch stehenlassen, und auch in den Schränken könne sie eine gewisse Unordnung dulden. »Die Ordnung war nicht so sehr, schon weil ich gar nicht alles schaffen könnte.«

Obgleich also der Inhalt der depressiven Gedanken und gewisse anankastische Tendenzen zu bedenken geben, ob nicht die zusätzliche Arbeitsbelastung durch das Kind in der Auslösung der Depression eine entscheidende Rolle gespielt hat, machte es der Behandlungsverlauf klar, daß Konflikte ganz anderer Art entscheidender waren. »Wie wirst du das alles schaffen mit dem Kind?!« bezieht sich bei ihr nicht so sehr auf die Frage, wie sie die Arbeit schaffen wird, sondern auf die Frage, wie sie dem Anspruch des Kindes gerecht werden kann. Das erkennt man unter anderem daraus, daß ihr Erleben zu Beginn der Depression um die Brust kreiste, also um das, was sie selber zur Ernährung des Kindes beitragen muß. Man erkennt es auch aus dem Inhalt ihrer depressiven Selbstvorwürfe und Schuldgefühle.

»Ich bin zu gar nichts nütze!« »Ich bin so egoistisch!« Mit solchen Vorwürfen meint sie, daß sie den anderen nicht genügend gibt: »Ich vernachlässige die Kinder ... Ich muß doch zu den Kindern! Ich lasse die Kinder im Stich. Darum bin ich ein Fall fürs Gefängnis.« In der agitierten Verfassung wird umgekehrt ihr Wunsch, von der Mutter versorgt zu werden, bewußtseinsnäher: »Ich möchte am liebsten immer unter Menschen sein. Ich habe Angst vor dem Alleinsein.« Direkter kann sie diesen Wunsch nach der Mutter erst nach weitgehendem Abklingen der Depression verbalisieren, wie gleich gezeigt wird.

Bis zu diesem Punkt ist lediglich deutlich geworden, daß die Patientin von den Ansprüchen des Kindes beunruhigt ist. Im Verlauf der Behandlung wurde schrittweise der Grund dafür deutlich. Infolge ihrer eigenen oralen und aggressiven Behinderungen und wegen der nun zu schildernden, mit Verlustängsten einhergehenden Konflikte erlebte sie nämlich das Kind als einen oralen Konkurrenten.

Erstens drohte der Patientin eine finanzielle Einbuße. Sie befürchtet – auch wenn sie es nicht direkt aussprechen kann –, nach dem zweiten Kind an allen Schaufenstern ungesättigt vorbeigehen zu müssen. Sie schildert in diesem Zusammenhang nur die preisgünstigen Sonderangebote, die man in der Stadt sehen könne. Aber, so zählt sie auf, der Ehemann hat als Techniker in einer Maschinenfabrik ein recht kleines Einkommen; die Miete für die kleine, aber recht nette Wohnung ist hoch; es stehen noch monatliche Raten für Anschaffungen an. Das Kind bringt neue Unkosten mit sich, und vor allem muß die Patientin mit der Geburt des zweiten Kindes ihren eigenen einträglichen Beruf aufgeben. Das Kind ist ein Konkurrent in bezug auf Geld und orale Möglichkeiten.

Eine solche äußere Situation an sich braucht nicht unbedingt einen psychischen Konflikt in bezug auf das Kind bedeuten. Eine Frau ohne orale Verunsicherungen würde sich den bewußten Gedanken erlauben: »Eigentlich kommt mir ja das Kind ungelegen. Aber wie kann ich mich jetzt in die Lage versetzen, ein ausgeglichenes Leben zu führen, selbst wenn die Belastung durch das Kind hinzu kommt?« Damit hätte sie eine bessere Chance, alle Möglichkeiten in ihrer konkreten Lebenssituation richtig einzuschätzen, um zu einer vielleicht dennoch möglichen vernünftigen Regelung zu kommen.

Abgesehen von dem oralen Aspekt ihrer Berufsarbeit droht der Patientin zweitens der Verlust auch andersartiger Befriedigungsmöglichkeiten. Über den Gelderwerb hinaus bedeutet der Beruf für diese Frau sehr viel mehr, nämlich Kontakt und persönliche Entfaltungsmöglichkeiten, soziales Ansehen und eine bestimmte Stellung innerhalb der Familie. Das Kind mit seinen Ansprüchen, so lautet ihr Erleben, nimmt ihr auch das. Arbeiten zu gehen war etwas, was sie wirklich für sich selber hatte; wenn auch unter dem entschuldigenden Vorwand, daß es ja für die Familie nötig sei.

Das Kind mit seinen Ansprüchen – so lautet ihr Erleben drittens – nimmt ihr vielleicht sogar den Ehemann. Es kommt ja durchaus vor, daß der Mann sich von der Frau abwendet und daß die Ehe gefährdet wird, weil er ihr das Kind übel nimmt. Allein der Zwist um die Frage der Abtreibung und die Belastung durch den erfolgten Suizidversuch stellen schon eine Trübung ihres Verhältnisses zum Mann dar. Ihre Befürchtung, daß er sich von ihr abwenden könnte, ist nicht völlig unbegründet: das Wort Ehescheidung ist tatsächlich gefallen.

Erst mit Abklingen der Depression wurde es der Patientin möglich, einen vierten Konflikt zu verbalisieren, der von besonderer Gewichtigkeit war: »Ich bin noch ein Kind; ich möchte am liebsten von der Mutter immer noch verwöhnt werden. Daß sie immer um mich ist, mir hilft, mir alles zeigt.« In der Realsituation hatte die Patientin während der Schwangerschaft und während der Depression einen schwelenden Konflikt mit der Schwester um den Besitz der Mutter: ob nämlich die Mutter sich halbtags, wenn sie nicht arbeiten geht, bei der Schwester der Patientin, wo sie auch wohnt, oder bei der Patientin aufhält. Dabei geht es der Patientin nicht nur um die Arbeitskraft der Mutter, wie obige Bemerkung zeigt. Als die Mutter ihr versprach, wegen des neuen Kindes auch weiterhin halbtags bei ihr zu bleiben – was die Patientin schon vor der Entbindung erhofft hatte! –, besserte sich die depressive Symptomatik zeitweilig. Als aber die Mutter eine zeitliche Begrenzung für ihr Versprechen ankündigte, vertiefte sich die Depression wieder für eine Zeit. Die Patientin meinte, daß ihr Anrecht auf die Mutter mit der Schwangerschaft und dem Kind zugenommen hätte. Die Schwester und die Mutter waren aber nur bedingt dieser Meinung.

Die in der Depression wirksamen oralen Wünsche gingen also mit einem Wunsch nach der Mutter Hand in Hand. Die noch Depressivere hätte übrigens diesen Wunsch nach der Mutter in einer weniger verbalisierbaren Weise erlebt. Hier besitzt diese Patientin, die ja sonst nur Pflichten kennt, einen kleinen Ansatz zur Wunschwelt.

Der fünfte Konflikt, der ebenfalls erst gegen Ende der Behandlung verbalisiert wurde, zeigt, daß sie sich ähnlich wie die Patientin, die gestohlen hatte, nur eine gewaltsame Lösung ihres oralen Konfliktes vorstellen kann. Erst ganz zum Schluß der Behandlung war sie nämlich in der Lage, eine weitere Beunruhigung, eine Versuchung mitzuteilen, die bei Ausbruch der Erkrankung eine Rolle spielte. Beim Anblick des Nabelstumpfes, dessen Farbe sie an Blut erinnerte, konnte sie sich der Vorstellung nicht erwehren, daß das Kind durch ihren eventuell falschen Umgang mit diesem Stumpf erkranken, ja tödlich erkranken könnte. Sie fühlte sich äußerst beunruhigt, als sie bei der Entlassung von der Entbindungsabteilung den Stumpf noch einige Tage lang erhalten sah. Sie hatte es also mit fast bewußt werdenden Mordimpulsen zu tun. In diesem Licht erscheinen die erwähnten Abtreibungsversuche, die sie als nicht ganz ernst gemeint hinstellen wollte, um so gewichtiger.

Sowie das Kind geboren war, wurde in dieser Patientin ein Konflikt um die Brust und um das Spenden wirksam. Die diesbezüglichen Gegentendenzen wurden durch Verpflichtungsgefühle übertönt. Die Angst vor ihrer Opferhaltung und dem übermäßigen Spenden aktivierte andererseits eine untergründig bleibende Sehnsucht nach der Geborgenheit bei der eigenen Mutter. Ferner riefen sie äußerst beunruhigende destruktive Tendenzen wach. Diese richteten sich in der Depression gegen die eigene Person. Die depressiven Selbstvorwürfe mögen unberechtigt erscheinen, wenn sie an den überhöhten Verpflichtungsgefühlen gemessen werden. In bezug auf ihren Konflikt um die Zuwendung dem Kind gegenüber sind sie aber nicht völlig aus der Luft gegriffen, selbst wenn sie eine psychotische Form angenommen haben.

Literaturnachweis

1. Abraham, K., *Manifestations of the Female Castratic Complex*, Karl Abraham, Selected Papers, Institute of Psychoanalysis and Horgarth Press, London 1927.
2. Alexander, F., *Psychosomatic Medicine*, W. W. Norton & Comp. Inc., N. Y.
3. Benedek, Th: zit. J. Bowlby, »Über das Wesen der Mutter-Kind-Bindung«, in: *Psyche, 13,* 1959/60, S. 428.
4. Best, Ch. H. und N. B. Taylor, *The Physiological Basis of Medical Practice,* 7. Aufl., Williams & Wilking Comp., Baltimore 1961, S. 701–703.
5. Chertok, L., M. L. Mondzain und M. Bonnaud, »Psychological, Social and Cultural Aspects of Sickness during Pregnancy«, in: *Activ. nerv. super, 4,* 1962, S. 3.
6. Deutsch, H., *Psychologie d. Frau,* 2. Bd., Huber-Verlag, Bern/Stuttg. 1954, S. 1.
7. Deutsch, H., *Psychologie der Frau,* 2. Bd., Huber-Verlag, Bern/Stuttgart 1954, S. 105–108.
8. Deutsch, H., *Psychologie der Frau,* 2. Bd., Huber-Verlag, Bern/Stuttgart, 1954, S. 116–117.
9. Eastman, N. J. und L. M. Hellman, *Williams Obstetrics,* 13. Aufl., Appleton-Century-Crofts, New York 1966.
10. Eastman, N. J. und L. M. Hellman, *Williams Obstetrics,* 13. Aufl., Appleton-Century-Crofts, New York 1966, S. 681.
11. Fairweather, D. V. I. und J. A. Loraine, »Urinary Excretion of Human Chrorionic Gonadotrophin in Patients with Hyperemesis Gravidarum«, in: *Brit. M. J., 1,* 1962, S. 666.
12. Fenichel, O., *The Psychoanalytic Theory of Neurosis,* W. W. Norton & Comp. Inc., New York 1945.
13. Fenichel, O., *The Psychoanalytic Theory of Neurosis,* W. W. Norton & Comp. Inc., New York 1945, S. 381.
14. Freud, A., *The Ego and the Mechanisms of Defense,* International Universities Press, Inc., New York 1946, S. 133.
15. Freud, S., *Ein Fall von hypnotischer Heilung,* Gesammelte Werke, Band I, S. Fischer Verlag, Frankfurt 1969.
16. Freud, S., *Die Traumdeutung,* Gesammelte Werke, Band II/III, S. Fischer Verlag, Frankfurt 1968.
17. Freud, S., *Drei Abhandlungen zur Sexualtheorie,* Gesammelte Werke, Band V, S. Fischer Verlag, Frankfurt 1968, S. 27 ff.
18. Freud, S., *Vorlesungen zur Einführung in die Psychoanalyse,* Gesammelte Werke, Band XI, S. Fischer Verlag, Frankfurt 1969, S. 373.
19. Guttmacher, A. F., *Pregnancy and Birth,* Signet Book, New American Library, New York 1962.
20. Horney, K., *Neurosis and Human Growth,* W. W. Norton & Comp. Inc., New York 1950, dt. Übers. i. V. (Kindler Verlag, München)
21. Hunt, J. N. und F. A. Murray, »Gastric Function in Pregnancy«, in: *J. Obst. Gynaec. Brit. Emp., 65,* 1958, S. 78.
22. Hupfer, S., »Über Schwangerschaftsgelüste«, in: *Intern. Zs. f. Psychoanalyse, 16,* 1930, S. 105.
23. Jung, C. G., *Von den Wurzeln des Bewußtseins,* Rascher Verlag, Zürich 1954, S. 104–107.
24. Kutter, P., *Die Krankheitslehre der Psychoanalyse,* hrsg. von W. Loch, S. Hirzel Verlag, Stuttgart 1967, S. 166–167.

25. Little, M., »Über wahnhafte Übertragung«, in: *Psyche, 12,* 1958/59, S. 258.
26. Luschinsky, H. L. und S. Markham, *Psychic Factors in Primary Uterine Inertia* (unveröffentlichte Arbeit).
27. Luschinsky, H. L., »L'Effet Analgésique de la Technique Respiratoire Utilisé par la Méthode Lamaze sur les Douleurs de l'Accouchement«, in: *Bull. Officiel de la Soc. Int. de Psychoprophylaxie Obstétricale, 4,* 1962, S. 195.
28. Mahler, M. S., »On Child Psychosis and Schizophrenia, Autistic and Symbiotic Infantile Psychosis«, in: *The Psychoanalytic Study of the Child, 7,* 1952, S. 286.
29. Malan, D. H., *Psychoanalytische Kurztherapie,* Gemeinschaftsverlag Huber, Bern/Klett, Stuttgart 1963, S. 259.
30. Merck & Co., Inc., *The Merck Manual,* 9. Aufl., Merck & Co., Inc. Rahway N. J., S. 749.
31. Molinsky, H., und M. Seiff, »Charakterstruktur und Konflikt bei Schwangerschaftserbrechen«, in: *Zs. f. Psychosomat. Medizin, 16,* 1970, S. 311.
32. Molinski, H., »Bilder der eigenen Weiblichkeit, Ärger während der Geburt und Rigidität des Muttermundes«, in: *Zs. f. Psychosomat. Medizin, 14,* 1968, S. 90.
33. Molinski, H. und P. H. Werners, »Rigidity of the Cervix Uteri and Hyperemesis gravidarum, an Obstetrical Anger Syndrome«, in: *Medical Gynaecology and Sociology, 4,* 1969, S. 118.
34. Molinski, H., »Bilder der Weiblichkeit und Kontrazeption«, in: *Empfängnisregelung und Gesellschaft,* hrg. von R. Kepp und H. Koester, Thieme Verlag, Stuttgart 1969.
35. Molinski, H., »Kontrazeption und Gleichberechtigung der Frau«, in: *Zs. f. Psychother. Med. Psychol., 22,* 1972, S. 129.
36. Nacht, S. und P. C. Recamier, »Die depressiven Zustände«, in: *Psyche, 14,* 1961, S. 651.
37. Neumann, E., *Die große Mutter,* Rhein-Verlag, Zürich 1956.
38. Prill, H.-J., *Handbuch der Neurosenlehre und Psychotherapie,* Band V, Urban & Schwarzenberg, München/Berlin 1960, S. 258-261.
39. Rheingold, H. L., *Maternal Behavior in Mammals,* Willy & Sons Inc., New York/London 1963, S. 275-277.
40. Richardson, H. B., »Simmonds Disease and Anorexia Nervosa«, in: *Arch. Int. Med. 63, 1,* 1939.
41. Robinsons, M. N., *The Power of Sexual Surrender,* Signet Book, New American Library, New York 1962.
42. Richter, H.-E., *Eltern, Kind und Neurose,* Klett-Verlag, Stuttgart 1963.
43. Schultz-Hencke, H., *Lehrbuch der analytischen Psychotherapie,* Thieme Verlag, Stuttgart 1951, S. 25-28.
44. Schwidder, W., »Grundsätzliches zur Entstehung psychosomatischer Krankheitssymptome«, in: *Z. f. Psychosomat. Medizin, 5,* 1958/59, S. 238.
45. Spitz, R., *Nein und Ja. Die Ursprünge der menschlichen Kommunikation,* Klett-Verlag, Stuttgart 1960.
46. Sullivan, H. S., *The Interpersonal Theory of Psychiatry,* W. W. Norton & Comp. Inc., New York 1953, S. 39-40 und 52-53.
47. The Committee on Nomenclature and Statistics for the American Psychiatric Association, *Diagnostic and Statistical Manual,* published by the American Psychiatric Association, 1952.
48. de Vore, I., *Primate Behavior,* Holt Rinehart Winston, New York 1965.
49. Wulff, M., »Über einen interessanten oralen Symptomenkomplex und seine Beziehung zur Sucht«, in: *Intern Zeitschrift für Psychoanalyse, 18,* 1932.

Register

Abraham, K. 82, 83
Acedose 32
Affektäquivalent 65
Affektkorrelat 10
Alexander, F. 10, 75, 76, 84, 85
Altruistische Abtretung 24
Angst-Spannungs-Schmerz-Syndrom 100
Appetenz 21, 26, 61, 64, 68, 74, 83, 84, 141, 152, 180, 186, 187, 190
Appetitlosigkeit 31, 66, 83 f., 88, 90, 147, 150
Archaische Mütterlichkeit 21, 26, 89, 98, 124, 126, 128, 129, 130, 131, 132, 140, 141 f., 149, 150, 153, 165, 166, 167, 169, 171, 175, 194, 196, 197

Bakteriologie 10
basic unity 119
Benedek, Th. 119
Bergmann, G. von 10
Best, Ch. H. 62, 63, 64
Biochemie 10
Blasenmole 32, 36
Bokelmann, J. 15

Cannon, W. B. 30
Chertok, L. 58, 161
Choriongonadotropin 32, 34
Cortico-viscerale Medizin 11

Dennoch-Wirksamkeiten 22, 39, 40, 41, 42, 92, 99, 100, 196
Depression, psychotische 90 f.
Depression, vitale 90 f., 96, 97, 151, 160, 163, 170, 198 f.
Depressive Wahnformen 90
Deutsch, F. 10
Deutsch, H. 11, 58, 66, 67, 68, 69, 71, 86, 88, 89, 125, 126, 195, 196
Dualunion 119, 122, 123
Duodenum 63, 64, 93
Dysmenorrhoe 113

Eastman, N. J. 32, 35, 62, 69, 71
Ekelgefühle 67, 68, 69, 71, 83, 85, 86, 87 f., 90, 146, 180

Elert, R. 15
emergency response 30
Emotionale Instabilität 36
Endometriose 185
Epidemiologie 10, 33, 35
Erbrechen, peripher ausgelöstes 62, 63
Erbrechen, zentral ausgelöstes 62
Erosprinzip, -aspekt 118, 129, 131, 132, 134, 135, 136, 137, 138, 139, 142, 143, 144, 152, 159, 171, 175, 176, 177
Es-Psychologie 154
Extra-uterine Gravidität 172

Fairweather, D. V. J. 32
Fenichel, O. 10, 65, 72, 82, 83, 85
Ferenczi, S. 10
Fortpflanzungswille 74
Freß- und Fettsucht 20, 31, 74 f., 83, 90, 150, 151, 196
Freud, A. 24
Freud, S. 10, 21, 29, 30, 33, 35, 54, 55, 65, 149, 152, 183
Frigidität 47, 58

Gebärstörungen, funktionelle 20
Gebärstörungen, psychogene 97–101, 105, 117, 131, 143
Gebärverhalten, pathologisches 117
Gebärverhalten, rentitives 101
Gebsattel, V. von 10
Genetik 10
Guttmacher, A. F. 35

Haltung
– Anspruchs- 22, 39, 40, 41
– Bescheidenheits- 38, 78, 114, 141,
– 193, 195, 197
– Erwartungs- 22, 39, 40, 41, 44, 45, 80, 105, 114, 172, 185, 190
– Gefügigkeits- 100, 197
– Opfer- 26, 40, 48, 96, 114, 141, 144, 149, 162, 168, 181, 183, 187, 190, 193, 195, 197, 198
– Prinzessinnen- 39, 46, 55, 73
– Verpflichtungs- 190, 198, 199, 202
– Vorwurfs- 22, 39, 40, 114, 190

Harlow, H. F. 121
Hellman, L. M. 32, 35, 62, 69, 71
Heyer, G. R. 10
Horney, K. 11, 54
Hunt, J. N. 32
Hupfer, S. 74, 86
Hypermesis gravidarum
  s. Schwangerschaftserbrechen 19, 20, 25, 31 ff.
Hypersalivation 31, 41, 50, 61, 62, 64, 65, 152
Hyperthyreose 173
Hypertrophie des Mütterlichen 78, 124, 137, 142, 144, 148, 150, 194, 197
Hypokaliämische Alkalose 32
Hypotone Wehenschwäche 122

Ich-Psychologie 154, 159
Immunbiologie 10
Inappetenz 15, 39
International College of Psychosomatic Medicine 11

Jung, C. G. 118, 142

Ketonämie 32
Ketonurie 32
Klein, M. 11
Kleptomanie 82, 83
Knaus-Ogino 96
Kraus, F. 10
Krehl, L. von 10
Künkel, F. 119
Kutter, E. 119

Latenzperiode der Mütterlichkeit 134, 135
Libido-Organisation 152
Little, M. 119
Loraine, J. A. 32
Luschinsky, H. L. 101, 122

Mahler, M. S. 119
Malan, D. H. 42
Markham, S. 122
Medulla oblongata 62
Molinski, H. 12
Mordimpulse 89, 95
Morgenkrankheit
  s. vomitus matutinus 32, 35, 36, 157
Multikausalität 154 f.

Murray, F. A. 32
Muskuläre Innervation 64, 93
Mutterfixierung 43, 45, 129, 130, 153, 169
Mutterimago 22, 27, 43, 56, 61, 95, 103, 104, 106, 107, 112, 126, 137
Muttertrieb 138, 139

Nacht, S. 82
Nahrungsmittel- und Geruchsaversionen 83 f., 88, 90, 151
Nausea 61, 62, 63, 67, 69, 70, 71, 90
Nestbautrieb 80, 194, 196
Neumann, E. 127
Neuroanatomie 10
Neurophysiologie 10
Nunberg, H. 87
Nur-Mutter 169
Nur-Tochter 105 f., 122 f., 141, 144, 147, 150, 164, 165, 167, 168, 169, 187

Orale Konkurrenz 25, 26, 29, 31, 49, 51, 52, 56, 84, 86, 89, 90, 92, 96, 97, 107, 182
Oral-kaptatives Antriebserleben 21
Organneurose 9, 65
Ovarialhypoplasie 164, 167

Passiv-abhängige Persönlichkeit 125
passiv-aggressiv personality 125
passiv-dependent type 125
Pawlow, I. P. 11
Penisersatz 82, 83, 111, 132, 134
Penisneid 133
Pepsin 32
Persönlichkeitsstruktur, phallisch-hysterische 132, 133, 150, 175
Persönlichkeitsstruktur, pathologische 14
Physiologische Korrespondenz 119
Plazenta 32
Präeklampsie 74
Prämorbides Erscheinungsbild 55, 56, 198
Prill, H.-J. 16, 58
Primärer Krankheitsgewinn 30
Psychodynamische Psychiatrie 30
Psychogene Tetanie 101
Psychohygiene 16, 162
Psychosomatik, psychosomatisch 9–17,

207

30, 33, 59, 84, 89, 93, 94, 145, 151, 152, 154, 155, 158, 159
Ptyalismus s. Übermäßiger Speichelfluß 61, 62, 76, 77, 83, 84, 90
Pylorus 64

Racamier, P. C. 82
Reich, W. 70
Regression 56, 57, 140
Rheingold, H. L. 121
Richardson, H. B. 85
Richter, H. E. 146
Rigidität des Muttermundes 20, 26, 27, 29, 31, 97 f., 131, 133, 147, 162, 163, 179, 187
Robinson, M. N. 157
Rückkoppelung 55, 60

Scheinschwangerschaft 34
Schuldgefühle 92, 94, 141, 200
Schultz-Hencke, H. 21, 30
Schwangerschaftserbrechen
  s. Hypermesis gravidarum 19, 20, 27, 31 ff.
Schwangerschafts-
  – gelüste 20, 31, 72 f., 83, 90, 150, 151
  – phantasien 76, 109, 133
  – stehlen 20, 31, 77 f., 90, 107, 150, 151, 192 f.
  – überempfindlichkeit 20, 31, 83, 150
Schwidder, W. 92
Seiff, M. 15
Sexualerziehung 153, 154

Shirodkar-Operation 115
Sodbrennen 20, 31, 151
Speichelfluß, übermäßiger
  s. Ptyalismus
Spitz, R. 119
Spurgeon English, O. 11
Sublimierung der Mütterlichkeit 138, 139
Sullivan, H. S. 23, 118
Symbiose, emotionale 119
Symbiose, psychologische 118 f., 128, 143, 165, 166, 167
Symbiotisch-parasitäre Beziehung 119

Taylor, N. B. 62, 63, 64
Trieborganisation 55, 56, 125, 152, 153
Triebderivate 154, 159

Urmütterlichkeit 131, 140

Verlustangst 24
vomitus matutinus
  s. Morgenkrankheit 32
Vore, I. de 121

Weiss, E. 10
Weizsäcker, V. von 10
Wittkower, E. D. 13, 155
Wulff, M. 86

Zacharias, G. 15
Zellularpathologie 10
Zervikale Dystokie 59, 97, 98, 108, 113, 148, 149, 151, 179